大展好書　好書大展
品嘗好書　冠群可期

少林功夫①

少林打擂秘訣

德虔
素法 編著

大展出版社有限公司

前　言

▶▶▶▶▶▶▶▶▶▶▶▶▶▶▶▶▶▶▶▶▶▶▶▶▶▶▶▶▶▶▶▶▶▶▶

　　少林武術發源於北魏，揚名於隨末唐初，在宋明期
間達於鼎盛，自清朝開始衰落，到民國時期流散於民間。
今天時值盛世，政府和人民非常重視傳統武術的整理，使
少林武術枯木逢春，又值盛期，享譽海內外。

　　近幾年來，人們對於武術健身，運動延壽和強身自
衛的願望日趨迫切。特別是廣大青少年朋友，對少林打擂
功夫更爲好奇，不遠千里來寺學藝者絡繹不絕，來函求技
者何止千萬。爲了繼承中國的寶貴文化遺產，宏揚少林武
威，振興中華，滿足全國億萬武術愛好者的殷切要求，特
將少林技擊名師永祥和尚在寺院被焚前抄錄的少林寺打擂
秘訣，還俗僧素法武師珍藏的搏擊資料整理編寫成冊，以
饗讀者。

　　本書盡量保留了原打擂秘技和詞語，僅對個別過分
玄虛和迷信之處做了刪改。爲了利於初學者自學，特在基
本功練法、打擂實戰法和特殊功夫練法章節中附上了詳細
的圖解，並標有動作路線。

　　本書在編寫過程中曾得到少林寺方丈德禪和著名武

僧素雲等的指教。馮增欣先生也爲本書的出版做了大量的
工作，在此一併致謝。

本書的大量資料年代久遠，由於個人水平和知識局
限很難使其盡善盡美，因此，不揣粗陋敬獻給讀者，希望
讀者見仁見智，給予批評指正，以便再版時更正完善。

編　者

1987 年 12 月於少林寺

4

目　錄

>>

6

第一章

概 述

▶▶▶▶▶▶▶▶▶▶▶▶▶▶▶▶▶▶▶▶▶▶▶▶▶▶▶▶▶▶▶▶▶▶

第一節 少林打擂術淵源

據《少林拳譜》記載，早在宋代天佑年間，福湖和尚就常教弟子智瑞、智興等在寺內演練打擂武藝。弟子們常常因練功而受傷。福湖大師因此立下了獎賞章法：凡交手中打傷他人者，賞銀一錢，被人制傷者賞豆腐一斤，補養身體。

在師傅的嚴教下，弟子們勤學苦練，武藝倍增，僅3年時間智瑞、智興等就練成了一身本領，常赴寺外打擂，多數載譽而歸，成為武林高手。

到了元初，覺遠和尚不滿足於僅得羅漢十八手之衣鉢，多次出山拜師，八方求藝，在蘭州與武林高手李叟相遇，遂又結識大師白玉峰，三人同歸少林寺，潛心研練少林武藝，將少林拳術增創為70餘手，使少林一宗因此興盛。

覺遠本人尤重散手，其徒成名者有覺澤、澄惠等。特別是覺澤，打擂武藝超群，一人常與百人搏鬥，幾乎百戰百勝，有「小趙雲」之稱。他編有《飛虎摔打三十招》和《飛龍摔拿三十七勢》。

　　元代的智安、智聚、子安、覺訓等在散手技法、格鬥、打擂方面，技高一籌。他們在繼承前人功夫的基礎上，把氣功等特技貫穿於散手和打擂之中，使少林武術在內容和功夫方面更加豐富。智安編有《龍虎交戰三十一招法》。

　　明代是少林武術發展的頂峰，在散手拳法和打擂方面更有創新。如同祥、同梅、玄爛、同禧、明學、悟華、普便、慶望等，都是擂臺上的常勝將軍。

　　特別是同祥法師不僅精通擒拿和打擂術，常以一勝百，而且在晚年還編有專著——《擒記要》，它包括擒十六手，拿十八法，纏十三路，共計四十七手。這是拳譜中關於散手、擒拿、打擂實戰的最早記載。至今仍流傳於武僧之中。

　　另一位慶望和尚，年輕有為，在 20 歲時就武藝超人，並以搏擊之長，鎮惡拿盜。他奔走大江南北，名震東西，寫有《踢打擒拿二十四勢》和《散手攻防三十二勢》、《散手四十五手》等。比較詳細地闡述了散手實戰中的足踢、拳打、手擒和智技合一的攻防妙招。

　　清代雖然統治者屢次下令禁止習武，迫使部分武僧出山，但卻未能禁止住雄傑立志保國和振興民族之志。他們晝隱夜習，反倒把少林功夫的火種吹向四面八方，可謂「藝授八方，功夫更強」。

　　清代少林寺著名的打擂高手有玄志、如靜、湛德、湛舉、寂聚、寂袍等，特別是玄志和尚，在臨終前編寫了《拿把對拆法》和《散手摔拿抓破法》等打擂實戰專著，流傳至今。湛舉和尚編寫了《三十六散手》，為發展少林散手技法作出了可貴的貢獻。

　　民國初年，宗風仍盛。恆林率眾剿土匪，妙興點倒吳佩

孚，經文南京奪冠軍，貞緒塔林勝百兵，德根西安征狂徒，永祥夜驅十三盜等，都宏揚了少林功夫之威，驗證了少林散手打擂術的卓絕。

其時在武術理論方面更有發展。如恆林編有《少林擒拿七十訣》和《摔打四十法》，妙興大師編有《點穴》、《擒拿》等專著，貞緒著有《洪拳對打三十五勢》，永祥編有《踩打三十一招》，這些都發揚了少林打擂術「攻猛防固，勢驟變疾，招把靈敏，實戰性強」的特點，為繼承少林武術傳統和發揚少林散手技擊水準起到了有益的作用。

第二節　少林打擂術的特點

少林打擂術是少林寺歷代武僧艱苦磨練的血汗結晶，在技法和戰術上有許多獨特之處。

一、功源於拳　勢出於招

拳譜云：「拳為諸藝之源」。少林寺歷代宗師認為拳術是一切武藝之源，如果拳術練得好，手、足、身、眼、步法協調，套路結構嚴緊。練久則手足靈敏，真氣充盈，呼吸自如，暴發力強，勁力實足。

在宋代少林拳的套路已增加到 170 餘套，每個套路都有它的特點，每一招都有特殊的打人或防身作用。如羅漢十八手善用兩手去抓、打、劈擊敵人；少林洪拳善用掌推、扳、抓，用腳踢、腿彈、拳沖、肘頂；炮拳的雙手合擊，足踢腳踩；通背拳的抖臂崩拳；螳螂拳的手勾、插、摟、刁；猴拳的跳、攀、爬、抓、蹬；虎拳的猛打猛衝；龍拳的騰、翻、

撲打等都為打擂攻防提供了招把。師傅在授徒教藝時，總是先教拳，並逐招逐勢地批解其實戰意義，然後再教二人對練，如「六合拳」、「羅漢纏打」、「崩步拳對練」和「散手四十五勢」等，並以此驗證徒弟們掌握的實戰本領。

為了提高弟子們的實戰功夫，往往從十套拳、百套拳中集中選出數百或上千精華招勢，編成打擂套路，授給弟子，專門訓練和提高其實戰技術。因此，少林打擂術的真正功夫大都來源於拳術，若想成為高手，必須練好基本功——拳術。

二、全身皆招　渾身打人

少林拳譜曰：「少林拳渾身打人」。少林打擂術，不僅用手抓、推、劈、搶、插、刁、摔，用足踏、踢、絆、蹬、踹，用肘頂，用背靠，用膝跪，用臀撅，用身體壓制人，而且還可用頭撞、肩扛、牙咬等，可謂全身皆招，渾身都可打人。少林寺歷代名師都注重將全身各部位擊人貫穿在打擂術中，發揮全身骨、肉、骸、節的作用。

三、攻驟退疾　虛實兼施

「攻驟退疾，虛實兼施」是少林擂壇取勝的妙訣。即在判斷有利時猛招驟勢攻擊對方，可能失利時退如疾風，或左右閃躲，急轉擒敵。在戰術上，要著情施實，視機行虛，虛實兼顧。

宋代打擂宗師福湖大和尚曰：

「擂壇常勝者，攻如六月雨；

　隨霹靂時降，驟勢推巨椿；

若遇強中手，可使回馬槍；

退如流星走，疾閃左右方；

進退夾實虛，誘纏拉長秧；

虛引虎入口，關門打惡狼；

耗盡強者力，反掌擒魔王。」

其意思是：凡打擂常勝者，均在猛攻，一發招就有霹雷閃電，暴風驟雨之勢。若發現對方體壯技強，硬拚無益，則有策略地快速後退，尋機殺個回馬槍。這是智勝之法。

四、擊則連三，變化多端

「擊則連三，變化多端」是少林打擂術的主要特點之一。「擊則連三」是指得利時要連續出擊克敵。恆林大師曰：「不得時者待之，危者避之，得機者擊之，得利者連擊，擊則連三，暴勁制敵。」如三轟手、三槍手、三沖拳、三砸捶、三沖肘、連三腳等，都是在得機得利時連環出擊，追敵只有招架沒有還手，甚至制敵傷殘的招法。

「變化多端」是指打擂中招勢的無窮變化，湛舉的高徒寂袍法師云：

「打擂全靠眼，神隨來招動，

拳來用拳擋，手來用手掩。

敵有百招變，我有千招還，

一招制一招，變幻妙如仙，

以變應其變，得勝轟擂壇。」

這是擂臺實戰中非常重要的一個方面，是少林寺僧練功的重點之一。

五、智勁合一，尋機制敵

少林寺歷代武僧無論是征戰殺敵，還是護院驅盜除惡，或是平日研練，都遵循宗祖覺遠上人「智勁合一，尋機制敵」的秘訓。在演練時，先苦練勁力，同時訓練智謀，最終達到智勁合一。否則單憑虎勁而無智謀，只能是老牛被猿欺；單憑智而無勁，則成秀才懼犬聲。

歷史上，如唐代曇宗活捉王仁則，宋代智瑞擒途盜，元代智庵除呆徒，明代月空平倭寇，清代玄志蠱擂臺，近代經文獲冠軍，現代德宇得金懷等，都是練成智勁合一，遵循祖訓的明證。

14

第三節　古今打擂規則簡介

中華武術從它產生之日起，始終伴隨著人類的生存鬥爭、軍事實戰、防身自衛、健身娛樂等各種活動而發展，並且這些活動始終是武術產生、發展的動因。

少林武術亦如此。古代關於打擂的記載多見於軍事著作和小說，其歷史不下千年。少林拳術名揚全國，自然免不了擂臺上的角逐。事實上少林寺確實出現過一批擂臺名人。在他們的影響下少林拳法除了本身的實用意義外，自然也曾依據擂臺這種比武形式進行過專門的嘗試和發展，所以少林打擂術也就有一些自身的獨特風格。

一、舊時打擂規約

古時候的打擂，形式多種多樣。其中規模較大的有戰時

選將出征和設擂比武等。屆時到處張貼皇榜，影響極大。其次是民間節日上，武師之間的即興比武，他們在大庭廣眾之下，自願出戰，熱鬧非凡，給節日憑添了色彩。還有武師之間為了爭一時之高低，引起搏鬥，這也是一種打擂。

舊時的打擂是沒有統一成文的規則的，其比賽亦多屬隨機性的。比賽雙方均在武林中相延成習的規矩約束下，臨時訂下契約，有時叫「生死文書」，以此來確定他們比武所用的方式，輸贏的判定標準，以及一些善後事宜。其大概內容有：

① 自願出戰，生死自負。

② 一對一比武，其它人等退避，不得相助。

③ 不準偷放暗器，不準結眾報復。

④ 勝負判定一般以被打下擂臺或被打死、擊傷，亦或自己認輸來定，並當眾宣布。

15

二、現代散手比賽規則

打擂這種武術形式經歷了漫長的歷史。由於比賽雙方以生命做賭注，往往不是你死我活，就是兩敗俱傷。到了民國年間，打擂之風漸衰。新中國成立後很長一段時間沒有舉辦過打擂比賽。近年來隨著武術運動的廣泛開展，打擂又以散手的形式出現了，並且已舉辦過多次全國比賽和國際邀請賽。現在的散打在技術上和內容上與過去的打擂雖是一脈相承，並均以中國武術為基礎，也保留了擂臺的形式，但在很大程度上已改觀了。

首先是制定了統一的比賽規則和嚴密的保護措施。其次參賽的運動員必須佩帶護具，以防止發生傷害事故。目前由

於散手運動剛剛恢復，規則還不盡完善。所以各次大賽根據
需要均有特別規定。現擇常用的規則概要介紹如下。

（一）運動員按體重分級參賽

1. 48 公斤級：48 公斤以下。
2. 52 公斤級：48—52 公斤以下。
3. 56 公斤級：52—56 公斤以下。
4. 60 公斤級：56—60 公斤以下。
5. 65 公斤級：60—65 公斤以下。
6. 70 公斤級：65—70 公斤以下。
7. 75 公斤級：70—75 公斤以下。
8. 81 公斤級：75—81 公斤以下。
9. 81 公斤以上級：81 公斤以上。

（二）比賽中禁擊、得分部位以及攻擊方法

禁擊部位：腦部、頸部、咽喉、襠部和用掌指插擊眼
睛。

得分部位：面部、軀幹、大腿和小腿。

攻擊方法：可以用任何流派的技術動作進攻，但不許使
用頭、肘、膝和反關節動作。

（三）得分標準

1.得二分

（1）明顯使用兩個方法同時連續擊中對方有效得分部
位。

（2）將對方摔、打倒地而自己站立。

（3）使用地趟動作將對方打倒。

（4）用腿明顯擊中對方腰部以上，而對方沒有防守。

2.得一分

（1）一次明顯擊中對方。

（2）用手點擊到對方頭部一次。

（3）使用方法使對方失去平衡而附加支撐（主動利用附加支撐進攻除外）。

（4）雙方互摔，後倒地者得分。

（5）自行出界或滑倒，對方得分。

（6）將對方逼、打、推出界，或將對方摔打倒地出界，自己也隨之出界，站立者得分。

（7）比賽中雙方對峙均不主動進攻，或一方消極逃避達8秒時，前者場上裁判員指定任何一方進攻，後者指定消極逃避一方進攻。如果8秒鐘內仍不進攻，則對方得分。

（8）運動員使用地趟動作倒地後，如超過3秒鐘沒有進攻動作時，則為消極，每出現2次消極，對方得1分。

3.加分

每出現1次方法獨特，技術熟練，效果顯著的攻防動作，加2分。

4.優勢勝利

（1）在賽中，發現雙方技術懸殊，場上裁判員徵得裁判長同意，判技術強者為該場勝方。

（2）被擊中有效部位倒地達10秒或者間歇20秒後仍不能再賽者，判對方為該場勝方。

（3）因對方犯規而受傷，經過醫生檢查不能再比賽者，經裁判長同意，判本方勝。

第四節　少林寺古今擂壇名人錄

打擂比武是衡量武師技藝的良好方式。歷史上少林寺由於田產頗豐，又參與征戰，因此擁有一支相當規模的武僧隊伍，所以在少林寺也常用打擂來檢驗武僧功夫的高低，以擢用人才。比如戰時出征選將，方丈令人鳴鐘集眾，設擂比武。平時護院擒賊或為民平匪，也要通過打擂選出高師。另外少林武術蜚聲全國，各地武師遠道而來，與武僧較藝者屢見不鮮，使武僧避之不及。因此，少林寺歷史上曾出現了一大批擂臺名人。可謂：憶宗風思英傑群雄輩出，觀擂臺立巨人古今不斷。現將這些名人及他們擅長的功夫簡錄如下，或許可以給讀者一些啟發。

一、福湖大師及高徒智瑞

福湖大師於唐昭宗光化二年（公元 899 年）皈依少林寺，剃渡為僧，拜慧覺和尚為師，法號福湖。福湖入寺後參禪習武，苦練氣功，擅長搏擊，功夫超群。天祐元年（公元 904 年），湖公朝拜洛陽白馬寺，在歸途路經偃師府店鎮時，路旁一俠女，偷用彈弓襲來，湖公聞彈聲，伸手抓住反向刺客打去，女俠大驚，便快步跪下請罪，並拜湖公為師。這位俠女就是後來能夠起步如燕，跨澗如梭，百步彈打鳥落地，飛鏢出手穿千眼，闖南走北立擂臺的少林仙姑神——智瑞。他們師徒二人都是擂臺高手。

福湖大師於宋開寶三年（公元 971 年）圓寂，遺著有《少林打擂秘訣》。

二、智生和尚

智生，俗姓李，名虎，字真傑，法號智生。智生入少林寺後刻苦練功，尤喜點穴術。練功時常常手破指裂，有時甚至疲勞至極，暈倒在地。智生練功不僅肯吃苦，而且非常虛心。師叔靈道、靈林因此特別偏愛他，傳給少林十八般武藝。智生除了在寺內刻苦學習，虛心請教，還常雲遊四方，拜師學藝。幾年之後練得一身真功，特別是散手更為嫻熟。他曾多次走南闖北，蹬臺打擂，屢獲勝利，號稱「沙門巨人」。

宋至道三年（公元997年），智生打出山門，還俗走江湖，雲遊四方，以授藝為生，其徒多達數千。

19

三、秋月大師

秋月，俗姓白，名玉峰，法號秋月，山西太原人，富家出身。他自幼酷受武術，身材雖矮，但健壯有力，年逾五十，仍敏捷非常。他精通氣功，擅長搏擊，尤精劍術。自在洛陽與專門來訪的少林寺僧覺遠相識，同歸少林寺剃渡為僧起便結束了自己浪跡江湖的生活，潛心在少林寺傳授武藝。

秋月在寺多年，與皈依少林寺的覺遠和李叟父子，共同研練少林拳戈，撰有《五拳精要》一書，詳細闡述了五拳宗法，同時還編創了五臺拳、黑虎拳、行龍劍術等，尤其《踢打摔拿二十四勢》，是少林寺武僧最早的關於散手技法的專篇。秋月在寺時不僅將其全部絕技毫無保留地傳給了少林寺僧，還一一校正了少林寺舊有拳法，使少林拳套路節奏嚴緊，布局合理，攻防兼備，風格獨特，實戰性強，為發展少

林功夫作出了卓越的貢獻。

四、覺遠大師

覺遠，嚴州人，世家公子，皈依少林寺後拜恆洪和尚為師，苦習武功。為了提高武藝，於金哀宗正大年間公元1224年左右，出山西行訪師，在蘭州遇上高手李叟，遂隨李叟父子返回洛陽，拜見武林英傑白玉峰，三人同歸少林寺。回寺後覺遠虛心向白玉峰、李叟二師求教，百倍苦練，數年之後終獲真功。相傳他可以飛崖走壁，拳擊石碎，指穿成洞，劍藝奇特。

覺遠對前人傳授的拳法均加以推敲，在繼承前人拳法真傳的基礎上，把羅漢十八手發展到一百七十三手。後又編寫成十八路，每路十八招，總計三百二十四招。覺遠特別擅長散手，編有《打擂訣訓》和《七十四散手》。是少林寺僧打擂常勝的要訣秘法。

五、智庵和尚

智庵，俗姓劉，字志剛，河北倉州人，是惠文和尚的長徒。智閹入寺十六載，跟師傅苦學氣功、劍術，又跟師叔惠傑學習地趟功夫，勤學不輟，終於練成足動送石飛，拔樹樁則倒，趟群百腿斷之功。他仰仗奇功常帶二徒出山打擂，除惡安良，因而名聲大噪。

據拳譜載，智庵編有「龍虎交戰法」，是少林拳中實用性極強的招把。

智庵於元朝泰定二年（公元1325年）圓寂。

六、覺訓和尙

覺訓，字志雲，南召人，十三歲出家皈依少林寺，拜子安和尙為師。入寺後跟師父精練刀術，跟師叔子通習點穴功、打椿功，還擅長擒拿、卸骨，武藝居魁。在寺任武教頭數年，後任提點。他的弟子了改、了洪、了悟、了傑，都是擂臺高手，名冠嵩山南北。他不僅重武，而且還精習文墨之事，他給弟子書寫了如下銘幅：「賢徒必博學，首博其文，精文者解經。次博其佛，再博醫、習武。佛文醫武全通者方成正果。」由此可見他見解不凡。覺訓大師臨終前寫有《擂臺摔拿法》，深得弟子敬仰。

覺訓於明朝洪武四年（公元 1371 年）圓寂。

七、通祥大師

通祥，號福田，南陽人，原為鹽商，自幼習武，善角力。明萬曆四年（公元 1576 年），半路出家，皈依少林寺，拜空山大和尙為師，練大刀、鑣鈀、九節鞭、匕首等。其搏擊、擒拿術尤精。據拳譜載，通祥編有《擒拿精要》，闡述了拿十八法，擒十六法，纏十三招，共四十七手，是少林寺歷代搏擊、打擂術的精華。通祥曾任武守備，常率徒眾巡夜、驅盜、抗賊，屢立功勛。其高足弟子有：行堂、行習等。臨終前兩日才把其搏擊絕技傳給行可。

通祥於明萬曆二十一年（公元 1594 年）春圓寂。

八、明學大師

明學，號習之，明萬曆四十六年皈依沙門，時年 50

歲，入寺後拜超水大和尚為師。明學個大、性剛，心直口快，果斷而重義氣。他曾練通臂，武藝非凡，皈依少林寺後跟師苦習氣功、硬功，擅長擒拿絕技，功夫超群，常與對手交手搏擊，多以寡勝眾，師薦其任武守備，統領全寺武僧，綽號「魯智深」。據拳譜記載，明學著有《摔打四十法》，綜合闡述了明以前歷代武僧打擂常勝之秘招，有很大的實戰價值。

九、慶望和尚

慶望，字明法，曹州人。幼年習武，善使鋼釵、三節棍、槍、刀等，擅長鐵沙掌、擒拿、點穴等術。十八歲因好打不平，一腳踢死張員外之子，逃出故居，皈依少林寺為僧，拜道胡和尚為師，善文習醫精武，智勇過人，眾僧器重，推為總武教頭兼西堂禪師。

據拳譜記載，慶望生前著有《打擂四十五勢》和《散手攻防法》，詳細論述了兩人交戰搏擊的攻防打法，為發展少林技擊術提供了寶貴的資料。

慶望於明崇禎十五年（1634年）冬圓寂。

十、玄志大師

玄志，俗姓張，名虎，字望山，肅州人。幼年跟其舅父馬大宗習武，刀術卓絕，拳技精純。他5歲時，隨舅父在天水街頭賣藝，觀其技者無不拍手喝彩，大宗為此得意妄為，大喊三聲向眾人挑戰，無人上擂，大宗於是大笑三聲說：「吾舅侄乃今日天下第一傑也。」

此時激怒了在場觀藝的同梁和尚，他婉言相勸後欲走，

大宗不放，施招襲之，同梁只是防守而不進招，張虎一旁用飛鏢暗助，仍被同梁躲過，大宗舅侄二人方知遇到的是武林高手，追到長安，拜同梁為師，同梁推辭不過，只好攜其同返嵩山少林寺，給張虎剃度，賜名玄志。

玄志入寺後，跟同梁師傅苦習棍法、五虎拳、氣功、擒拿、點穴等，經過十個春秋的苦練，終得少林真傳，多次征惡除盜，與英雄交手打擂大獲全勝。他的弟子有恆永、恆宗、崑崙等。臨終前他將自己所編寫的《拿把對拆法》和《散手摔拿抓破法》等打擂秘訣交給永宗，並諄諄囑附說：

> 「治宗興大乘，遵規習武藝，
>
> 擠濟國夫安，莫傳非君男。」

玄志和尚於康熙三十一年（1693年）圓寂。

十一、湛舉大師

湛舉，字古倫，乾隆五十五年皈依少林寺，拜海參和尚為師。跟參公和如靜苦習武藝，並多次出山拜師訪賢，汲取別派精華，曾過十五州府，得過十三位武林高師指教，技藝倍增，尤精於搏擊、打擂，擅長擒拿、點穴。他常在千佛殿苦走心意把，將四十八個腳凹點跳過，每次必走10圈，有「心意把王」之稱。湛舉和尚任過總教頭，於道光八年（公元1829年），曾帶徒眾給巡遊至少林寺的朝庭官員表演了少林真功，頗得稱贊。

湛舉法師常以卓越的武功，為民除惡，護院擒盜，為國征賊，不懼豪強，對宏揚宗風和振興少林武威，立下了功績。

舉公對弟子寂袍、寂聚、寂華精授武藝，親如父子，而

且在生活方面關切如己，在武德方面要求甚嚴，凡跟他學過藝的俗家弟子，都稱他為藝老或舉公，其實當時他才三十七八歲。

舉公撰有《六合拳譜》、《六合槍譜》、《六合刀譜》和《三十六散手》等，堪稱清代後百年中少林武僧第一傑。現在少林寺白衣殿南北牆上的拳譜壁畫，就是畫師照他帶眾僧給官員表演的動作實錄下來的。

十二、寂袍和尚

寂袍，俗姓劉，名大明，字曉真，汝州人。自幼跟封雪寺仁寬和尚習氣功和七星劍術。善長馬術。據說他跑馬如飛，還能在馬上舞劍，技如仙童。有一次隨三叔劉道在中岳廟盛會賣藝，收場時遭縣衙戲弄，發生交手，不慎一拳將衙卒打死，當即被施刑入囚。湛舉知悉後親自找知縣訴理，又願代明贈銀 30 兩安葬衙卒，知縣准奏當釋。大明感恩不盡，遂拜湛舉為師，皈依沙門。

入寺後他更加刻苦練功，武藝大進，尤其善長六合拳、搏擊和打擂術。僅 3 年時間，就能同時勝 30 餘僧。湛舉大喜，視其為得力門徒，接嗣之輩，就秘授給他擒拿、點穴和打擂絕招。寂袍嚴尊師訓，不負師恩，百倍苦練，終成武魁，多次出山比武打擂，常獲全勝。

袍在晚年不僅廣收門徒，傳授秘技，而且還撰編了《打擂訣要》傳抄至今。

十三、恆林大師

恆林（1865—1923），俗姓宋，號雲松，伊川宋寨人。

光緒初年皈度清涼寺，拜延樂大和尚為師，賜法名恆林。林公入寺後嚴守寺規，苦讀經卷，刻苦習武。青年時代就掌握了延樂禪師的全部武藝，特別對雙擒拿、點穴等少林絕技領悟頗深，深受寺院長老和眾僧器重。他精通佛學，四處講經說法，聲震禪壇。民國元年，上級任命他為登封縣僧會司，統管嵩山南北的七十多座寺院，威信很高。軍閥混戰期間，他又任登封縣保安團團總，精練僧兵，親自率隊，與來犯匪盜英勇搏鬥，威震敵膽，令殘敵不敢再犯寺院，禍害百姓。使登封、偃師、鞏縣等地人民安居樂業。

　　林公不僅英勇衛民，而且深知民疾，經常開倉放糧，周濟貧民，有時在祠堂設茶設飯，專為遇難流民解決困難，贏得了寺院方圓數百里人民的尊敬。

　　林公志向恢宏，並具遠見卓識。他把少林武術作為治寺之本，經常勉勵寺僧苦習少林功夫。眾僧不負林公厚望，刻苦練功，並接受軍事訓練，對於現代槍械也有較高的使用水準，有的對百步中把眼、雙槍開花蕾、呼氣滅燈等功夫都掌握得很出色。

25

　　林公為宏揚少林宗風武威，把自己數十年的打擂、擒敵經驗撰寫成《擒拿七十訣》授予得力弟子妙興，流傳頗廣。

　　林公於民國十二年（公元1923年）秋圓寂。

十四、妙興大師

　　妙興，俗姓謝，字豪文，原籍臨汝謝灣人。幼年就酷愛武術，喜練角鬥、摔跤等，八歲出家到少林寺為僧，賜法名妙興。

　　妙興入寺後勤奮習武，苦恆超人，數年後便功夫超群，

受到寺內林公的器重，將其身藏絕技：點穴、擒拿、硬功等一一秘授予他。妙興得恩師真傳銘教後，越發增技，功夫超絕。

大軍閥吳佩孚聞之，特由鄭州專程到少林寺拜訪，在塔林當眾與興交手，興不懼強畏勢，昂然虎步相迎，三合後差點致吳殘廢，吳合十道：「少林功夫果不虛傳。」吳當即邀興入部封官，興婉言謝絕。

妙興大師不僅精通拳戈，擅長散打、擒拿，而且重視武術理論研究，據傳曾著有《少林拳解》、《少林棍解》、《增補拳械箴言》、《少林擒拿釋意》和《少林點穴概要》等。

妙興大師對少林武術的普及甚為關切，主張少林武術遍地開花。任萬師之辯，定得千師之銘教。能吸收百家之長者，定能勝於百家，所以他在世的短短歲月裡與數十名別派武林高手結為盟友，相互傳藝，取長補短，技超前人。

妙興曾任少林主持，兼登封縣僧會司和保衛團團長。1927 年 4 月任某部團長，在與敵交戰中陣亡，享年 36 歲。

十五、經文大師

經文（1900－1940），俗姓劉，名經文，係河南省登封縣少林寺佃農（現稱塔溝村）。經文的堂祖父在少林寺為僧，武藝很高。經文因家貧如洗，幼年就入寺當雜役。他白天同眾僧耕田、砍柴，晚上跟祖父和教頭習少林武功，後來靠親友幫助，在寺立學堂讀書，中學下來已文武雙全，寺主遂留他在寺內當文書，此時經文正當十八歲。他雖然職為文書，忙於處理寺內外文案和賬目，但從未間斷研練擒拿、點

穴等打擂功夫。民國二十四年（公元 1935 年），國術館在南京舉行全國擂臺比賽，方丈讓他代表少林寺參加打擂。他以超絕的功夫，榮獲次重量級第一名，為少林寺爭了光。

經文獲獎返寺後尤得器重，主持薦他當武總教頭，他毫不保留地向眾僧傳授真技，並把自己的寶貴經驗撰寫成《少林散打秘訣》，給眾僧講授，頗得寺內外門徒尊敬，號稱擂臺巨人。

經文因患有心臟病，不幸於民國二十九年（公元 1940年）逝世。臨終時他將自己的未盡事業囑托給兒子寶山，並語重心長地留下遺言：「能吃一擔黃連苦，定得百擔甜口密。武家尚德是豪傑，高手無徒被人棄。」這可謂經文奮鬥一生的寫照。

「嚴師出高徒，真金必生輝」。劉寶山繼承父親的遺志，遵照父師遺訓，百倍苦練，全盤繼承了前人武藝。現在他雖已是六旬老人，但身體健朗，功夫過人，榮獲登封縣十佳老拳師之榮稱，並任登封縣少林武協副主席。寶山不忘父訓，矢志傳授少林功夫，與其子海科、海欣辦起了塔溝少林武校，培養了一批又一批的武術人材，正如少林寺武協秘書長德虔詩云：

27

「青出於藍勝於藍，寶山宏揚少林拳。

海欣繼祖展雄翅，桃李滿天吐新顏。」

十六、貞緒大師

貞緒（1893－1955），俗姓李，名正印，號耀宗，河南鞏縣魯莊鄉南村人。光緒十九年（公元 1899 年）因家鄉連年大旱，為謀生而出家到龍興寺為僧，拜純智大和尚為師，

賜法名貞緒。民國九年（公元 1920 年），住少林寺。先後任監院、督監、知客、少林中學董事長、少林寺武總教頭等職。

緒公自幼酷愛武術，跟師父和寺內高手苦習六合拳、洪拳、通臂拳、炮拳、鐵身靠、鐵頭功、千斤腳、朱砂掌和十八金戈，並擅長散手，武功超群，留下了許多傳奇故事。

（一）絕技降日寇

1945 年日寇侵入嵩山，一個鷹勾鼻子中隊長率卒 30 人偷襲寺院，妄圖搶奪寺內寶貴文物和自衛槍枝，緒公得報後昂然向前，在客堂義正辭嚴地與之講理。鷹勾鼻子小野次郎老羞成怒，暗出匕首行凶，妄圖刺死緒公。只聽嗖的一聲，中隊長兩手護眼喊叫倒地。兩卒嚇得魂不附體，跪下求饒。緒公走近中隊長輕手取出彈丸，又叫弟子給他敷了藥，然後訓道：「嵩山乃吾中國領土，寺院乃吾佛門重地，要糧沒有，要槍沒有，若還野蠻行狂，貧僧法術不饒。」說罷昂然轉身而出，懾退了敵寇。

（二）塔林勝連兵

1943 年 9 月國民黨某軍的一個連由洛陽東進，路經少林寺，在塔林安營做飯。一些士兵竟動手毀壞寶塔。緒公聞訊趕來，張連長卻耍蠻道：「和尚，聽說少林功夫厲害，今日張某特來請教。」緒公嚴肅道：「貧僧乃出家之人，以慈悲為懷，以善為本，從來不動干戈，只念佛經，不懂刀槍，請教何也？」張連長又進一步狂笑道：「和尚頭，說實話吧，今天是專門同你比武而來，比也得比，不比也得比。」

緒公健步走到小山墓塔前，展望了塔峰，坦率地說道：「山公訓云『沙門慈善在濟眾生，宗祖習武用在護寺。』此乃吾佛門長老英魂安寓，不許魔狂驚擾，張連長大兵壓境，毀塔墓辱沙門，吾不衛，先師容而天不容也。」說罷一揚掌，埋伏的百餘武僧持戈而出，張連長又看到小山頭上那兩挺對準自己的槍口，頓時大吃一驚，頭上直冒冷汗，速向前賠禮道：「長老莫生氣，都怪我草率好勝，有眼不識泰山，還請長老開恩。」緒公理直氣壯地說：「既然如此，那就把隊伍開走吧。」

　　張連長當即命令部隊撤離了塔林，緒公看張性格豪爽，又有悔改之意，就叫弟子給隊伍送了豆腐、紅薯等食物。第二天張連長見緒公指示僧人修補被毀的塔基，便立即派了一個排幫助修復，完工後張連長再三要求緒公與士兵比武。

　　緒公推卸不過，就棄去袈裟，紮了泰山樁，謙虛地說：「來吧！」四個兵一齊跳上，緒公施了個車輪掌，四人皆被打翻在地。接著又上了八個，緒公改施水打車輪，八個兵照例被擊伏。連長急啦，大聲命令道：「一個排全上。」緒公先施個鷂子翻身，接著又來個風掃殘雲，一個排全倒了。隨之又上了兩個排，緒公用勁施了個掃趟腿最後來了個還原歸真，紮牢馬步樁，大聲叫道：「來吧，有多少來多少！」全連兵你看我，我看你，誰也不動，張連長這才垂頭喪氣地說：「算啦，張某服氣啦。」然後走近緒公把拇指一伸說：「長老多好功夫啊，少林功夫名不虛傳。」

　　緒公在博擊方面的絕招是千斤腳、鑽風腳、鐵身靠及車輪掌，四者密切配合，各發勁力，可綜合制人。他撰有《交手三十訣》，闡述了用頭、腳、手、臂、腿綜合制人的秘

訣，對於散打取勝有著重要的實戰意義。

1988 年 4 月 4 日，全寺僧眾和嵩山南北及外省武林高手計千餘人，為銘榜他的功德，特在少林寺大雄寶殿後東側立了緒公紀念碑。

緒公的得力弟子素喜、素詳（已還俗）和俗家弟子素法、素林、素月、素章、素中、宗漢等，都已成為著名的武林高手，其徒孫德虔、德術、德炎、德揚、德獻、德惠等也名榜武林，在不同的崗位上，為發展少林武術，振興中華武功而努力奉獻。

十七、德根武師

德根（1914－1963），俗姓韓，鞏縣關帝廟人。六歲出家於鞏縣炒米寺，拜素盈和尚為師，賜法名德根，十六歲回少林寺，跟貞緒大和尚習武，又跟俗人胡三林學武多年，還曾出山訪師求藝，百倍苦練，擅長猴拳，尤精散手、擒拿，武藝出眾，是一位傳奇人物。

1934 年去西安受戒，在西安街上看到人群中的木樁上掛著「槍扎黃河兩岸，拳打南北二京，足踢少林和尚」的招牌，他上前勸其拿下，那人不僅不取下，反而出口傷人，德根無奈，便飛步跳入圈內說：「請領教。」二人搏鬥數合，那人施了個後掃腿，將他右腳踝骨掃傷，成為終生殘廢，他用黑虎掏心，一拳將那人擊斃。

德根在武功方面，搏採眾法，會練一百多套少林傳統拳術，善於推敲每路拳、每個動作的實戰作用，從千招中精選絕招再吸收他派技擊之精華，綜合研練制人法，因而他出手必應，中把皆能制人。

德根武師為宏揚少林宗風，培養了很多弟子，如永定、行書、朱天喜、石永文等都是他的得力門徒。再傳弟子趙慧敏，在 1982 年全國武術比賽中獲金牌。

德根大師因患肺結核，久治無效，不幸於 1963 年圓寂。

十八、永祥武師

永祥（1913－1987），俗姓王，字文斌，吉林長春市人。1933 年皈依少林寺，拜行令和尚為師，跟貞緒、吳山林等習擒拿、點穴等技。他對散手有較深的造詣，常以活節木人為敵推敲擒拿、點穴、散手的攻防招勢，頗得功效。撰有《擒敵秘旨》和《少林防衛一百招》，總結了少林寺歷代技擊高師所長，又集中了自己數十年的散打經驗，是學習和研究擒敵技法的指南。

永祥武師最大的功勞是在 1927 年復抄了存於千佛殿和法堂的歷代武僧所集抄秘傳的少林拳譜 40 卷，計 80 多萬字，載有拳 234 套、十八般武藝 137 套，共計 371 套，另有擒拿、點穴、打擂、散手、延壽訣以及拳譜訣、少林傷科秘法等雜文 46 篇與 2800 多幅拳戈圖像。並在當年還俗探父時將拳譜全部帶回長春。

這是少林寺被石友三於 1928 年焚毀後保存下來的珍貴資料，對於今天繼承和發揚少林拳法具有重大貢獻。

永祥武師於 1983 年第三次歸俗探親時，把所復抄拳譜全部交給了德虔，希望德虔妥善保存，發揚光大。

永祥武師於 1987 年 7 月逝世。

十九、俗家武師梁以全及楊建芳

少林寺俗家弟子梁以全大師出生於少林武世家，祖先在清代就皈依少林寺，跟著名武僧湛德和尚學藝，自此世代相傳。梁以全大師繼承祖父遺訓，苦練少林功夫。他在登封縣體委工作後，曾隨中國武術代表團出訪日本，多次表演少林真功，受到日本各界人士的歡迎。梁以全回國後在體委辦起了「登封縣少林武術體校」，培養了數以千計的人才。

少林武術新秀楊建方，就是他的學生，曾在 1987 年 3 月鄭港懷散打擂臺賽上以超人的武技奪得了 60 公斤級冠軍，比賽中他在 52 秒鐘內把香港選手杜煥勇打下擂臺 3 次。梁的其他學生如程國勛、金保生、李雲龍、周樹銀、王松平、劉修、張誠等都先後在近幾年的打擂比賽中奪得冠亞軍，可謂：

少功功夫不虛傳，桃李滿天百花艷。

青出於藍勝於藍，八十年代凱歌傳。

雄傑輩出源少林，中華兒女盡英賢。

第二章

少林打擂術基本功法

>>>>>>>>>>>>>>>>>>>>>>>>>>>>>>>>>>>>>>

　　少林打擂功的基本功法包括手型（如拳、勾、爪、掌等），手法（如推、拿、砍、卡、撩、抓、搶、挑、托、按、摔、擒、勾、甩、封、摟、摺、插、纏等），足法（如蹬、跺、踩、踢、飛、勾、潑等），步法（如馬步、弓步、虛步、歇步、併步、跳步等）和腿法（如踢腿、掃趟腿、流星腿、絆腿、跪膝等）以及身法、眼法、肘法、臀靠法、頭撞法、智法等。這些都是登臺打擂，挫敵取勝不可缺少的基本功法。

　　凡初學者必須認真學習，刻苦研練。在練好上述基本功法的基礎上，繼續練習特殊功夫和技擊招把，達到勁參敏智，綜合運用，並頻繁與人交手，拼搏實戰，方可期待早上擂臺。並且還得善於從敗中汲取教訓，百折不回，苦恆研練，培養出良好的心理素質，才有望奪魁，雄列武林。

第一節　手型和用法

1.拳

（1）拳　型

四指併攏，向掌心內屈握緊，拇指內扣，壓在食、中二指的第二節指骨上。（圖1）

（2）拳　法

實踐中多以鏢拳、陰拳、陽拳、砸拳、合拳、撩拳和反背拳打人。

拳譜曰：

> 拳打一氣連，出拳如崩山，
> 交戰殺氣勇，著點進如鑽，
> 源發如洪暴，拳出似放箭，
> 一靈勁氣合，二妙內外摻，
> 拳隨龍虎身，鐵錘砸碎山。

上述幾種拳法在出手打人時，均應以拳譜所云：「運氣、發勁、出拳一氣呵成。」這樣不僅功勢勇猛，猶如山洪暴發之勢，而且出拳快，猶如放箭。在擊中時要鑽螺旋，才能致殘對方，還必須做到氣勁合一，內外相隨，拳隨身行，方能龍騰虎撲，遠近皆取。

①鏢拳　又叫直沖拳，出拳前拳心向上，拳著點後拳心向下，此為拳譜中所說的鑽拳。多用此拳向前衝擊對方胸

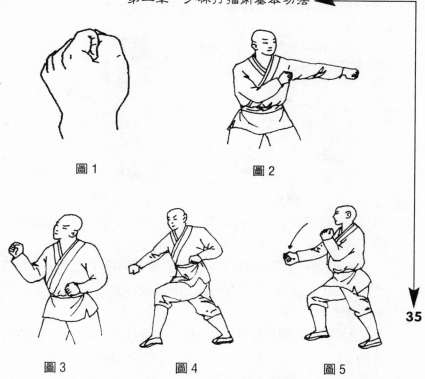

圖1　　　　　　　　圖2

圖3　　　　　圖4　　　　　圖5

腹部（圖2）。如打擂中常說的「黑虎偷心」就是指此而言。

　　②陽拳　也叫上沖拳，出拳前拳心向下，出拳後拳心向裡，多用於向前衝擊對方的肋部和下頜部（圖3）。如打擂中所說的「毒箭穿肋」和「神勾摘月」就是以此構成威力的。

　　③陰拳　也叫下揣拳，出拳前拳心向上，著點後拳心斜向下，多用於揣擊對方下腹部或陰部（圖4）。此拳多見於打擂中的「斬劍取水」和「虎爪挖腸」等。

　　④砸拳　即用拳由上向下猛砸，拳心向下（圖5）。多

圖6　　　　　　　　　圖7

用於近敵實戰時出拳砸擊對方要害部位，散見於「錘砸千斤」等招。

　　⑤合拳　即拳由外向裡擺擊，拳心向裡（圖6）。多用於兩拳由外向內夾擊對方的頭額或肋部，如「雙風貫耳」和「雙錘進倉」等。

　　⑥撩拳　即拳由內向外或向後撩打，拳心向外或向後（圖7）。多用於向外或向後撩打對方，如我們常見的「黑虎撩繩」、「倒施陰錘」等。

　　⑦反背拳　出拳時由內向外或由後向前，用拳背崩擊對方面部或肋部，拳心向內或向裡（圖8）。如打擂中見到的「鐵錘開花」和「迎面直取」等。

2.掌

（1）掌　型

　　食指、中指、無名指、小拇指併攏伸直，大拇指內屈，附於食指末節後，稱柳葉掌。（圖9）

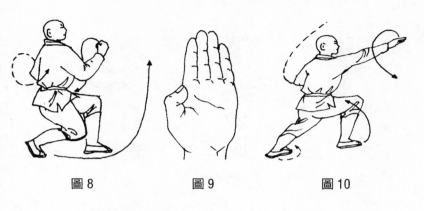

圖8　　　　　圖9　　　　　圖10

（2）掌　法

拳譜曰：

練掌先運氣，氣由丹田起，

精沛猛發勁，經胸擊敵去，

單推力要猛，雙推力要齊，

撩掌內外滑，劈骨如斧下，

崩掌如開花，切掌似切瓜，

護掌如蓋頂，搶掌如箭發，

出掌快如風，著穴如扎釘，

收掌如電閃，打人不見影，

合練朱砂掌，三年定成功。

　　常用的掌法有搶掌、推掌、切掌、劈掌、撩掌、撂掌和反背掌、架掌和按掌等。

　　①搶掌　出掌前掌心向上，出掌後掌心向下，掌指向前（圖10）。多用於向前搶擊對方咽喉，如打擂中的「箭穿咽喉」和「白蛇吐信」等。

　　②推掌　也叫正立掌，即兩手向前推擊，掌心向前，

37

圖 11　　　　　　　圖 12　　　　　　　圖 13

掌指向上（圖 11）。多用於兩手向前推擊對方，如打擂中的「雙手推窗」和「雙手排月」等。

　　③切掌　出掌由上向下切，掌心向裡，掌指向外（圖 12）。多以橫掌切擊對方來犯之手腕或前臂，如「老王切瓜」用的就是切掌。

　　④劈掌　出掌由上向下以掌棱猛劈，掌心向內，掌指向前（圖 13）。多用於出掌向前劈擊對方肩部和橫擊前臂，如「力劈華山」。

　　⑤摺掌　一掌或兩掌由內向外平摺，掌心向下（圖 14）。多用於兩掌向外向下橫砍對方肋以下要害部位，如「橫掃千軍」或「夜叉潑麥」等。

　　⑥撩掌　向上撩，掌心向外；向下撩，掌心向下（圖 15）。上撩掌以撥擋對方來犯之手，或向前撩打對方頭面部為主，下撩掌對付身後來犯之敵。

　　⑦反背掌　也叫扳手，掌心向裡，掌指向上（圖 16）。掌由內向外或向前用掌指扳擊對方頭部。如打擂中見到的「迎面散花」和「反掌封面」等。

　　⑧架掌　手掌向上架於頭上前方或一側上方，掌心向

圖14　　　　　　　圖15　　　　　　　圖16

圖17　　　　　　　圖18　　　　　　　圖19

上（圖17）。多用於以掌擋擊來犯頭面之招。如「白雲蓋頂」和「起掌如雲」等。

　　⑨按掌　手掌由上向下按，掌心向下（圖18）。多以兩手或一手壓住對方來犯之手足，如「彭公擠按」。

　　⑩削掌　即舉臂正掌橫削，掌心向下，掌指向外（圖19）。多以橫掌向前削擊對方下頷和咽喉部位，如「刀削金頂」。

39

  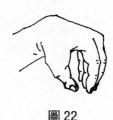

圖 20　　　　　　　圖 21　　　　　　　圖 22

3.勾　手

（1）勾手手型

五指向內勾，指尖撮在一起，掌心向內下沉，屈成勾。
（圖 20）

（2）勾手手法

一般有上勾、反勾和下勾之分。（圖 21）主要用於勾、掛、鑽擊對方的下腹、前臂和手腕等部，如「金鉤鉤龜」、「金鉤掛玉瓶」等。

4.五花瓣爪

（1）五花瓣爪爪型

其型類似勾手，但五指微開向內稍屈，型如五花瓣。
（圖 22）

 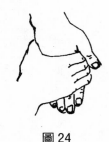 

圖23　　　　　　圖24　　　　　　圖25

（2）五花瓣爪用法

用手向前抓拿對方頭面、手臂等全身要害部位，是打擂術中最重要的擒敵取勝之法。常用的妙招有拿、抓、纏、扭等法。

①拿法　是打擂術中常用的方法，若得機、得勁都可手到擒敵，施招擊殘對方。常拿的部位有拿掌、拿肩、拿臂等。由於實戰中手掌最宜暴露，故須精練手掌之拿法。其方法是以五花瓣爪出擊，著點後成八字型（圖23）。拿掌之法有五種之多，這裡僅述順拿和倒拿。

順拿手掌背　引誘對方伸右（左）手掌，待其手背向上暴露出來時，疾速出右八字型手，抓拿對方右掌背，食指內側貼緊對方右手虎口，拇指扣緊小指側外緣，五指使勁握緊。（圖24）

倒拿手掌背　引誘對方伸出右手背，我速出右八字手，向下扣腕，虎口向內，倒拿住對方右掌背，拇指緊扣對方手虎口，其餘四指扣緊小指外緣，五指握緊。（圖25）

歌曰：

二虎登上擂，霎時爭高低，

圖 26   圖 27

> 伸手抓猛虎，拿掌法為奇，
> 誘敵先出手，我手疾莫遲，
> 八字入虎口，五指勁緊齊，
> 順拿順下手，倒拿下把移，
> 順倒皆順驟，遲疑反遭襲。

拿臂拿肩者，重在尋機閃身側取，正取則不易成功。

②抓腕法　是打擂術中最有效的擒敵取勝之法。有順抓、反抓之分。就此法有「抓取易，成擒難」之說，因為習武者都十分重視苦練抓腕和解擒之技，又深知己腕被擒之害，故重此技。所以運用此招更要把握時機。

順抓腕法　誘對方出右拳擊我胸腹，我速出右八字手，順對方右拳外側抓其腕背，五指握緊，坐腕沉勁，力注虎口。（圖 26）

反抓腕法　誘對方出右拳向我胸腹打來，我速出右八字手繞向對方下側，抓住其腕，向外旋奪，五指握緊，力注虎口。（圖 27）

除上述兩種方法外，還有倒抓直抓等其它抓法，但諸法都須練勁練智，力與技配合，才能手到制敵，否則難以取勝。

歌曰：

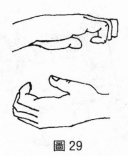

圖28　　　　　　　　　圖29

擒敵在手足，抓腕猶莫遲。

順抓繞外進，反抓內下入。

倒抓外下侵，直抓上偷襲。

更有虛實法，亂敵神心室。

乘虛亂驟入，五指緊勁齊。

牽牛過崎嶺，吾招隨意行。

③扭法　出五花瓣爪行扭法，在打擂術中亦很重要，通常有單手擰手、兩手扭頭等法。

單手擰手法　誘引對方出右手抓我腰部，我向左閃身，出右手抓住對方右手四指背面，用力向左扭。（圖28）

兩手扭頭法　在打擂時，誘使對方頭部接近我身，然後突然出兩手扭之，右手在上，左手在下，兩掌心相對（圖29）。上手按住頭頂，下手托住下頜及腮，緊緊抱住對方頭部，猛勁向左（或右）扭，使對方頸椎受傷。

另外還有扭臂、扭腿等法，其法都是乘機抓住對方關節的一端，使勁猛扭，造成對方關節脫位或損傷。

歌曰：

打擂心都狠，不讓寸和分，

近則抓要把，扭住即成擒，

圖30　　　　　　　　　　　　圖31

單手扭腕時，雙手動大筋，

可取金葫蘆，可使臂分身，

更可卸大腿，拋球溜地滾，

巧在待良機，妙在施逆勁。

44

④纏法　是打擂術中常用的技法之一。有纏腕和纏指等法。

纏腕法　甲出拳擊乙胸部，乙出手抓住甲右手腕（圖30）。甲右拳變掌向內翻上抓住乙右手腕（圖31），然後上左弓步，右手隨勢向內、向上提，再由內向外纏，控制乙方腕關節，使其受傷而敗。

纏指法　仍然出手誘敵使反纏法，多以纏對方拇指，採用提壓外纏，致殘對方拇指為主。

歌曰：

二人交手戰，纏法使在先，

出手誘敵擒，反手纏敵手，

纏腕並纏指，提點壓卷驟，

卡根易纏梢，提上接後揪，

虎勁對牛勁，成擒剎那間。

第二節　步型和用法

拳譜曰「步為人之馬，步不到手則不濟，腳不到身難近敵，步亂手則亂。」此訣說明步法在武術打擂中的重要性。常用的步法有：馬步、弓步、仆步、虛步、騎龍步、插步、併步、歇步等。

1.馬　步

（1）步　型

馬步也叫馬襠步，是武術和打擂中常用的步型。其型是兩足開立，間距略寬於肩，足尖向前，兩腿屈膝半蹲，挺胸塌腰，膝蓋不能前超足尖；兩拳屈抱於腰間，或兩拳按於大腿上部，目視前方。（圖32）

（2）步　法

馬步在打擂實戰中可用於側擊、側封、前砸、封砸、扣腳、跪膝、反跪挫膝和掛腿挑跟等。

圖32

歌訣曰：

　　　　馬襠步勢牢如椿，推之不移搖不晃。

　　　　擂臺之上玄機變，左右前後戰四方。

　　　　前來犯招用封砸，跪膝一招人難防。

　　　　左右側擊並側封，背後遭犯轉身疾。

上者可用金交剪，下用扣腳可拔椿。

莫忘反跪挫膝勢，掛腿挑跟制豪強。

馬步椿法功成就，永矗擂壇顯威武。

2.弓　步

（1）步　型

弓步又叫弓箭步，是武術打擂中最常用的進攻步勢。其型是一腿在前屈膝，另一腿在後蹬直，上體向前稍傾，前腳尖稍向外張，後腳尖裡扣，腳掌著地，兩掌抱於腰間或向前沖拳推掌，目視前方。（圖33）

（2）步　法

弓步在實戰中有直進、滑進、別腿、絆腳和截腿挫膝等。

歌訣曰：

弓步進法如放箭，勢猛驟急進敵前，

隨身使出虎仆把，雙手推窗倒泰山，

滑步向前帶地走，深入虎穴手疾插，

踩抓撩打尋孔入，一玄百變莫等閑，

見縫插針施別腿，裡合外擺隨機變，

絆腳須用卡車軸，稍一使勁推倒巒，

更有截腿挫膝招，敏猴虎力勝雄變，

莫忘回頭反弓步，金雞鎖喉在霎間。

圖33

圖34

3.仆 步

（1）步 型

一腿屈膝全蹲，另一腿向外橫開伸直，兩腳尖向前，兩手屈肘置於腰間，目視仆腿一側。（圖34）

〔2〕步 法

仆步在打擂中主要以位處低勢時出招，或打或擒對方下部要害部位，亦可對付來犯者施反繃腿之招。

歌訣曰：

> 仆步如伏虎，招在反不出，
> 橫出摺脛斷，尋機先摘茄，
> 閃身伏虎勢，回首反擒虎，
> 犯者反繃腿，伏虎可避閃，
> 身處低短勢，招可隨機起，
> 智勁合一處，小猿制猛虎。

4.虛　步

（1）步　型

即一腳在前或在內側近處，足跟離地，以足尖點地，或在旁後虛點，屈膝微蹲，身體重心落在後腿。（圖35）

（2）步　法

虛步是武術打擂中常用的步法之一。在實戰中具有靈活主動，易進易退，能攻利守的特點，所以此步古今都被武術家所重視。

48

歌譜曰：

　　　虛步前腳點，後腳踏平穩，
　　　實虛步中伏，進退隨機變，
　　　進則起前腳，退則前腳移，
　　　手隨步法變，靈敏如白猿，
　　　流星一線穿，制敵在瞬間。

5.騎龍步

（1）步　型

即兩腳前後分立，兩大腿靠攏，前腳腳尖外擺，後腳相隨，前腿蹬直，後腿屈膝半蹲，目視前方。（圖36）

（2）步　法

此步法具有變步自由，攻退靈活的特點，可以充分施展

圖35

圖36

圖37

拳掌，應機變招，能有效地襲擊對方。

歌譜曰：

> 騎龍步法活，進退變機多，
> 前失撤前足，後失進後腳，
> 左右遭敵襲，應招手足潑，
> 上下虛步兼，勾絆摟纏裹，
> 八方出奇招，頑敵難逃脫。

6.插　步

（1）步　型

即兩腳前後或左右開立，上左（或右）腿，使兩腿交叉成「X」型，後腳順上步方向轉45度。（圖37）

（2）步　法

插步是實戰中的一種臨時步法，失利時撤前腳後移，得機時移後腿向前偷踩或絆對方之足。無論撤步或偷步，手招均應跟上。運用插步多為攻防兼備，常以橫身出招襲敵。

歌訣曰：

> 插步利進退，手招應變隨，
> 失則撤前步，舟中手潑水，
> 利則偷插步，二施火崩捶，
> 得機踩勾絆，轉身把魔毀，
> 亦可倒風轉，疾出攔腰捶，
> 古樹盤根法，順勢送敵歸。

第三節　腿　法

腿法在打擂術中佔有重要的地位，在武術界常有「南拳北腿」之說，在少林武術的各種功夫中尤為突出。在打擂中常用的腿法有彈踢、蹬腿、側踹、勾踢、後撩腿、龍盤空、掃趟腿等。

1.彈　踢

一腿立地支撐，另一腿向前彈踢，高不過腰。（圖38）

【實用】主要用於向前彈踢對方小腹、陰部和腿膝等要害部位。如打擂中所最常見的「浪子踢球」、「炮開井眼」等。

歌訣曰：

> 低起彈踢猛擊膝，上部撩陰捅漏底，
> 下可斷脛截馬腿，妙在踢腿不見足，
> 猛出疾法不露影，起足稍遲反遭襲，
> 擂臺交手踢連環，上虛下實步步逼，

圖38　　　　　　圖39　　　　　　　　圖40

彈腿一招可取勝，妙在隱蔽又迅捷。

2. 蹬　腿

一腿立地支撐，另一腿向前蹬踹，腳尖內勾，以腳跟之力向前蹬。（圖39）

【實用】此法多用於向前蹬擊對方下腹或胯、臀部，如打擂術中的「梅鹿彈蹄」、「大熊推雪」等。

歌訣曰：

蹬腿需有九牛力，小腹胯臀均可襲，
足尖上翹繃上勁，虎力猛運出足跟，
要在霎間招即倒，遲了反成雁落地，
僅求足起著落疾，一息之間連三襲，
莫忘上爪飛雲招，上下巧合定制敵。

3. 側　踹

一腿立地支撐，另一腿隨身體向側方轉體90度，接著起足側踹。上體向支撐腿側俯。（圖40）

【實用】主要用於踹擊對方的腰、胯等部位。如「鴛鴦

圖 41　　　　　　　圖 42

端腳」、「大仙亮腳」等。

　　歌訣曰：

　　　　　起足側端別一招，飛端腰胯彈人倒，

　　　　　抬足須望犯腿手，驟端疾收眨眼間，

　　　　　端胯需躁如斧劈，端腰需擰白搗槽，

　　　　　著點如就鴛鴦腳，失利腳落插絆招，

　　　　　亦可左右連環端，緊接掃趟技為高。

4. 後撩腿

在撤步逃走時，突然抬足向後上方擺踢。（圖41）

　　【實用】多用於反身踢擊對方頭面部，如「倒踢金瓜」。

　　歌訣曰：

　　　　　失利轉身溜步走，翻雲覆雨擊妖頭，

　　　　　回身翹腳飛雲端，尖踢對方七竅流，

　　　　　得利即用虎撲食，失利疾施猴上樹，

　　　　　死擰雞頭抓鷹脖，剪指取珠高一著。

52

5.龍盤空

遠距離起步向對方騰空彈腿。（圖42）

【實用】主要用於搶步騰跳以足踢擊對方頭面或突圍時用，如「青龍騰空」或「白龍擺尾」等。

歌訣曰：

> 青龍盤空大擺尾，騰空踹腳雲裡腿，
> 尖踢妖冠破七竅，法術高橫彈勁威，
> 若是撲空速變勢，仆地掃趟一風吹，
> 亦可施用地交剪，勾絆來妖腿股毀，
> 突圍則可化流星，乘雲一去頭莫回。

6.掃趟腿

以仆步為優勢，以屈膝全蹲的一腳為軸，兩手置於下蹲腿的兩側前方，另一腿由側經身前向後側掃一周。（圖43）

【實用】多用於向前掃擊對方小腿以下部位。或在被群敵圍困時掃擊敵人，以迅速突圍。「橫掃千鈞」、

圖43

「捲地黃風」和「秋風掃落葉」等都是以此為主的招勢。

歌訣曰：

> 風掃落葉地趟腿，法如潑麥一風吹，
> 前掃後掃技法同，掃打前後左右賊，
> 勢在起足一氣成，技在鐵腿溜地追，
> 功在腿到林木倒，群盜沾邊命即毀。

第四節　肘　法

拳譜曰：「寧挨十拳不挨一肘。」由此可知肘法之威力。在打擂中常用沖肘、頂肘和後頂肘，另外還有崩肘、撩肘等。

1.沖　肘

用肘尖在近身實戰時衝擊對手，其方法以弓步近身，然後出同側肘（如左弓步沖左肘，右弓步沖右肘），肘尖向前，拳心向外，上體前傾，目視肘尖。（圖44）

【實用】在近身交手時，尋機用肘尖衝擊對方上腹部。另有架肘護心之說，即可以防護上腹部受敵拳擊。打擂中常說的「鷂子鑽林」和「鐵肘鑽心」等就運用了沖肘。

歌訣曰：

心肘兩相依，起落常護心。
用肘宜近取，最忌遠處尋，
變化要疾速，露形勢已盡，
中起領根梢，呼應能制人。
兩手垂屈肘彎藏，一起三打人難防，
伸又伸來屈又屈，適於用短不用長。

2.頂　肘

也叫橫肘。以馬步為基本步法，屈臂成橫肘，拳心向下，肘尖向外，各向側方頂擊。（圖45）

【實用】遇敵交手，兩人近身纏鬥，速用肘向外頂擊對

圖 44　　　　　　圖 45　　　　　　圖 46

方肋部，如「毒箭穿肋」和「鐵拐破腹」等就是用的頂肘法。

歌訣曰：

> 勒住四平馬，肘拐向外拉，
> 氣往丹田沉，勁從肘根發，
> 中起向外進，快如女穿梭，
> 向左頂破心，向右把肝破，
> 亦可左右崩，名為雙開花，
> 兩肘向後掛，亦名牛翻角，
> 肘尖銳如牙，出肘把敵殺。

3.後頂肘

　　兩腿站成馬步，兩臂向裡屈彎成肘，兩手握拳，拳心向上，肘尖向下。（圖 46）

　　【實用】主要用於護肋防後，若對方出拳衝擊脅部，可屈臂閃身，用肘尖格擊對方前臂，若犯者突然從後面襲擊，抱住腰背，可用兩肘由前向後猛頂對方肋部。在打擂時用的是「犀牛擺角」和「倒出牛角」。

歌訣曰：

> 看似童拜佛，霎時牛出角，
> 蹲身攔肋側，向後倒穿窩，
> 立時解圍困，後法制妖魔，
> 巧施後頂肘，夜叉倒過河。

第五節　鐵頭功

鐵頭功又叫金固頭，是少林七十二藝之一。此功夫在打擂術中稱為奇技，得機得力，用之必勝，甚至躍步用頭一撞，即可致敵喪命，打擂術中有「流星碰球」「背後撞鐘」和「鐵球開瓢」等。

56

1.流星碰球

（1）勢　型

以弓步式站立，兩拳抱於胸側，頭向前俯，目視前方。（圖47）

（2）用　法

先運氣，提精銳之氣貫於頭部，同時觀察對方欲出之招，乘對方不備，躍步驟出，用頭頂猛撞擊對方頭面部（圖48）。這是遠距離進攻法。

歌訣曰：

> 頭為人之首，氣貫金固頭。
> 若與敵交戰，上步如放箭。

圖47　　　　　　　　圖48

圖49　　　　　　　　圖50

57

　　硬撞對方頭，碰鼻血成泉。

　　撞額制敵暈，敵方倒面前。

　　撞眼可流珠，敵方瞎了眼。

　　低撞下巴頜，嘴角失開關。

　　如果左右撞，擊碎耳腮顱。

　　撞擊太陽穴，送敵歸陰間。

2.鐵球開瓢

　　屬近距離交戰的招法。在實戰時用頭撞擊對方腹部（圖49），或先出兩手抓住對方兩手，然後用頭頂撞對方胸部，向前頂倒對方。（圖50）

歌訣曰：

> 擂上兩人鬥，拚命施招爭。
> 遠則用手打，近則用頭碰。
> 疾迅猛撞腹，中招敵慘痛。
> 遲則頭頂胸，迫敵招前敗。
> 緊步向前攻，送敵仰倒坪。
> 疾則頭碰腹，全球開了瓢。
> 緩則頭頂胸，亦名牛倒嶺。

3.背後撞鐘

被敵人從身後用雙手抱住時，乘其不備用頭向後倒撞對方頭面部。（圖51）

58

歌訣曰：

> 頭功撞上下，莫忘向後碰。
> 時在後遭困，雙手抱腰中。
> 乘敵未施招，向後倒撞鐘。
> 制其倒在地，轉身卡喉嚨。
> 此功出少林，背後倒撞鐘。

圖51

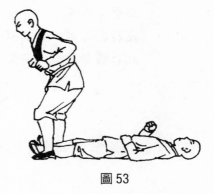

圖 52　　　　　　　　　　圖 53

第六節　鐵身靠

　　鐵身靠也是少林七十二藝絕技之一，是用臀部向後靠擊對方，或用胯部向左右兩側撞擊對方的招法。平日以臀向後靠擊大樑或石壁，久練必成功（圖52）。此技在打擂中多用於被對手從身後鎖困或欲從身後施摔法時，自己手腿無法出招，突然用臀向後靠擊，制殘敵人，擺脫困境。（圖53）

　　少林寺第二十九世住持大和尚貞緒武師的鐵身靠功夫是古今武僧中有口皆碑的。貞緒武師曰：

　　　　身前用手足，身後靠臀擊，
　　　　背後法制人，全憑臀部力，
　　　　平時苦練臀，狠靠石樑壁，
　　　　莫忘側胯撞，臀胯連一起，
　　　　十年苦磨練，活增三層皮，
　　　　遇敵偷抱腰，用臀狠靠擊，

提臀擊腹爛，坐臀絕陰氣，
甩胯打左右，拋敵側倒地，
此乃鐵身靠，巧用偷制敵。

第三章

少林打擂術特殊功夫

>>>>>>>>>>>>>>>>>>>>>>>>>

少林打擂術是兩個武士交手時在瞬間制對手殘亡的特殊武技。因此，學打擂術除練少林拳術外，還須研練些特殊功夫，如鐵砂掌、金剛錘、千斤腳、流星腿、飛雲腳、鐵掃帚、鐵頭功、鐵身靠、點石功、排打功和硬氣功等。

民國年間的少林寺住持，登封縣僧會司，少林區保安團團總妙興大師說：「精通七十二藝，打擂成巨人。」說明這種功夫在打擂中的重要性。

一般說來只要練成上述幾種功夫，又能夠在擂臺上靈活運用，具有超人之智，做到智勁合一，定能登擂取勝，武林居魁。

第一節　鐵沙掌

鐵砂掌功夫是少林七十二藝之一，是登擂搏鬥，制殘對方的首要功夫，所以歷代武僧和武林高師都十分重視此功。其具體練法如下。

一、練功前的洗手藥方

1.功 能

暢血順氣，舒筋健骨，壯膽柔節，固表盈精。

2.藥 方

象皮（切片）、鯪魚甲（酒炒）、半夏、川烏、草烏、全當歸、瓦松、皮硝、川椒、側柏葉、透骨草、紫花地丁、海鹽、木瓜、紅花，以上各 30 克，鷹爪一對（無鷹爪者亦可用雞爪代替）。

3.製濟法

將以上 16 種藥一起置入瓷盆內，倒入陳醋 3.5 公斤，清泉水 4 公斤，浸泡七天，再加上等白酒 200 克，將盆口蓋嚴、密閉（不可漏氣）備用。

4.用 法

每次練功前，取出藥汁 250 克，加沸水 1 公斤燙泡，降溫後浴洗兩手和兩臂，然後涼乾，即可投入練功。每濟藥可洗 30 日，連用四劑，共 120 天，體皮已固，便可停用。

二、練功設施和步驟

練鐵砂掌的設施有砂袋和鐵砂袋等，懸吊在樑上或掛在木樁上均可。

1.砂袋製法

一般用粗白帆布縫一個 2 市尺（約 60 公分）見方的口袋，內裝粗砂粒 25～30 公斤，然後用細繩把口紮緊，吊在樑上或掛在木樁上。

2.鐵砂袋製法

口袋的大小同砂袋，內裝夾雜有小鐵片的鐵砂 25～30 公斤，然後用繩把口紮緊，吊法同上。

3.練功步驟

先練打一般砂袋，後練打鐵砂袋。

三、練功方法

鐵砂掌練法在不同時代、不同的人有不同的特點，這裡不一一介紹，僅將湛舉大和尚練鐵沙掌的秘法陳述於下。

1.獨砂袋練法

（1）**砂袋的位置** 先把製好的砂袋懸吊在樑上或較高的木椿上，其高低當與練功者胸部相平。（圖 54）

（2）**預備勢** 練功者用藥水洗手涼乾後，面對砂袋，間距一尺左右（30 公分左右），兩腿站成馬步勢，運氣三周，氣沉丹田。（圖 55）

（3）**打法** 氣發丹田，貫注兩掌，由外向內輪番以掌心拍擊砂袋。初練每次 10～15 分鐘，擊速每分鐘 5～10

圖 54

圖 55

發，共拍擊約 50～150 發。每天練 3 次，總擊 150～500 發。一個月後改為一掌拍擊，一掌搓擦，輪換施之，依次反覆拍打和搓擦，時間增至每次半小時，擊速增至每分鐘 20 發，每天 3 次，一天總擊擦 1000～1500 發。

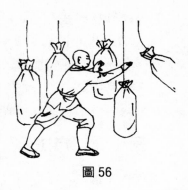

圖 56

　　依次苦練，始終如一，不可因勞累而停頓，不可怕苦而中止。但也不能急於求成，若手掌偶有損傷，皮破流血，需及時醫之，待癒後再練。一年後手掌生膙，使勁拍硬物，均不知痛，可望成功。

64

　　歌訣曰：

　　　　少林鐵砂掌，精者舉和尚，
　　　　深有五旬功，法能扇動樑，
　　　　應自十歲始，苦練鐵砂掌，
　　　　砂袋樑上懸，僧站馬步樁，
　　　　胸齊砂袋心，精氣貫掌上，
　　　　兩手輪拍打，鋒在掌心房，
　　　　日擊五百發，寒暑不漏場，
　　　　日季不漏時，年後掌生膙，
　　　　苦恆結成皮，堅硬比金剛，
　　　　若是加倍練，崩掌如雷劈。

　　2.環布砂袋練法

　　（1）**砂袋吊法**　取上述大小、重量相等的砂袋三或五個，懸吊成三角形或梅花形。（圖 56）

（2）**練法**　依上法站成馬步，運氣二周，氣沉丹田，精貫掌心，先左右拍擊，再轉身變步循環擊打，拍打一周，身步活移，反覆旋擊，勢如臨敵。

此法不僅可練掌勁，而且還可練其掌的活力，增長技藝，富有實戰性。逐日苦練，漸增砂袋重量，然後可練兩掌推遠之力。

歌訣曰：

> 少林鐵掌功，亦有三角陣，
> 砂袋吊三角，間距尺三寸，
> 僧站四平馬，氣往丹田沉，
> 精銳貫掌心，發聲拍擊緊，
> 兩手輪換打，左右前環循，
> 擊打交搓擦，四季不停息，
> 初練五百發，漸往九百增，
> 膿皮層層起，功告初成眞，
> 三年上擂臺，常勝旋乾坤。

3.鐵砂袋練法

鐵砂袋是練鐵沙掌功夫的最後一層功法，是十分艱苦的，凡有志者皆可成功，凡無志者至此大都半途而廢，前功盡棄。

練法　步型和間距同獨砂袋練法，只須加練擊打力和排遠力，尤其注重苦練搓擦功夫。練此步功易損皮滲血，艱苦非凡，所以也是磨練意志的過程。練時一掌用力拍擊，使砂袋來回遊蕩旋擺，另一掌乘其遊蕩，附袋搓擦，練其磨力，每日早晚兩次，每次200～300發，共練500～600發。依此苦練硬磨4～6個月，再增加鐵砂掌重量20斤。照法研練，

陸續增鐵砂至 120～140 斤，揮手拍推鐵砂袋，能拍出二丈五尺開外時，即可拍竹裂木、開磚斷石，到此便告功成。（圖 57）

圖 57

歌訣曰：

石砂更鐵砂，剌把樑上掛，
拍打染紅掌，苦練菩薩把，
一掌拍袋出，一掌附袋擦，
皮破血流紅，傑士毫不怕，
癒後改法練，奮勁成倍發，
早晚抖神磨，日拍五百下，
半年初成效，再添袋內砂，
一季二十斤，依次續增大，
增足一百四，鐵砂算滿家，
拍袋三丈外，功夫初可誇，
拍竹啪聲炸，拍磚斷開花，
若與人交手，何愁拿不下。

第二節　金剛錘

　　金剛錘亦屬少林七十二藝之一，是一個武士驅暴自衛，打擂取勝的重要功夫。

　　它與鐵砂掌功夫不同：掌功重在抓、排、拍；拳功重在鑽、打、劈、砸。在實踐中，有時它比掌功更為重要，故要刻苦研練拳（錘）把功夫。

一、洗手藥方

1. 功　能

舒筋健骨，活絡柔節，固表堅肌，提神壯膽，有助於練拳掌硬功。

2. 藥　方

紅花、木瓜、南星、半夏、草烏、川烏、雞血藤、全當歸、蛇床子，以上各 5 克，透骨草、地骨皮，紫花地丁、硫磺、劉寄奴、側柏葉、桑枝、龍骨、狼毒、川椒，以上各 50 克，海鹽 175 克，雞爪一對。

3. 製濟法

將上列 21 種藥置入砂鍋或銅盆內，加井水或清泉水 3.5 公斤，陳醋 4 公斤，煎熬濃縮至 4 公斤，加蓋密封，待入手不燙時，另加老酒 50 克，用竹筷攪勻備用。

4. 用　法

洗兩掌和全臂，然後涼乾，即可練功。

每次洗浴手臂後須加蓋閉氣，每 1 劑可連用 30 天，連用 4 劑後即可停用。

二、練功設施與製法

練金剛錘的主要設施有砂袋、棉椿、木墩、石板、木盾等，其法如下：

1. 砂　袋

砂袋的製法同鐵砂掌的獨頭袋製法。

2. 棉　椿

選擇一根長 2.3 公尺、直徑 0.12 公尺左右的圓木，在平

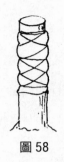  

圖 58　　　　　　　圖 59　　　　　　　　　圖 60

坦的地方下埋 0.6～0.75 公尺，地面留 1.55～1.7 公尺（如
練功者個矮，可以再酌情少留），然後用破棉被或破棉衣片
纏樁 2～3 層，再用細麻線繞紮捆固，此稱棉樁。（圖 58）

3.木　樁

棉樁棄去棉片便是。

68

4.木　墩

選一根長 1.3 公尺左右，直徑 0.12 公尺左右的堅硬圓
木，埋入地下 0.3 公尺，露出地面 1 公尺，將斷面刨光，即
稱木墩。（圖 59）

5.石　板

選一塊表面平展光滑的石塊，架於木架或桌子上。

三、練　法

練金剛錘的次序是由軟物到硬物，擊數由少到多。

1.砂袋練法

可選用鐵砂掌功夫的前二種練法，僅將掌變為拳，用拳
面練砸（圖 60），用拳鋒練沖（圖 61），用下拳眼練捶。
（圖 62）

圖 61

圖 62

上述三法，初練者以每日練打 3 次，每次 100 發，日擊砂袋 300 發為宜。然後逐漸增加至 500 發，苦練 3 個月，再改練棉樁。

歌訣曰：

圖 63

少林金剛錘，先捶砂包龜，
兩錘碰群星，環打梅花壘，
轉身旋風勢，拳打飛花捶，
砸沖捶三把，日擊五百下，
百天初功就，二捶袋開花。

2.棉樁和木樁練法

（1）**棉樁的高度**　一般是頂端與練功者的肩相平。棉樁共分上、中、下三個擊把。上把平肩，宜練閃拳（即舉臂由外向內擊，拳心向內）（圖 63）；中把平心，宜練沖拳（即稍沉臂，向中下方衝擊，拳心向下）（圖 64）；下把平臍下，宜練揣擊（即出拳向前向下揣擊，拳心向

圖 64

圖65　　　　　　　　　　　　　　　圖66

後下方）。（圖65）

　　以上三個把位，擊法和用法各有所長。練上把，宜閃擊
對方太陽穴。練中把，宜衝擊對方上腹部。練下把，宜揣擊
對方下腹部和陰部。

　　（2）練法　　練功者以弓步站立，面對棉椿，間距一
尺。運氣下沉丹田，然後出右拳向前擊打棉椿，要輪擊上中
下三把，然後換左拳依上法擊椿（圖66）。亦可出兩拳左
右輪打。早晚各行一次，每次150發，共計300發。練至3
個月，增至500發，持續半年，棄去棉層，續練打木椿（圖
67）。次數和方法同棉椿，練至1年後改練拳擊木墩。

　　歌訣曰：

　　　　　圓木四尺長，棉裏木成椿，

　　　　　站定弓步勢，銳氣貫金剛，

　　　　　平臂擊上把，沉臂衝中膛，

　　　　　斜下揣下把，三把各有長，

　　　　　一日兩行動，兩頭不見陽，

　　　　　日擊三百把，漸增五百發，

　　　　　嘗罷一年苦，肉拳成金剛，

圖 67

圖 68

> 棄去外層棉，就可練木椿，
> 功法皆相同，都為功力長，
> 初練需少把，日久把增加，
> 苦練一年把，可換擊墩椿。

3.練木墩法

在木墩上主要是練拳的下砸勁，其法是以馬步勢站立，距木墩 30 公分左右，先運氣 3 週，氣沉丹田，然後抖擻精神，使銳氣貫兩拳，輪番由上向下劈砸，拳心向裡，拳眼向上（圖 68）。練此法之初勁宜小，然後逐日增大。每日兩次，每次 150 發，一天約 300 發，三個月後增至 600 發。依此法練一年，當猛勁砸墩，不覺疼痛時，可改練拳砸磚塊或石板。

歌訣曰：

> 木墩高三尺，馬步對墩立，
> 運氣沉丹田，銳貫兩拳裡，
> 發聲拳出懷，聲落砸墩畢，
> 兩拳輪番砸，日擊三百一，
> 漸長六百發，苦練年有餘，

千捶不覺痛，可更擊磚石。

4.練磚石法

拳擊磚塊和石板是金剛拳功夫的最後一道功法，也是能否成功的一個關鍵。俗語說：「有志者事竟成，無志者萬事空。」練到這步境地，更要循序漸進，苦恆研練。精誠所至，金石為開，終可練就一手硬功夫。

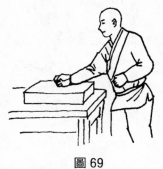

圖 69

練法 初練者，先取一塊堅硬的磚塊，平放在桌凳上，以弓步勢面對磚桌站定，間距一尺三寸。然後運氣一週，使精銳之氣貫注拳面，對準磚塊發聲劈砸（圖69）。每次約300～500發，三個月便可拳砸磚斷。此時，可改練拳砸石板，擊法與擊磚相同，每日200發，逐漸增至600～800發。依此法練三至五年，便可拳落石板裂。

歌訣曰：

> 堅握一對拳，苦練劈華山，
> 初練砸木墩，次練劈砸磚，
> 日行六百發，發聲磚砸斷，
> 再增七分力，更練砸石板，
> 一日八百錘，苦磨三十年，
> 怒拳一聲落，石頭分兩瓣，
> 少林金剛錘，真功莫外傳。

第三節　千斤腳

千斤腳是少林七十二藝之一。拳譜曰：「大仙一跺腳，地陷三尺多，夜叉一起足，巨石飛七尺。」千斤腳功夫威力可想而知。此功在打擂中有著特殊的作用，如在打擂奪魁時，常用的「鴛鴦踹腳」等都是用腳制人，以奇取勝的招法。

千斤腳又名鐵腳板。以練腳的踏跺力和踢擺力為主。功成後可在實戰中發揮強大的下盤威力。

一、千斤腳練法

鑽地穴功夫主要研練腳的踏陷力，初時練踏跺砂包（圖70）。方法是兩腳開立，氣沉丹田，下注足心，抬腳發聲，狠跺砂包。每日早晚各一次，每次 30〜50 踏一天 60〜100 踏。練三個月後，改練腳跺土塊，照例運氣沉於丹田，下注足心，發聲猛踏土塊（圖71）。每日 200 踏，續練半年，

圖70

圖71

圖 72　　　　　　　　　　　圖 73

便可腳到土塊粉。

　　腳踩土塊粉碎，又不感絲毫疼痛時，可改練踩磚塊，此法與踩土塊相比難度就大得多了，必須有恆心。其練法是，先把地基夯實，並放兩塊磚作基，上再平放一塊磚為踩點，先運氣，然後精貫腳心，抬腳發聲朝磚狠踩（圖 72）。每日兩次，每次 300 踩，一日 600 踩。依此苦踩 3 年，不可間斷，定能踩碎磚塊，大功到此已有六成。

　　腳踩石板是千斤腳功夫的最後一道功夫，若有恆心，亦能成功。其法是取一塊厚二寸的石板放在磚基上，依上法抬腳下踩（圖 73）。

　　每日 600 踩，漸增至 1500 踩，苦練 6～10 年。功夫不負有心人，定能腳踩石板爛。

　　永祥詩云：

　　　　　少林千斤腳，明代水公傳，

　　　　　湛舉繼宗法，貞緒承法全。

　　　　　初踏大砂包，此次土塊山，

　　　　　日行二百踩，腳下土塊爛。

改練踩堅磚，一日六百三，

三年見成效，鐵腳鑄大半。

苦踩三寸石，功夫在十年，

日踩一千五，膽壯腳不殘。

鐵杆磨繡針，功到成自然，

一腳踩石爛，擂臺更英賢。

若是踏敵足，腳裂血模糊，

此乃千斤腳，功出少室山。

二、練金剛錘、千斤腳消腫止痛藥方

紅花、乳香、沒藥、生地、熟地、二花、桃樹屎（桃樹上的蟲屎）各 15 克，川烏、草烏、桑寄生、勾藤各 35 克，當歸、雞血藤、海風藤、絲瓜絡、柳樹皮、蒼朮各 25 克，黃蓍、甘草各 20 克。

將上述十九味藥置入大砂鍋內，或銅鍋內，加水 3.5 公斤，陳醋 3.5 公斤，用文火煎熬至 2.5 公斤藥汁，待微溫時，洗浴兩手，可立即消腫止痛。用後加蓋以備再用。一劑可連續洗浴 30 天，中間可以續水再熬。

第四節　鐵掃帚

鐵掃帚功，又名鐵杆腿，屬於地趟功夫。它在打擂、自衛方面十分重要，特別是獨戰群雄時，用此一招，可將圍困之徒，一掃倒地，立解重圍，以少勝多。

練成鐵掃帚功夫有三個步驟，一是潑腳，二是地趟腿，三是掃木椿。凡練功者都須由簡到繁，循序漸進，苦練不

圖 74　　　　　　　　圖 75　　　　　　　　圖 76

懈，堅持到底，約五年便可以成功。現將具體方法分述如下。

1. 潑　腳

潑腳是練好鐵掃帚功夫的基礎功法之一。

練法　兩腳開立，左手向前上半步，左腳站穩，抬右腳溜地由右經左腳前向左潑（腳掌全著地），使軌跡成半弧狀（圖 74）。當右腳潑至左腳左側落點後，立即又由左向右潑掃，復回原位。依此法反覆練潑腳，每日五六百次，連續三個月。為了使兩腳力均功同，左右互用，應左右腳輪換潑練，練左潑腳時以右腳根為軸，抬左腳向右潑，方法同右腳。（圖 75）

歌訣曰：

> 潑腳如卷風，腳潑地溜平，
> 夜叉偷潑麥，魔倒一片紅，
> 威在一剎間，風從腳中生，
> 少林鐵掃帚，潑腳一絕功，
> 囑徒苦研練，百天功初成。

圖 77

圖 78

2.地趟腿

地趟腿功是鐵掃帚功夫的第二層功法，其練法是兩足相距一步，以左腳為軸，抬右腿由右經身前向左，然後再往前猛趟一周（即 360 度）（圖 76）。依照此法，每日練趟腿50 餘次，半年後改為伏趟，即兩腿分開約距一步，左腿屈膝全蹲，右腿仆地伸直，使兩腿成右仆步（圖 77），然後兩手按於左腳前，以左腳為軸，抬右腿由右經身前向左往後再向前溜地掃一周（360 度），亦稱前掃腿。依此法每日練百餘次，五個月後，兩手離地，仍抬右腿苦練掃趟，每天150 次，練之 3 個月，可改練腿趟木樁。（圖 78）

歌訣曰：

　　　地趟力無窮，伸腿掃千鈞，
　　　功始仆步勢，左腿屈全蹲，
　　　右腿仆地直，亦名仆地錦，
　　　左腳為軸轉，兩掌腳前分，
　　　右腳向前趟，疾風一陣緊，
　　　霎間趟一圈，勢如雷轟林，
　　　亦名地趟腿，苦練數秋春。

圖 79

3.掃木樁

掃木樁是練鐵掃帚功夫的最後一層功法，也是能否成功的關鍵，損傷難免，難度較大，必須胸懷壯志，百折不回，才能成功。

其練法是選擇一塊平坦的場地，栽一根直徑6公分，出地面0.3～1公尺高的木樁，下埋0.6公尺。練功者面對木樁站立，距離1公尺，運氣三周，氣沉丹田，精注右腿，左腳向前一步，隨之抬右腿由右向左橫掃木樁。

初練用力不可過大，以免傷腿，但也不可太輕，否則出腿必傷。初練每天腿掃木樁30次，三個月後增至150次，練之六個月，用足勁又不覺腿痛時可改為每天掃樁300次，依此法苦練一年半至二年，便可掃斷木樁或連樁基帶土掃倒（圖79），此時鐵掃帚即告成功。若上擂與人交手，趟腿即可趟斷對方腿骨或掃倒半百犯敵。

第四章

少林打擂秘訣集錦

>>>>>>>>>>>>>>>>>>>>>>>>>>>>>>>>>>>>>>>

　　少林打擂術自宋代興盛以後，鼓勵了寺僧習武和提高武功的積極性，尤其在明代，寺僧幾乎個個習武，推動了打擂術的發展。歷代寺僧和俗家弟子不僅提高了擂臺實戰功夫，而且還積累了很多寶貴經驗。教頭們將這些練功經驗，譜寫成了詩訣，世代傳抄、授徒。清廷入關後，禁止習武，寺僧才密藏不傳，演變成秘訣。

79

　　為了幫助初學者提高打擂功夫，這裡選編了部分易懂實用的譜訣，供讀者參考。

一、生公交鬥旨要訣

　　　二徒習交鬥，要在兩隻手，
　　　抓推摔劈插，出招先奪頭，
　　　兩拳合太陽，再偷正心口，
　　　急中摘茄子，近身卡咽喉，
　　　近腿旋跪膝，錯身插肋溝，
　　　莫忘卸大臂，回馬破枕頭，
　　　乘機卡脖子，換楔抽柱走，
　　　近足偷潑參，背陰臀凸流，

更有倒踢腳，朝前猛踢球，
擂臀雙擊胯，奇招施鐵頭，
側身鬼推磨，迎面放風箏，
還有鬼搬跌，神仙也發愁，
智生二十訣，莫傳非君口。

註：此二十招訣是少林寺宋代靈丘大和尚的得力弟子智生和尚打擂常勝的秘訣。

二、擒盜秘訣

強賊夜襲寺，聞聲傾耳聽，
制怒強思忖，探貓步尋音，
若遇強螯賊，疾施蛇吐信，
溜膀回頭勢，鐵頭碰瘟神，
撒下絆馬梭，人馬陷阱深，
偶遇三隻鬼，猛虎把腰伸，
一口吞山羊，再把血喝盡
孤眾兩懸異，驟施鷂入雲，
盜凶追得緊，縈椿穩住身，
伸出鐵掃把，風捲掃殘林，
猴差虎豹力，可請孔明神，
若出三分智，十勁命難存，
孤僧勝百盜，武功出少林。

註：通祥和尚是少林寺明代萬曆年間的武術高手，精通搏擊，常蹬擂壇，百戰百勝，著有《擒拿精要》等。此訣選自其名著。

三、散手秘訣

兩虎相鬥必有傷，迎面交手搶步上，

早行一步必得機，先施一著可制強，

遲凝一寸慌手腳，晚出一招必有傷，

得機得地亦得勢，七分勁力抵百狂，

降魔必有防魔智，抓馬必帶捆馬韁，

人頭比王手比將，擒賊必須先擒王，

下靠兩馬繞圈圈，上靠十槍扎中膛，

扎喉扎眼扎兩腮，扎耳扎頰扎太陽，

回馬偷扎又扣穴，背中一槍見閻王，

十槍露出兩隻手，專打人頭妙無量。

　　註：玄志和尚是清初少林寺的著名武教頭，跟同梁苦習十年武藝，獲得少林真功，曾多次蹬臺打擂，力挫群雄，百戰百勝，威震四方，嵩山南北的僧俗武士都稱他是「擂臺上的活金剛」。玄志和尚著有《散手摔拿抓破法》和《拿把對拆法》等打擂術專篇，該秘訣就是從《散手摔拿抓破法》中摘選的。

四、打擂要訣

打擂可奪命，勝敗一時分，

蹬臺須謹慎，切勿亂心神，

虎膽與豹鬥，進退切謹嚴，

左右注四梢，上防鐵頭金，

下審絆馬鎖，敏避撩踢陰，

萬亂保雙珠，貫注指插咽，

閃開穿肋掌，擋回虎偷心，
巧躲卸八節，還須上梢敏，
閉孔三十六，可施鷂翻身，
脫了鬼抱腰，崩扛挑肘節，
流星掃趑腿，可破妖盤根，
若遇九牛勁，猴招可脫身，
如遇刺猬手，連環驟疾進，
強與強角鬥，勝在智一寸，
弱與弱交手，服在功底厚。

　　註：袍公是清末少林寺湛舉和尚的弟子，法名寂袍。他曾苦練搏擊，精通打擂術，撰有《打擂精要》，該訣選於此書。

82

五、少林交戰訣

交戰好比二虎爭，霎間勝敗成定局，
手足身眼步法靈，更有疾巧眼神功，
一虎能勝十人膽，臨敵要有十虎勇，
一人膽大百人怕，孤將勇猛萬夫驚，
交戰眼神最為首，辯測對方全身行，
先盯對方手和足，再量他力輕和重，
細審敵人招勢變，眼神靈銳切記清，
交戰更宜手足疾，起落出收快如風，
手出足起不見影，著落穩準如釘釘，
莫忘隨機應千變，以弱勝強妙計生，
虛實進退剛與柔，聚神擊打力更雄，
下盤便利用足踢，上盤便利用手崩，

左右便利用撐擺，後方便利宜靠功，
得勢擒拿摔扣打，十萬火急分秒爭，
制裁敵人別手軟，莫學華容道義公，
你不制他他制你，不可對敵施同情，
交戰宜用輕身法，滾伏仰爬翻如龍，
左右閃躲如電閃，回身就像箭射鷹，
交戰取勝要在步，緊配眼神步步靈，
疾如快箭踮跳飛，插拖併馬仆歇弓，
看風使舵應戰機，勝似平地降天兵。

六、散手交戰歌

攻要察敵勢，手足勿輕出，
擊隙宜如風，避實宜如馳，
不為強中怯，勿因弱中失，
出手按宗法，身形定如一，
如此可通神，臨敵勝可取，
不但攻如是，守也要精密，
足來分反順，手來分虛實，
柔來勿輕禦，剛來順其勢，
眼神察敵情，靜心不放鬆，
牢記歌中訣，技深妙自出。

七、交戰拳把歌

疾猛靈變奇技能，頭頂日月分四平，
練拳還須砸千斤，砸土砸牆砸刀柄，
練拳不流三升血，虛度年華難成雄，

拳頭須把硬功練，手到石碎算成功。

八、擒拿二十四穴歌

二十四穴法，妙在拿要把。

一法打太陽，中拳倒地下。

二通天突穴，鎖喉致昏啞。

三擊天柱處，七竅滅血花。

四打廉泉穴，絕氣一命休。

五法打肩井，體身可化零。

六法拿臂臑，卸胛體癱倒。

七法踢三里，脛骨兩節斷。

八法拿曲池，脫肘失牽連。

九法拿曲澤，胳膊兩節斷。

十法拿少海，上肢可全殘。

十一拿陽池，五指盡斷然。

十二拿陽谷，手掌失協調。

十三破期門，腸翻漏糞便。

十四擊章門，裂肝血滲染。

十五彈血海，暴客面朝天。

十六拿築賓，脛骨三節斷。

十七拿公孫，歹徒失根源。

十八拿委中，敵人跪下喊。

十九彈湧泉，送他三丈遠。

二十尋風底，擊中叫慘然。

二十一脈腕，拿擒能致殘。

二十二巨骨，能擒英雄漢。

　　二十三風尾，能開鐵門拴。

　　二十四精促，虎將亦閉眼。

　註：

①太陽穴：在眉梢外約一寸凹陷處。

②天突穴：位於胸骨切跡上緣正中凹陷處。

③天柱穴：在頸後髮際上半寸，旁開一寸三分中點。

④廉泉穴：在喉結上最高點與下頜骨邊緣連線的中點。

⑤肩井穴：第一胸椎之上（大椎穴）與肩峰連線之中點。

⑥臂臑穴：垂臂屈肘，在三角肌止點稍前處。

⑦三里穴：位於膝眼下三寸，兩筋中間。

⑧曲池穴：屈肘成直角，肘橫紋橈側盡頭處。

85

⑨曲澤穴：仰掌肘部微屈，在肱二頭肌下端的內側。

⑩少海穴：肘窩橫紋尺側端。

⑪陽池穴：位於腕背橫紋的中點。

⑫陽谷穴：腕背橫紋尺側端盡頭處。

⑬期門穴：臍上六寸，旁開三寸半，即第六肋內端處。

⑭章門穴：腋中線與第十一肋前端，屈合肘腋時，肘尖盡處。

⑮血海穴：屈膝，臏骨內上緣上二寸許。

⑯築賓穴：太谿穴上五寸，脛骨內緣後約二寸處。

⑰公孫穴：在足內側，第一蹠骨基底內下緣凹陷處。

⑱委中穴：膝膕窩橫紋之中央。

⑲湧泉穴：足掌心前三分之一與後三分之二交界處。

⑳風底穴：位於恥骨下緣正中。
㉑脈腕穴：位於列缺穴上五分稍向內開三分處。
㉒巨骨穴：位於鎖骨肩峰端與肩胛崗之間凹陷處。
㉓風尾穴：位於恥骨上緣上五分處。
㉔精促穴：位於命門穴旁三寸三分處。

九、擒拿二十要害歌

短打臨前陣，擒拿惡歹人，
拿人先下手，遲慢必遭損，
少林二十法，出手辨風雲，
左手拿耳根，右手護頭身，
錯身拿太陽，嚴防腹側門，
閃電取前頸，鐵拳當堅矛，
若取後頸部，箭步回馬槍，
順手拿前肩，須防下陰莊，
閃身取後肩，走馬戰當陽，
斜身拿外肩，外撇如削樑，
銀刀卸大臂，金刀守門旁，
雙手取肘節，上下撐反向，
銳刀斷小臂，須把前胸防，
反逆取手腕，城下防暗槍，
虛勢引敵人，束身取腰倉，
飛足彈風市，腿骨斷當場，
箭踢破前脛，兩拳衛腹腔，
馬踏膝蓋骨，不見足影晃，
要取膕窩穴，閃拿後追搶，

偷步喚風雷，外擺撇根樁，

他施撩陰腳，我足鑽腳尖，

他若施飛足，流星放當場，

他施仆虎勢，束身飛雷搶，

送他三丈遠，殘癱叫當場。

　　註：要害部位名稱：耳根、太陽穴、前頸、後頸、前肩、後肩、外肩、大臂、肘節、小臂、腕、腰肋、腿節、小腿、膝蓋、膕窩、足踝、足背、足心、大腿。

十、致命三十六穴歌

致命穴位三十六，代代武僧銘心間，

悉知穴位在何處，點中穴位致命休，

得眞技者尚武德，除暴安良美名留，

少林點穴招法妙，三十六處神鬼愁，

三十六穴點法妙，不可隨意傳人間，

少林致命穴法源，六六三十六處點，

一是頭額前中線，二是兩眉正中間，

三是眉外兩太陽，四是枕骨腦後邊，

五是腦後兩邊穴，六是耳後厥陰言，

七是華蓋心口上，八是黑虎偷心眼，

九是巨厥心口處，十是水分臍上緣，

十一臍下氣海穴，十二關元下腹間，

十三下腹四寸處，亦名中極斷陰泉，

十四左乳上寸六，亦名左鷹窗命關，

十五右乳上寸六，右鷹窗穴位當然，

十六左乳下寸六，左乳根穴連命尖，

87

十七右乳下寸六，右乳根穴牽命連，
十八十九兩期門，乳下寸門旁寸然，
二十臍下左幽門，巨厥之旁五分算，
二十一是右幽門，若能點中斷肺源，
二十二即左商曲，亦名血門主命關，
二十三即右商曲，點中五月喪黃泉，
二十四為血囊穴，二十五即氣囊點，
二十六是左腹結，二十七右腹結眼，
二十八為命門穴，十四腰椎下中間，
二十九即腎俞穴，命門兩旁一寸半，
三十志室穴屬腎，點中三日歸西天，
三十一是氣海俞，三二鶴口刻心間，
三三陰囊後海底，三四足底是湧泉，
三五左右乳下處，又名一計害三賢，
三十六亦肺底穴，點傷絕氣閉雙眼，
三十六穴切記牢，點打不可半絲偏，
此為少林真絕技，切莫輕易向外傳。

　　註：上述三十六穴，拳譜原記載為致命三十六穴，實際
上有點言過其實。雖然三十六穴都是要害部位，但受擊後不
一定都能致死。由於歷代封建思想的影響，歷代傳抄者又缺
乏實事求是的科學態度，使之過於神秘化。但也不可否認，
此三十六穴也是擊之有效的，有時甚至可把人致殘。

十一、點打二十六穴歌

少林點穴三百餘，二十六穴點法奇，
指下點上取百會，指左點右太陽際，

閃身繞後打風府，明中暗打精明鬼，
扣打左右偷擊上，乘機疾打眉中齊，
金雞鎖喉搶天突，偷轉身後要靈疾，
點打承漿摘頸凸，擊下反上下關擊，
點打人中鼻開花，顫中一穴敵絕氣，
指上打中取巨厥，腹痛欲破吐紅液，
更尋中脘挖口袋，致他永久嗆吞食，
擋上打下尋中極，鐵拳妙打氣海池，
閃躲錯身尋命門，乘機繞道破脇際，
章門連肝通血池，一拳內流血腔淤，
迎風辯勢尋合谷，眼疾手快拿後谿，
疾拳破肘點曲池，肩頭三上尋肩髃，
指上打下靠足踢，點打膝臏他倒地，
此法可破陽陵泉，致他腿膝永殘廢，
閃身飛步轉他後，尾宮一穴狗吃屎，
銳目細辯來飛腳，狠拿照海他失利，
拿位崑崙送丈遠，致他一腿失戰力，
撐撇致他上身伏，扣打盆骨尿灑地，
更有一招用法奇，騎馬鐵樁雙肘起，
左右橫衝攻臍中，霎時噴血喊淒泣，
二十六穴莫輕用，反防歹徒妄侵時，
知穴沒功白點穴，反被亂用受人欺，
要知真功在何處，苦練本功從源起，
苦練三旬莫弱志，還需虔誠投良師，
若欠武德眾人厭，良師拒收歹徒弟，
少林功夫真言錄，均在此譜亮公知，

89

功士切記守武德，方能學到真本事。

十二、十八殘穴訣

1.點打神門穴

與敵勁交陣，尋機掐神門，
致他手腕瘓，失去五百斤。

2.點打外關穴

他伸手來搬，我巧點外關，
指出剎間疾，致他前臂斷。

3.點打手三里穴

敵架臂擋擊，我可尋良時，
點打手三裡，致他全臂弛。

4.點打支正穴

他拳來如風，我應疾如聲，
一點中支正，敵臂全失能。

5.點打勞宮穴

他伸手來抓，我放反門花，
點或扎勞宮，致他手瘓麻。

6.點打大陵穴

他用流星拳，我用炮崩山，

反崩拳後把，笑觀掌開花。

7.點打風市穴

他跳飛毛腿，我施猴縮身，
疾起點風市，致殘他大腿。

8.點打環跳穴

他埋馬步樁，我用飛步槍，
轉挫點環跳，致他伏地亡。

9.點打膝眼穴

他用虎足踢，我點膝眼疾，
致他右腿殘，當即嚎鬼泣。

10.點打三陰交穴

他使鐵腳拐，我施金鋼叉，
潑他三陰交，致敵殘地倒。

11.點打足三里穴

他弓步沖拳，我架上虛鐮，
下鐮破三里，致他腿骨斷。

12.點打委中穴

他若腿過臍，我疾手搬起，
乘機取委中，致他倒在地。

13.點打承山穴

他施彈蹬腿，我站如石碑，
乘隙反崩足，致他小腿毀。

14.點打內踝尖穴

他紮椿弓步，我待良機來，
內潑掃外踝，致敵倒下地。

15.點打外踝尖穴

他施旋風腳，我即速躲開，
良機擊外踝，致他疾時甩。

16.點打血海穴

弓椿雙虎鬥，撕打局難收，
崩足勁補彈，蓋內腦漿流。

17.點打鶴頂穴

兩人交近勁，勝敗局難分，
疾使雙跪法，破膝鶴頂準。

18.點打尾宮穴

他若用靠法，我禦後退把，
乘機點骶部，致我殘坐下。

十三、拿脈秘技訣

拿法絕招秋月傳，三十二招鎮嵩山。
招招降邪敗如土，懲惡除暴安良善。
一招浪裡拋浮球，馬後掛掌陰招還。
二招老虎嘯出洞，老樹盤根妖化煙。
三招雙龍出海去，鬼腳穿心五腑爛。
四招向鬼投鹽去，咸殺呆徒一霎間。
五招雙手推開窗，雲手排風奇招出。
六招鯉魚產水勢，牽牛過嶺一眨眼。
七招睡地拋刀把，冷箭射人亡陣前。
八招山中擒猛虎，始起臥地金交剪。
九招單手展劍式，飛雷滾天如轟山。
十招仙人擔柴忙，一拉一挑背上肩。
十一倒栽陽柳樹，夜叉漏底制人癱。
十二餓虎急退巢，猴子拉藤按襠前。
十三壹字千拳把，截虎千字不可慢。
十四盤拳劈鏈打，急上右馬使盤拳。
十五側身掃鏈架，秋風催葉倒一片。
十六羅漢忙滾背，驟撲窮追虎下山。
十七側身上挑格，又來連環通天拳。
十八青龍出海角，大仙卸臂妖斷緣。
十九燕子翻身抖，大聖拉秧地哭天。
二十後馬護身軀，將軍帶馬制妖殘。
二十一招閃身過，驟然踢腳拋上檐。
二十二招童踢球，魁星棄門飛過鞍。

二十三招仰磕臂，二月鬼風虎推山。

二十四招盯心拳，霄間飛箭穿破眼。

二十五招山壓頂，潑水陰沉取下泉。

二十六招風展翅，春陽仙女來搶蠶。

二十七招盲牽驢，踏前單手露斬劍。

二十八招進沉拳，下虛上實金交剪。

二十九招手劈鎚，始起捷把虎憑欄。

三十招勢腳穿腸，禹王拔扇柱通天。

三十一招動攻字，循環連鎚推開山。

三十二招返掃面，白鶴踏雪血染灘。

秋月大師拿把訣，三十二招真絕技。

苦練三旬藝出峰，禁對非君露半言。

第五章

少林打擂術實戰法圖解

>>>>>>>>>>>>>>>>>>>>>>>>>>>>>>

　　打擂實戰法是歷代少林寺武教頭根據自己平日在實戰中積累的豐富經驗，及其實戰效果編成的對練套路，每個套路都有它的獨到之處和實用價值，其內容包含著打、擒、摔、拿、點、推等，是技智合一的綜合武技，以制殘制倒甚至制死對手為目的，也是提高打擂功夫的綜合訓練套路，少林寺歷代武僧均以此為範教授徒弟。

95

第一節　覺遠七十四散手

一、拳譜歌訣

　　　少林散手覺遠傳，七十四招用法全。
　　　傳至如今上千載，歷代武僧苦研練。
　　　你我二人想比武，擂臺以上各爭先。
　　　起手上勢東西站，各使武技雌雄變。
　　　我用單臂去摘月，你用單臂橫雲端。
　　　我用金蛇來纏柱，你用羅漢靠壁面。
　　　我用獅子大搬樁，你用孤鳥展啼喧。

我用單腳穿心踢，你用凹腹抱瓶罐。
我用單腿獨立功，你用順手把枝搬。
我用仙人摘茄子，你用冷雁回頭觀。
我用舉鼎把碑碰，你用橫掃把身轉。
我用肋下插單刀，你用楊柳斜栽邊。
我用倒拔垂楊柳，你用鑽刀背後擊。
我用翻手牽老牛，你用生根馬步圓。
我用羅漢來蹬腿，你用撤身閃避難。
我用童子彈踢勢，你用凹腹吸胸前。
我用金針點撥法，你用金指點插功。
我用海底撈月圓，你用閃身誘敵術。
我用平地搬石功，你用鷂子去觀天。
我用金剛來踹腿，你用金雞來閃展。
我用冷雁回頭看，你用近身摘甜瓜。
我用烏龍抱玉柱，你用懷中抱月圓。
我用金豹猛回頭，你用單刀赴會前。
我使力士大翻身，你用迎門接客官。
我使純陽來醉酒，你使羅漢降龍盤。
我用觀音來打坐，你用二蛇爭穴眼。
我用仙人來臥床，你用餓虎撲食餐。
我用縮身去鬥寶，你用反手卡咽喉。
我用一足蹬青天，你用紫燕來倒翻。
我用羅漢來站椿，你用金龍抱柱圓。
我用老虎大坐身，你用撤身不讓俺。
我用羅漢來踢打，你用閃身避險關。
我用勾掛加橫斬，你用提腿來閃戰。

我用單足去蹬枝，你用迎門沖鐵拳。
我用羅漢擺腿勢，你用閃身避險關。
我用石匠背大包，你用白蛇把腰纏。
我用老鷹撲小雀，你用野雞曬膀玩。
我用單手擒敵人，你用羅漢來觀天。
我用背後插刀勢，你用馬步站樁圓。
我用羅漢來站樁，你用力士抱柱圓。
我用頂心來衝肘，你用退步含胸前。
我用橫掃千軍倒，你用鷂子鑽上天。
我用白猴來縮身，你用取寶雙手顯。
我用海底偷仙桃，你用孤鳥喧啼寒。
我使青龍抱枯樹，你使羅漢拔菜園。
我用扛袋倒糧米，你使狸貓上樹杆。
我用撥雲把日見，你用雙風貫耳間。
我用舉臂沖拳法，你用千斤後墜擔。
我用邊踩臥牛腿，你用單刀來闖關。
我使野外去拋屍，你用騰空飛越擔。
我使閃身雙展翅，你用翻身展翅變。
我用袖中出一炮，你用單手橫雲端。
我用獨蛇來尋穴，你用白鶴展翅翻。
我用千斤來踢腿，你用孤雁展翅旋。
我用單手去撥雲，你用單掌劈石頑。
我用單臂把橋架，你用張飛扛樑擔。
我用金剛堂前站，你用雙手抱鬥圓。
我用弓身去拜佛，你用鷂子把身翻。
我用羅漢去過橋，你用單臂把路攔。

97

我用單手牽老牛，你用大仙指路前。
我用海底去撈沙，你用金雞曬胯邊。
我使童子踢打勢，你用羅漢來閃戰。
我使羅漢蹬單腿，你使閃身抱月圓。
我使鴻門去射箭，你使大雁展翅翻。
我使倒掛金勾挑，你使仙鶴獨立懸。
我使大鵬展雙翅，你使金雕斜翅展。
我使單腳踹北斗，你用白猴摘果獻。
我用毒蛇來尋窩，你使豹子奔山川。
我用近身貼靠打，你用擒拿掛塔按。
我用孫臏背莆團，你用獅子把椿搬。
我用大鵬來展翅，你用羅漢觀青天。
我用羅漢站椿功，你用餓虎守林邊。
我用老猿來搬枝，你用橫架鐵門閂。
我用反手來壓肘，你用豹子回頭觀。
我用羅漢折臂斷，你用夜叉探海泉。
我用獨立推碑勢，你用羅漢請客官。
你我雙方收勢立，各歸原路招使完。
二人對拆各顯藝，難分誰勝誰占先。
覺遠上人傳宗寶，寺僧學習護寺院。

二、動作圖解

註：文中插圖穿黑靴者為甲，穿白靴者為乙。

1.起　勢

甲站西頭面南，乙站東頭西北，雙方站在一條線上；兩足併步站立，身胸挺直，兩臂自然下垂，兩掌變拳，兩拳自

圖 80　　　　　　　　　圖 81

然握緊，置於大腿外側，拳心斜向內，拳眼向前，目視前方。（圖80）

2.甲單臂摘月　乙單臂橫雲

甲兩腳碾地，體左轉90度，抬左腳向前上一步，落地屈膝成左弓步，同時出右拳衝擊乙頭面，拳心向左，左拳屈肘護於左肋前側，拳心向內，目視右拳；乙在甲轉身時也兩腳碾地，向左轉體90度，抬右腳前上一步落地屈膝，變成右弓步，出右拳撥架甲右拳，拳心向下，拳眼向左，左拳屈肘護於左肋前側，拳心向下，目視右拳和甲頭面。（圖81）

3.甲金蛇纏柱　乙羅漢靠壁

甲兩腳抬起向前踮跳半步，兩腳碾地，體右轉90度，右拳變掌，反手抓乙右手腕，向右側下方擰拉，同時速出左臂屈肘抱緊乙頸，掌心向內扣，掌指向右內側，目視乙面部；乙則兩腳碾地，向左轉體90度，被拿的右拳變掌，掌心向前，左拳向後甩擊，崩打甲左胯，拳心向右，目視甲頭面。（圖82）

圖 82　　　　　　　　圖 83　　　　　　　　圖 84

4.甲獅子搬椿　乙孤鳥展啼

甲兩腳原地不動，右手屈肘上舉，掌心向內，護右肩外側，左手用力向後搬乙，使乙後仰，目視前方；乙左腳向後略收，腳跟落地，腳尖翹起，右腳向右滑步移動，身體向左後傾斜，右手屈肘反抓甲小臂，左臂屈肘展於左側，拳心向內，目視前方。（圖 83）

5.甲單腳穿心　乙凹腹抱瓶

乙右腳抬起，落於左腳外側，向左轉體 270 度，抬左腳後退半步，落地屈膝成右虛步，左拳變掌，兩掌在轉身的同時，屈肘上架於頭前方，兩掌心向前，防護面門，並向前抓甲臉；甲抬左腳後退落地，同時速出右腳踢乙腹部，乙收腹閃躲，甲則兩掌變拳，向前撥開乙雙手，直衝乙面門，拳心向下，乙雙手屈肘抱夾，甲乙互相對視。（圖 84）

6.甲單腿獨立　乙順手搬枝

乙左手向下抓甲右腳脖，向左後牽拉，同時抬右腳上一步落於甲左腳內側，兩腳碾地，體左轉 90 度，變成馬步，右手向甲雙拳橫撥，然後變拳屈肘下砸甲右腿，拳心向左，

圖 85　　　　　　圖 86　　　　　　圖 87

左掌抓甲足不放，目視甲面部；甲左腿獨立，右腿被抓，兩拳被乙撥開後變掌，左掌抓住乙後背不放，右掌護於右胯外側，掌心向內，目視乙面部。（圖 85）

7.甲仙人摘茄　乙冷雁回頭

甲左手向上屈肘抓住乙腦後部，右手向前托，並抓乙腮部右側，兩手用力向左擰轉，小腿狠勾乙腰不放，目視乙頭部；乙兩腳原地不動，右拳變掌推擊甲大腿，左手鬆開向下推甲小腿，目視左上方。（圖 86）

8.甲舉鼎碰碑　乙轉身橫掃

乙兩腳離地向左旋跳 270 度，兩腳相距一步落地，左腿在前屈膝，右腿後蹬成左弓步，兩掌變拳，左拳在轉身的同時，由右向左掃擊乙頭，拳心向右，右臂屈肘抱於右肋前側，拳心向上，目視乙後背；甲右腳收回在後方落地，左腳滑地前移半步，體右轉 90 度，成左橫弓步，右掌屈肘上架抓乙左拳，掌心向左，左掌回收屈肘護於右肋前側，掌心向內，用左肩峰扛擊乙左肋下，目視左前側。（圖 87）

圖 88　　　　　圖 89　　　　　　圖 90

9.甲肋下插刀　乙楊柳斜栽

甲右腳略內收，兩腳尖內旋，左掌變拳，左臂屈肘上提於胸前上方，拳心向內，肘尖用力向乙左肋抵擊，右臂屈肘下落於右側，掌心向內，掌指向上，目視乙左肋；乙右腳抬起向右側上步落地，左腳跟抬起，身體向右側傾，左臂收回屈肘護在胸前，拳心向內，拳眼向右，右拳下落於右側後方，拳心向左，目視右側方。（圖 88）

10.甲倒拔楊柳　乙背後鑽刀

甲腳向右碾，身向右探，伸右手抓乙左小腿，左拳變掌，抓抱乙後背，欲將乙掀起，目視乙左拳；乙兩腳左旋，左臂向左上方提起，左拳心向下，右拳由右後向前扣擊甲後心，目視甲後背。（圖 89）

11.甲翻手牽牛　乙馬步生根

甲兩腳碾地，向左轉體 90 度，右腳後收，用左手抓乙右手腕，右手抓乙右小臂目視乙右臂；乙右腳離地向左前側略移步，落地後抬左腳後退一步，兩腳碾地，向左轉體 90 度，站成高馬步，右拳被拿，拳心向下，左拳收回，屈肘護

圖 91

圖 92

於左肋外側，拳心向內，目視甲面部。（圖90）

12.甲羅漢蹬腿　乙撤身閃避

甲右腳碾地外旋，抬左腳蹬擊乙右大腿前側，右手後移抓乙右手梢，左手抓乙右手腕，向上微抬，並向乙身前用力推送，目視乙面部；乙右腳內收少半步，閃避甲蹬擊，同時兩腳稍向右碾地變成右虛步，左臂屈肘護於左肋外側，拳心向內，目視甲面部。（圖91）

13.甲童子彈踢　乙凹腹吸胸

甲右腳碾地內旋，左腳伸直彈踢乙小腹，左掌變拳衝擊乙咽喉，拳心向下，右掌變拳收於右肋外下側，拳心向內，目視乙中上盤；乙兩腳碾地體右轉90度，抬右腿後退一步，落地屈膝，變成左虛步，收腹含胸，閃開甲拳腳的衝擊，兩臂屈肘收於兩肋外側，拳心向內，目視甲拳和腳。（圖92）

14.甲金針點撥　乙金指點插

乙兩腳起跳，前後換步，落地後左腿微屈膝，變成右虛步，同時右拳由右向左下側撥擊甲左拳，然後屈肘護於胸

圖 93　　　　　　　　　　圖 94

前，拳心向內，左手食指伸直，向甲眼睛點插，手心向右，
目視左手和甲面部；甲左腳收回落於身後，右腳碾地內旋，
左腿微屈膝變成右虛步，左臂屈肘收回，抱於左肋外側，拳
心向上，右拳變成一指，向前外撥乙左手指，手心向左，目
視乙面部和左指。（圖 93）

15.甲海底撈月　乙閃身誘敵

乙兩腳碾地，向左轉體 90 度，左腿屈膝成左弓步，兩
手變掌，右掌護於襠前，掌心向內，掌指向下，左掌護於左
胯外側，掌心向後，掌指向下，目視左側；甲抬左腳前上一
步落地，屈膝成馬步，兩腳外旋，向右轉體 90 度，右指由
上向下，點擊乙右膝蓋，左拳由後向左側挑擊乙後胯，拳心
向上，目視乙右腿。（圖 94）

16.甲平地搬石　乙鴿子觀天

甲兩腳內旋，右指變掌，抓乙右腳踝部，用力上提，左
拳收回，砸擊乙右小腹，拳心向上，目視左前方；乙左腳碾
地內旋，右腿被甲拿起，身體向左傾斜，右掌向上抓甲左肩
後側，左臂屈肘護於左肋外側，掌心向左，掌指向前，目視

圖 95

圖 96

右上方。（圖95）

17.甲金剛踹腿　乙金雞閃展

甲右腳離地向右橫移落地站立，抬左腳踹蹬乙右肋，左拳變掌回收抓乙小腿，右掌抓乙腳踝不變，兩掌心向下，目視乙中上盤；乙左腳不變，右腿被拿，上體向左傾斜，左臂屈肘上護左肋前側，掌心向內，掌指向上，右掌展於後上側，掌心向後，掌指向右，目視甲面部。（圖96）

圖 97

18.甲冷雁回頭　乙近身摘瓜

乙左掌向上推開甲左腳，左腳向甲身體近處移步，右腳猛力下蹲，隨勢向右轉體90度，同時伸右手抓甲頭後部，屈肘向懷內拉抱，接著再用左掌向前推擊甲腮部，目視乙頭部；甲左腳被推收回落地，左手由上向下翻腕托乙大腿，右手順乙腳踝滑至小腿握緊，目視右上方。（圖97）

105

圖98 圖99 圖100

19.甲烏龍抱柱　乙懷中抱月

甲兩腳不變，左掌由乙大腿下移向身後抱乙後腰，扣住乙左後肋骨，右掌不變，頭向乙胸部用力猛抵，目視右側方；乙兩腿不變，兩手用力推甲頭部，目視前方。（圖98）

20.甲金豹回頭乙單刀赴會

乙右腳在前落地，左腳跟外旋，變成右高弓步，伸左手抓住甲右手腕，右臂屈肘用掌抵擊甲左肩，掌心向前，目視甲面部；甲兩腳碾地右旋，變成右虛步，左手抓乙後背，目視乙上盤。（圖99）

21.甲力士翻身　乙迎門接客

甲兩腳跳起換步，向左轉體90度，右腿屈膝變成右弓步，左臂屈肘收回，護於左肋前側，掌心向前，目視前上方；乙兩腳向左旋轉，左手拉甲右手向身後左側牽拉，再用右掌推擊甲下頦，掌心向前，目視甲頭部。（圖100）

22.甲純陽醉酒　乙羅漢降龍

甲右腳尖離地，左腳向前略移步，上體向左轉90度，

右手收回，迅速抓乙右小臂，身體向後傾斜，目視右前方；乙兩腳不動，右手抓甲左肩，左手抓甲右上臂，上體左轉 90 度，兩臂屈肘用力向左搬摔，目視左前方。（圖101）

圖 101

23.甲觀音打坐　乙二蛇爭穴

甲兩腳起跳，轉體 90 度，倒地坐於乙左側，兩腳在前方著地，兩掌落於身前扶地，目視乙全身；乙兩腳碾地，體左轉 90 度，左腳離地後撤一步，落於右腳內側半步，兩腿屈膝成馬步，兩掌直插甲咽喉兩側，掌心向下，目視甲頭部。（圖102）

107

24.甲仙人臥床　乙餓虎撲食

甲兩腳伸直，貼地插入乙兩腿內側，身體向後躺下，兩臂在兩側屈肘扶地，掌心斜向下，頭向上揚，目視乙面部；乙左腳滑步向外略移，兩掌按住甲頸兩側，向前下方按擊，將甲按倒，目視甲面部。（圖103）

圖 102

圖 103

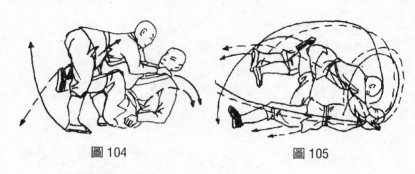

圖 104　　　　　　　　　圖 105

25. 甲縮身鬥寶　乙反手卡喉

甲兩腿屈膝收回，乙右腳向前移步，雙手卡住甲咽喉，兩掌心斜向上，互相對視。（圖 104）

26. 甲一足蹬天　乙紫燕倒翻

甲左足下落貼地，右足用力蹬擊乙大腿內側，兩臂屈肘，用力抓住乙兩手腕，隨著頭向後倒，兩手用力向後牽拉，目視乙頭部；乙兩足離地，身體騰空飛起，兩手在前方落地，目視甲頭部。（圖 105）

27. 甲羅漢站樁　乙金龍抱柱

甲右腳將乙蹬飛後，兩足落地站起，兩掌變拳，護於兩胯前方，拳心向內，目視前方；乙向前翻身落地，迅速回頭，同時身體右轉 180 度，兩腳擦地向甲身後衝來，右腳在前，左腳在後，伸雙手抱住甲兩腿膝部，同時用右肩扛擊甲左臀，目視甲腿。（圖 106）

圖 106

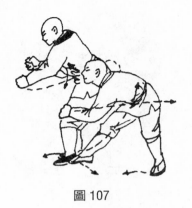

圖 107

圖 108

28. 甲老虎坐身 乙撤身不讓

甲兩足原地不動，臀部用力後坐，雙拳前伸，兩拳心相對，身向前探，目視前下方；乙兩腳不動，兩手抱住不放，身體被甲後坐力所迫，向後撤身，同時右肩扛甲左後胯，目視前方。（圖 107）

29. 甲羅漢抓踢 乙閃身避險

甲右腳向前上半步，上體向左猛轉 90 度，兩拳變掌，左掌急回手抓住乙右手腕，右掌抓住乙右手，兩手向右猛拉，同時抬左足踹擊乙右肋，目視乙肋部和面部；乙左腳滑地前移，右腳內旋，右手被甲拿住，身體向後撤，左掌展於身後左側，掌心向下，目視甲兩手和面部。（圖 108）

30. 甲勾掛橫斬 乙提腿閃戰

甲右腳不動，左腿收回的同時勾起乙右腿，並控制在自己右膝前方，右手抓乙右手腕向胸前提拉，屈肘拉緊，用左掌向乙面門橫切，掌心向下，掌指向左，目視乙頭面；乙左腳內旋，左掌屈肘外展於左後側，掌心向左，掌指斜向後，目視甲左掌。（圖 109）

圖109

圖110

31. 甲單足蹬枝　乙迎門沖拳

　　乙出左掌變拳擊打甲左肩前，拳心向下，趁機抽出右腳落於左腳後半步，變為左虛步，右臂屈肘收回，掌變拳抱於右肋外側，拳心向上，拳眼向外，目視甲面部；甲左臂屈肘，左手下勾乙左拳，抬左腳急速蹬乙左小腿，右手護於胸前，掌心向左，掌指向上，目視乙左腿和面部。（圖110）

32. 甲羅漢擺腿　乙閃身避險

　　甲左腿抬起向上蹬踢乙頭，左掌格開乙右掌，掌心向外，掌指向左，右掌護胸，掌心向前，目視乙面部；乙右腳向前移步，左腳離地向後退步，落於右腳後小半步，左拳變掌收護於身前，掌心向右，右拳變掌擊甲，與甲格擋的左掌相碰，掌心向前，掌指向上，頭微躲閃，避開甲足蹬擊，目視甲面部。（圖111）

圖111

圖112　　　　　圖113　　　　　圖114

33.甲石匠背包　乙白蛇纏腰

甲左腳落地，乙兩腳起跳，體左轉180度，在甲身體左後側落步，兩手抱住甲後腰不放；甲屈肘用右手抓住乙右肩，用肘彎夾住乙頭，出左手抓乙手腕，身體向前猛甩。（圖112）

34.甲老鷹撲雀　乙野雞曬膀

甲左腳內旋，體右轉90度，左手抓住乙右肩，右手臂壓乙頭部；乙左腳離地後退半步，碾地向左轉體90度，身向後仰，左掌屈肘收回，推甲右後肋，右掌屈肘展於右側上方，掌心向左，掌指向上，目視甲頭面；甲右掌下穿，掌心向內，掌指斜向下，目視乙前下方。（圖113）

35.甲單手擒敵　乙羅漢觀天

甲左手後滑抓乙右手腕，用力向右側猛推，再收回右手抓推乙右肩，用力向左下方推按，目視乙頭部和後肩；乙兩腳碾地右旋，向右轉體90度，兩腿屈膝，身體向後仰，左掌屈肘護左肋外側，掌心向前，目視甲頭面。（圖114）

圖 115　　　　　圖 116　　　　　圖 117

36.甲背後插刀　乙馬步站樁

甲怕乙不倒，兩腳迅速碾地，體左轉 90 度，左腳離地向後移步，落於右腳內側半步，變成高馬步，兩掌變拳，左臂屈肘向身後猛低，拳心向下，拳眼向右，肘尖擊乙頭部，右拳護於小腹前側，拳心向右，目視乙頭部。乙雙足離地後退，落地屈膝變成馬步，雙掌變拳，護於兩肋外下側，拳心向內，拳眼向上，目視甲左肘尖。（圖 115）

37.甲羅漢站樁　乙力士抱柱

乙雙手抱住甲後腰不放，甲右足離地向後移步，落於乙兩足之間，左拳收回，與右拳同時下落於兩胯前側，拳心向內，拳眼向前，甲乙互視。（圖 116）

38.甲頂心衝肘　乙退步含胸

甲右腳離地，向乙兩腳中間盡力插入，變成左弓步，上體右轉 90 度，右肘低擊乙胸部，拳心向下，拳眼向內，左拳向左側衝出，拳心向內，目視乙胸部；乙右腳離地後退落地，右臂屈肘收回，護於胸前上側，掌心向左，掌指向上，左臂屈肘上架於甲頭後側，掌心向下，掌指斜向前，收腹含

圖118

圖119

胸，目視前方。（圖117）

39.甲橫掃千軍 乙鷂子鑽天

甲兩腳碾地右旋，變成右弓步，右拳向左側橫掃擊乙，拳頭崩擊乙右側上部，拳心向左，左拳變掌展於左側，掌心向外，掌指向上，目視乙頭面和右拳；乙左腳尖離地，身向後仰，兩掌變拳屈肘收回，擋撥甲右拳，兩拳心向前，拳眼相對，目視甲頭面。（圖118）

40.甲白猴縮身 乙雙手取寶

乙左腳後移步，右腳碾地外旋，雙手抓住甲右手腕部，向右下側擰轉，左肘尖壓擊甲右肘部，目視甲右肩和頭部；甲兩腳碾地，體左轉90度，右腳向前略移步，身體前探，左掌變拳，屈肘護於胸左側，拳心向內，拳眼向外，目視右側下方。（圖119）

41.甲海底偷桃 乙孤鳥寒啼

甲抬右腳向右前側邁半步落地，再抬左腳向後退一步，落地後兩腿屈膝，身向左轉，左拳收於肋下，拳心向前，目視乙頭面；乙兩腳不動，右手抓甲右手腕，左掌按擊甲肘關

圖 120　　　　　　圖 121　　　　　　圖 122

節，目視我右肩和頭部（圖 120）；上動不停，甲兩腳碾地，體左轉 90 度，兩腿變成馬步，左拳變掌，向乙襠部托擊，目視乙頭面；乙兩腳尖點地，身體向後縮，左掌推甲後背，掌心向前，掌指斜向上，右手抓甲右手腕不放，目視前上方。（圖 121）

42.甲青龍抱樹　乙羅漢拔菜

乙兩腳離地向後退步，變成馬步，甲向內收左腳，體左轉 90 度，抬右腳上步落於乙右腳內側，屈膝變成馬步，左手收回抓抱乙右腿外後側，右手收回插入乙襠內，上托抓抱乙右後胯部，目視前下方；乙雙手抱住甲後腰，抱緊不放，雙方相持不讓，乙目視甲後背。（圖 122）

43.甲扛袋倒糧　乙狸貓上樹

甲兩腳原地不動，身向上挺直，雙手上舉，將乙扛起，目視前方；乙雙足離地，全身被扛起，雙手鬆開甲腰，向前下方伸開，兩掌心向下，掌指向前，目視前下方。（圖123）

44.甲撥雲見日　乙雙風貫耳

圖 123

圖 124

甲用力向後抖肩，腰間鼓勁隨即將乙翻在身後，接著兩腳尖碾地，向左轉體 180 度；乙被摔，翻身落地，右腳在後，左腳在前，身體向右轉 180 度，變成右弓步，兩掌變拳，向前貫擊甲兩耳，兩拳心向內，目視甲頭面；甲左腳屈膝成左弓步，兩掌屈肘收回胸前，向乙雙拳中間插入猛力外撥，兩掌心相對，目視乙頭面。（圖 124）

45.甲出臂上舉　乙千斤後墜

甲左腳向外移步，右腳向外碾地旋轉，身體向右轉 90 度，左手變拳衝乙右肋骨，右手翻腕抓住乙右手腕向甲右側牽拉，目視乙頭部和右臂；乙右腳向前移步，左腳向外碾地，身體左轉 90 度，變成高馬步，右手被甲拿住，左掌在左側護於左胯外側，掌心斜向下，掌指向前，目視前下方。（圖 125）

圖 125

圖 126

圖 127

46.甲邊踩臥牛　乙單刀闖關

甲左腳抬起，鏟踢乙右膝關節外側，乙右腳後收，甲右手抓住乙右手腕下按，左拳變掌抓乙右肩尖向下按拉；乙右手被拿，向前直臂衝出，左掌變拳，屈肘護於左肋外側，拳心向上，甲乙互視。（圖126）

47.甲野外拋屍　乙騰空飛越

甲左腳在乙右腳後方落地，伸雙手抱住乙後腰，兩手抱緊，目視前下方；乙被抱住，雙足離地，左腿屈膝跳起，右腿在後蹬直，目視右前下方。（圖127）

48.甲閃身展翅　乙翻身展翅

甲將乙甩向身前以後，兩足離地向左移半步，落地後變成左弓步，兩掌向身體前後展開，左掌心向前，置於左側上方，高與頭平，右掌心向後，置於身體右側，高與髖平，目視乙頭部；乙被甲甩到身前，兩腳左右落地，左腿屈膝變成左弓步，兩拳變掌在左右展開，左掌在左側，高與頭平，掌心向前，右掌在右側，高與腰平，掌心向後，目視甲頭部。（圖128）

圖 128

圖 129

49.甲袖中一炮　乙單手橫雲

　　甲兩腳碾地，向右轉體 90
度，出左掌穿擊乙頭部，掌心向
右，右臂屈肘收回，右掌護於右
肋，掌心向內，目視前方；乙左腳
碾地內旋，向右轉體 90 度，抬右
腳向左腳後側移半步，變成左高弓
步，迅速撥擋甲左掌，掌心向右，
掌指斜向上，右掌護於右胯外側，
掌心向內，目視甲頭面。（圖 129）

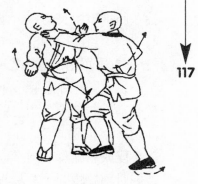

圖 130

50.甲獨蛇尋穴　乙白鵝展翅

　　甲兩腳原地不動，左掌用力穿擊乙咽喉，右掌護於右肋
外下側，掌心向前，掌指斜向上，目視乙咽喉和面部；乙兩
腳不動，身體後仰躲過甲掌，兩臂向左右屈肘展開，兩掌心
向上，掌指向外，目視上方。（圖 130）

51.甲千斤踢腿　乙孤雁展翅

　　甲左腳外旋，抬右腳踹蹬乙右肋，兩掌變拳收回，護於

圖 131　　　　　　　　　　　　圖 132

身體兩側，兩肘貼於兩肋外側，目視乙面部；乙右腿直立，抬左膝抵擊甲長強穴，兩掌變拳，兩臂向兩側屈肘展開，拳心向內，目視甲面部。（圖 131）

52.甲單手撥雲　乙單掌劈石

乙左腳落在右腳後半步，右腳尖內旋，變成右弓步，兩拳變掌，右掌向甲頭上劈來，左臂屈肘護於左肋下，左掌心向內，掌指斜向下，目視甲頭部；甲右腳落地，左腳跟外旋，變成右虛步，兩拳變掌，右掌向前上方外撥乙右臂，左臂屈肘護於腰間，左掌心向上，目視乙頭部。（圖 132）

53.甲單臂架橋　乙張飛扛樑

乙兩腳起跳，向左旋跳180度，右腳在前，左腳在後，相距半步落地，屈膝成右弓步，在轉體的同時，伸左手抓住甲右手腕，向身前牽拉，右手抓住甲右小臂，將甲右臂按在右肩上，呈擔物狀，目視甲右手；甲左腳外旋，向左轉體90度，左掌向身體左側下按，掌心向下，掌指向前，目視右前上方。（圖 133）

54.甲金剛站堂　乙雙手抱鬥

圖133　　　　　圖134　　　　　圖135

甲左腳內收半步，右腳跟外旋，向左轉體90度；乙兩腳離地，向右旋跳180度，兩手抱住甲頸部，甲順勢抓住乙兩手腕，目視前方。（圖134）

55.甲弓身拜佛　乙鷂子翻身

甲兩腳不動，兩腿屈膝，身體向前探，同時低頭抖肩，兩手抓乙兩腕用力向前牽拉，將乙背起，目視下方；乙被甲背起，兩腳離地向前翻於上方，右腳尖向上，左腿略屈膝，目視前下方。（圖135）

56.甲羅漢過橋　乙單臂攔路

甲兩腳原地不動，身胸立直，右掌變拳，拳心向上，護於腹前側，左掌向前往外撥，切擊乙右掌腕，目視乙頭面；乙身體前翻落地後，左轉180度，右腿在前方微屈膝，成右高弓步，左手變拳護於左肋外下側，拳心向下，右掌向前穿擊甲小腹，被甲左手撥開，目視甲面部。（圖136）

57.甲單手牽牛　乙大仙指路

甲右腳外碾，左腳離地向前移半步成高馬步，右拳變掌抓住乙右手腕，向上抬起，同時向後拉帶，牽於右胸上側，

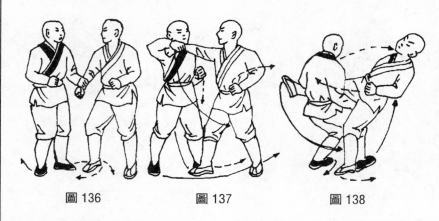

圖136　　　　　　圖137　　　　　　圖138

左掌變拳，護於左肋，拳心向內，目視乙頭面；乙右腳向前滑步，變成右高弓步，右掌向前衝擊，掌心向下，左拳護於左肋下側，拳心向內，目視甲頭面。（圖137）

58.甲海底撈沙　乙金雞囉胯

甲兩腳離地上步衝近乙身前，兩腿屈膝，微蹲成小馬步，右手向前，隨勢向上挑擊乙襠部，左拳變掌抓向乙右膝外側，目視乙面部；乙左腳內碾，右腿抬起，身體向後仰，左拳屈肘護於小腹左側，拳心向內，右掌收回護於右胯外側，掌心向內，目視前上方。（圖138）

59.甲童子踢打　乙羅漢閃戰

乙右腳落地，左腳離地後退一步，落地後右腿屈膝變成右弓步，左拳向前衝擊甲胸肋部，拳心向下，右掌護於右胯外側，掌心向內，目視甲頭面；甲左腳內旋站立，速抬右腳踢乙襠部，左掌變拳，向前衝擊乙面部，拳心向下，右手屈肘抓住乙左手腕，目視乙頭面。（圖139）

60.甲羅漢蹬腿　乙閃身抱月

乙兩腳不動，重心後移，變成右虛步，左拳變掌收回抓

圖139

圖140

起甲右腿，向後上方拉帶，右手護
於右髖外側，掌心向內，目視甲頭
面；甲左腳不動，右腿被拿，右手
變拳與左拳同時收抱於腰兩側，拳
心向內，拳眼向前，目視乙面部。
（圖140）

61.甲鴻門射雁　乙大雁展翅

　　甲抬左腳向前移到乙左腳尖外
落地，乙左腳外旋，甲右腳順勢用
力收回落地，屈膝成右弓步，右拳

圖141

收回護於右肋外，掌心向上，左拳變掌穿擊乙襠部，掌心向
下，目視乙襠部和左拳；乙右腳抬起向右閃開，避開來掌，
左掌變拳護胸，拳心向內，右掌變拳橫擺於右側方，拳心向
前，目視甲面部。（圖141）

62.甲倒掛金勾　乙仙鶴獨立

　　甲左腳內收半步，起身抬右腳向前勾起乙左腿，向左轉
體90度，左手抓乙左拳，向左側用力牽拉，右拳變掌抓乙

圖 142　　　　　　　　　圖 143

左肩，目視乙頭面；乙左腿被勾，右腳落地屈膝，左拳被拿，右拳變掌抓甲左手腕，目視甲頭面。（圖 142）

63.甲大鵬展翅　乙金雕斜展

甲右腳向後一步落地，屈左膝成左弓步，右掌向右上方展開，掌心向前，左掌展於左側下方，掌心斜向前，目視乙右掌；乙收回左腳落於左側一步，兩腳碾地向左轉體 90 度，左腿屈膝成左弓步，右掌向右上方迎擊甲右掌，掌心向前，左拳變掌展於左側下方，掌心向前，目視甲右掌。（圖 143）

64.甲腳踹北斗　乙白猴摘果

甲左腳離地向右移步落地站立，抬右腳踢乙頭部，兩掌內收，護於兩肋前側，掌心相對，掌指斜向前，目視右腳；乙兩腳起跳，體右轉 180 度，邊轉邊換步，落地後，左腿屈膝成左弓步，左掌收回撥挑甲右腳，右掌護於右肋前側，掌心向左，掌指向上，目視甲右腳。（圖 144）

65.甲毒蛇尋窩　乙豹子奔山

甲右腳收回，落於左腳前外側，速抬左腳向左轉體 270

圖 144

圖 145

度，踢乙腿部；乙兩腳跳起前後換步，閃過踢擊，落地後變成右弓步，左掌由下穿擊甲腹部，右掌護於右肋外側，掌心向前，掌指斜向上，目視甲頭面；甲用右手下撥乙穿來的左手，再用左掌插向乙咽喉，目視乙頭面和咽喉部。（圖 145）

66. 甲近身靠打　乙擒拿掛塔

甲左腳跟點地，兩足起跳，下落於乙身右側，向右轉體 90 度，變成

圖 146

右弓步，乙兩腳碾地，向左轉體 90 度，成高馬步，甲用左掌向乙身前橫搬，迫乙向後仰身，右掌護於右肋前，掌心向上，目視乙左手；乙左手抓甲手稍向左拉，右掌按甲後背，目視甲面部。（圖 146）

67. 甲大鵬啄食　乙撤步搗臼

乙右腳內移半步，右掌變拳，右臂屈肘用肘尖向下擊甲左肩，右拳心向內，拳眼向外，左手抓甲左手不放，目視甲

圖 147　　　　　　圖 148　　　　　　圖 149

頭面；甲右掌護於右膝內側，掌心向內，目視乙頭面和右拳。（圖 147）

68. 甲孫臏背團　乙獅子搬椿

甲左腳內收半步，身體直立，右手向上抓住乙右手腕，向右肩前方拉，抓住不放，左手用力內收；乙兩腳碾地左旋，左手抓住甲左手，抓緊不放，倆人相持，都目視前方。（圖 148）

69. 甲大鵬展翅　乙羅漢觀天

甲探身用右手抓起乙右小腿，左手用力向左撐開，目視左前方；乙左腳外旋，右腿被抓起，右手抓甲右肩不放，左手抓甲右手腕不放，身體後仰，目視甲面部。（圖 149）

70. 甲羅漢站椿　乙餓虎守林

甲右腳內旋，向左轉體 90 度，抬左腳與右腳併步站立，兩掌收回護於兩髖外上側，屈腕變拳，拳心向下，拳眼向內，目視乙頭面；乙右腳落於左腳內後側，抬左腳後退一步，變成右弓步，兩掌變拳，右拳衝向甲胸上部，拳心向下，左拳護於左肋側，拳心向內，拳眼向上，目視甲頭面。

圖 150　　　　　　　　　　圖 151

（圖 150）

71.甲老猿搬技　乙橫架門閂

甲抬左腳上一步，落地後兩腳碾地，向右轉體 90 度，兩拳變掌，右掌抓乙右腕，左掌抓乙肘尖，目視乙右小臂；乙兩腳不動，右拳被甲拿住，左拳變掌，直臂展於左側後方，掌心向外，掌指向下，目視左前上方。（圖 151）

圖 152

72.甲反手壓肘　乙豹子回頭

甲兩腳碾地左旋，右腿屈膝，成左虛步，兩手猛擰乙右手腕和小臂，向身前下方按壓、牽拉，目視乙右臂；乙左腳向外旋轉，變成右弓步，右手被甲擒拿，左掌變拳，護於左肋外側，拳心向內，目視甲頭面。（圖 152）

73.甲羅漢折臂　乙夜叉探海

甲右腳外旋，右手用力向右側下方拉乙右手腕，左手抓乙右肘關節向右側推按，肘尖低壓乙右肩後側，目視乙頭部

圖 153   圖 154

和乙肩臂；乙兩腳向右旋轉，右手臂被甲控制，左拳向前栽
擊，拳心向內，拳眼向左，身體前探，目視下方。（圖
153）

74.甲獨立推碑　乙羅漢請客

　　乙右腳離地右移少許落地，左腳外旋，身體向左轉 90
度，同時猛然起立，右手臂向右後猛一抖勁，迫甲右腳離
地，成左獨立勢，左手在外側，反手抓甲右肩部；甲右手在
內抓甲左肩部，左手在外反手抓乙右肩部，倆人相持不讓，
互相目視。（圖 154）

75.收　勢

　　甲右腳在右側落地，左腳移向右腳，兩腳併攏站立，乙
兩腳向左碾地，體左轉 180 度，抬右腳與左腳併步站立，雙
方掌收回，下落於兩胯外側，掌心向內，掌指向下，目視正
前方，成立正式。

第二節　散手摔拿抓法

一、拳譜歌訣

少林散手摔拿法，抓拿破解玄妙佳。
你我起勢要比武，二郎擔山各拉架。
大師舉鞭雙方用，各人奮勇使功法。
我使沖天炮一門，你使猿猴搬枝杈。
我使黃龍去攪火，你使青龍出水法。
我用退步橫雲計，你使二郎擔山法。
我使高祖斬怪蛇，黑風捲地你用它。
我用單手牽老牛，你用黑熊現臂打。
我用雙手獻厚禮，你使雙手迎客法。
我用老雕去抓雞，佛頂橫珠你去拿。
我使仙人來請客，奔赴前程你來拉。
我用童子彈踢打，羅漢坐山你用它。
我使獨龍出古洞，你用獨立托鬥法。
我用白蛇來盤肘，你用銀絲纏腕法。
捲地黃風我來用，你用退步牽牛技。
仆步墜身我下使，弓步壓肩你來攻。
我用彩鳳單展翅，你用張飛扛樑打。
我用轉身甩袍袖，你用單臂敲鐘法。
我使跳步打猛虎，你用退步提防它。
我用退步誘敵計，你用鐵拳趕上它。
我用白猿去搬枝，你用羅漢鑽井法。

我用拉舟去過河，你使順水行船法。
我用生擒猛虎枝，你用回身摘月法。
我用進身頂心肘，仰身推月你用它。
我用羅漢去投井，你用井內拋石法。
我用倒掛玉瓶技，羅漢攬臂你用它。
我使飛身行天空，肋下進寶你巧打。
我用地下勾金磚，你使雙手提瓶法。
我用雙手擒敵人，你用金勾去倒掛。
我用倒捲旋風法，劉海推磨你用它。
老鷹抓雞我巧使，你使滾肘拜佛法。
仆地遊龍我來用，力拉雙牛你力大。
單刀切瓜我來砍，單手撥雲你用它。
我用單臂去橫掃，雙手托印你巧拿。
左手前穿我巧用，左手封閉你用法。
我用河底撈月技，你用豹子抬爪法。
我用順手牽白羊，你用順水推舟法。
雙方劉海去推磨，你我跨虎登山下。
雙方羅漢擔木柴，倆人單手摘月牙。
雙方收勢歸原路，難分誰上和誰下。
嵩山少林傳藝業，歷代祖師研練它。

此散手摔拿抓破法，原出自緊那羅王，以後月空、普便、宗鄉、慶旺、玄慈、玄敬、祖欽、清倫、清蓮、靜紹、靜修、真珠、真靈、真空、如容、如量、如淨、湛舉、湛可、湛春、湛義、湛德、寂聚、寂袍、寂亭、寂勤、寂經、淳錦、淳念、淳智、淳密、淳華、貞恆、恆林、貞秋、貞俊、貞和、貞緒、妙興等歷代武僧相傳研練，至今仍在傳

習。

二、動作圖解

1.起　勢

甲站西頭面南，乙站東頭面北，站在一條直線上，兩足八字步站立，身胸挺直，兩掌護於胸前，掌心相對，掌指向上，目視正前方。（圖155）

2.二郎擔山

甲乙左腳抬起都
向左側橫跨一步，兩
腳碾地，向左轉體
90度，右腿屈膝，
左腿蹬直成右弓步，
雙方兩掌由胸前，向
前後兩側展開，兩掌
心向外，掌指向上，
高與肩平，目視右
掌。（圖156）

圖155

3.大師舉鞭

甲乙雙方同時兩
腳碾地，身體向左轉
180度，左腿屈膝，
右腿蹬直，成左弓
步，兩掌變拳，左拳
翻腕向上，倆人腕部
相擊，兩拳心向右，

圖156

圖 157　　　　　　　　　　圖 158

雙方右拳擺於身後右側，拳心向下，左拳高與頭平，右拳高與腰平，互相目視。（圖157）

4.甲使沖天炮　乙用猿搬技

甲抬右腳向前上一步，落地後兩腳向左碾地，向左轉體90度，兩腿微屈膝，成高馬步，同時右臂屈肘向右上方衝擊，拳心向前，左拳護於左髖外側，拳心向內，目視乙面部；乙兩腳離地，前後換步，右腿在前微屈膝，成高弓步，右拳變掌，由後向前推甲右肘，左掌反手抓住甲右手腕部，倆人相持不讓，乙目視甲頭面。（圖158）

5.甲黃龍攪火　乙青龍出水

甲左腳向外碾地，成大弓步，右拳由外向下再向裡，攪臂進擊乙胸部；乙右腳離地，向前上半步落地，屈膝成右弓步，左掌緊隨甲右腕旋轉不放，將其推至右腋外下側，屈肘抓緊，又用右掌穿擊甲右肋；甲迅速將左拳變掌，抓住乙右掌，屈肘拉在右腋下，倆人相持不讓，互相目視頭面。（圖159）

6.甲退步橫雲　乙二郎擔山

圖 159

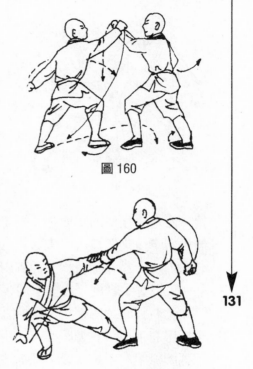

圖 160

131

圖 161

甲左腳碾地向右轉體90度，抬右腳後退一步落地，屈膝成左弓步，左掌變拳由下向上衝擊，拳心向右，右掌變拳護於右髖外側，拳心向上，拳眼向外，目視乙右拳；乙兩腳不動，兩掌變拳，右拳衝撥甲左拳，拳心向左，左拳擺於身後，拳心向右，目視甲左拳。（圖160）

7. 甲高祖斬蛇　乙黑風捲地

甲右腳向外碾地變成大弓步，左拳下栽，直擊乙右小腹，拳心向下，右拳架於身後，拳心向右，目視乙面部；乙屈膝全蹲避過來拳，以右腳為軸碾地，用左腿由後向前掃甲左腿，右拳變掌仆地支撐，左拳變掌抓甲左手腕，目視甲面部。（圖161）

8. 甲單手牽牛　乙黑熊現臂

甲兩腳原地不動，左手用力拉乙左手腕，向身體左側上

圖162　　　　　　　　　　　　　圖163

提，乙左手猛然由掌變拳，衝擊甲腹部，甲左手用力內擰，急用右拳變掌抓按乙肘尖處，乙右掌提起置於身體右側，掌心向內，甲乙互相目視。（圖162）

9.甲雙手獻禮　乙雙手迎客

乙右腳碾地內轉，左腿屈膝成左弓步，右臂屈肘，伸右手抓甲右手；甲右腳跟提起，用左手抓乙右手腕；乙再用左手翻腕抓甲右手腕，雙方都抓住不放，目視對方面部。（圖163）

10.甲老雕抓雞　乙佛頂摸珠

甲抬左腳向後退半步，再抬右腳向前上一步落地屈膝，成右弓步，左手翻腕抓住乙左手腕，向身體左側下拉，再用右手抓乙頭部，目視乙頭；乙兩腳碾地，向右轉體90度，兩腿屈膝成馬步，速出右拳按壓乙右手，目視前方。（圖164）

11.甲仙人請客　乙同赴前程

甲左腳碾地向外轉體，同時右手由乙頭上向下拉；乙兩腳不動，身體直立，用右手反抓甲右手腕；甲右手也反抓乙

圖 164

圖 165

右手腕，推在乙腰間；甲左手抓乙左手腕向上微提，夾在右腋下，甲目視乙面部，乙目視甲左手。（圖 165）

12. 甲童子彈踢　乙羅漢坐山

甲左腳碾地內轉，抬右腳向乙背後腰間踢擊，左掌變拳上架於頭前上方，右手收回，屈肘變掌，護於右腿上方，兩拳心向左，拳眼相對，目視乙右掌；乙以右腳為軸，碾地右轉，左腳離地向右側移，體右轉 180 度，兩腿屈膝變成馬步，同時速用右掌向下拍甲右腳面，左掌橫架頭前

圖 166

上方，掌心向前，掌指斜向上，目視甲右掌。（圖 166）

13. 甲獨龍出洞　乙獨立托鬥

甲右腳向前上一步，左腳向外碾地，右腿屈膝成右弓步，右拳變掌直向乙右肋穿擊，掌心向下，左拳下落於身後左側，拳心向內，拳眼斜向左，目視乙右肩；乙左腳碾地內

圖 167　　　　　　　　　　圖 168

轉，右腿上提，向右轉體 90 度，左手下落抓甲右腕，再用右掌向外撥甲小臂，然後反手纏住甲右肘彎後側，掌心向左，目視甲右臂。（圖 167）

14. 甲白蛇盤肘　乙銀絲纏腕

甲兩腳向內碾地轉動，弓步不變，右臂屈肘向右上方外翻，欲壓乙右臂，左拳外翻，拳心向上，後勾於身後左側；乙右腳尖下落點地，右手再向內擰纏甲右手腕，左手變拳甩於身後左側，拳心向上，都目視對方面部。（圖 168）

15. 甲捲地黃風　乙退步牽牛

甲左腳抬起向前移步，落地屈膝全蹲，伸右腿掃擊乙下肢，左拳變掌，按於左腳內側，右掌下拉，目視乙兩手；乙抬右腳後退一步落地屈膝，左腳向內碾地，成右弓步，同時向右轉體 90 度，右手抓住甲右手腕，左手按甲右肘，目視甲面部。（圖 169）

16. 甲仆步墜身　乙弓步壓肩

甲兩腳不變，用左掌向上穿擊乙左手，目視乙兩手；乙兩腳碾地，向左轉體 90 度，左腿屈膝成左弓步，右手翻腕

圖169

圖170

抓甲右手腕，左手按甲右上臂下壓，目視甲右臂。（圖170）

17.甲單鳳展翅　乙張飛扛樑

甲右腳碾地內旋，向左轉體180度，屈膝成左弓步，虛掌變拳後甩於身後左上側，拳心向後，右手臂被乙拿住，目視乙兩臂；乙左右兩腳離地前後換步，成右弓步，右掌挑起甲右臂，左掌與右掌合掌，掌指向上，目視甲左拳。（圖171）

圖171

18.甲轉身甩袖　乙單臂敲鐘

甲右腳離地向前上一步，落地後兩腳碾地向左轉體180度，屈膝成左弓步，左拳向前上方撥擊來拳，拳心向右，右拳收回，擺於身後右下側，拳心向下，目視乙右拳；乙左腳向內碾地，右弓步不變，右掌變拳衝擊甲頭上方，向左撥甲

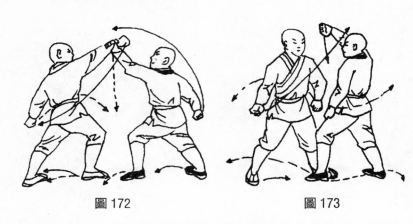

圖172　　　　　　　　　　　　圖173

左拳，左掌變拳擺於身後左側，拳心向左，目視甲左拳。
（圖172）

19.甲跳步打虎　乙換步提防

甲雙足離地起跳，向前半步落地屈膝，成左弓步，右拳
由後向前上方扣擊乙頭部，拳心向左，拳眼向上，左拳收回
置於左腿前側，拳心向內，目視乙兩眼；乙兩腳離地前後換
步，成左弓步，右拳收回置於髖後外側，拳心向後，左拳收
回護於左髖前外側，拳心向內，目視甲面門。（圖173）

20.甲退步誘敵　乙鐵拳趕上

甲抬左腳後退一步，落地屈膝成右弓步，右拳收回，向
前上方撩擊，拳心向上，左拳向後撩擊置於身後左側，拳心
向上，目視乙右拳；乙兩腳離地，前後換步，成右弓步，右
拳向甲頭上衝擊，拳心向上，左拳後撩於身後左側，拳心向
上，目視甲面部。（圖174）

21.甲白猿搬枝　乙羅漢鑽井

甲兩腳不動，右膝略內收，成高弓步，同時右拳向上撥
擊乙右拳，拳心向內，左拳內旋收回，拳心向內，護於身後

圖 174

圖 175

左側，目視乙右拳；乙兩腳左旋，
向左轉體 90 度，兩腿成馬步，右
拳由上向下，栽擊甲右膝前上
側，拳心向內下方，左拳收護於左
肋外側，拳心向上，目視右拳。
（圖 175）

22.甲拉舟過河　乙順水行船

甲抬左腿上一步落地，兩腳碾
地向右轉體 90 度，成右弓步，兩
拳變掌，右掌抓乙右手腕，左手

圖 176

拿乙右肘由左向後拉推，目視乙右臂；乙兩腳碾地，向右轉
體 90 度，右拳被甲拉住，左拳護於右髖外側，拳心向後，
目視甲面門。（圖 176）

23.甲生擒猛虎　乙回身摘月

甲右腳碾地內轉，右手抓乙右手腕不放，左掌屈肘翻
臂，用肘尖壓乙右上臂；乙左腳碾地；向左轉體 90 度，成
橫弓步，右臂被甲拿住不放，左手護於胸前，掌心向後，互

圖 177

圖 178

相目視（圖177）。上動不停，乙右腳向內側滑步，兩腳碾地，向左轉體180度，抬左腳略離地，再向左側上一步，落地後屈膝成高弓步，用左掌由右向左推甲下巴，掌指向上，目視甲頭部；甲左腳向後滑半步，腳尖點地成高虛步，兩手抓乙右手不放，目視乙左掌。（圖178）

24. 甲進身頂肘　乙仰身推月

甲右腳離地向前一步，左腳離地退半步落地屈膝成右弓步，右手抓乙左手下擰，乙左手向前抓甲右手腕，甲左手再抓乙左手腕，用力下拉，同時用右肘尖壓乙前胸，目視乙面部；乙兩腳不動身體向後仰，左手向前推甲，閃開甲肘尖，目視甲右肘。（圖179）

25. 甲羅漢投井　乙井內拋石

甲兩腳碾地，向左轉體90度，兩腿變成馬步，左手向下拉乙左手；右手向右推乙右手，身體向

圖 179

前探，目視乙兩腿；乙兩腳碾地右
轉，變成高馬步，左掌向下按甲左
掌，右掌拉抓甲右掌，屈肘拉至腹
前，身體也向前探，目視甲左掌。
（圖180）

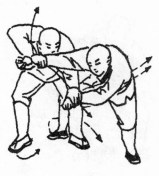

圖180

26.甲倒掛玉瓶　乙羅漢攪臂

甲拉乙左手置於左肋下，右手
抓乙右肩，目視乙頭部；乙左手攔
在甲腹前，右手伸向甲右大腿後下
方，馬步下降，目視甲兩腿前方。（圖181）

27.甲飛身行空　乙肋下進寶

甲雙足離地向後做一個倒翻子，落地後兩腿成高馬步，
右掌抓住乙右腕，左掌抓住乙右手梢；乙左掌變拳，挑擊甲
右肘彎，拳心向上，目視前下方。（圖182）

28.甲地下勾磚　乙雙手提瓶

甲向前探身，用左掌變拳勾擊乙小腿，右掌變拳橫攔乙
腹；乙兩腿不變，雙手上拉，托住甲右臂，互相目視。（圖

圖181

圖182

圖 183

圖 184

183）

29.甲雙手擒敵　乙金勾倒掛

甲左腳離地內收半步，左拳變掌，向上抓住乙左手腕，右拳翻腕變掌，抓住乙右手向回拉；乙抬左腿勾住甲右小腿，互相目視。（圖184）

30.甲倒捲旋風　乙劉海推磨

甲單腳離地向後旋跳180度，乙單腳離地，向左前跳轉180度，落地後兩腳一步間隔，四手相抓，互不相讓，彼此相視。（圖185）

31.甲老鷹抓雞　乙滾肘拜佛

甲右臂被乙拿住，左腳向內旋轉，身體前傾，左手向前抓擊，掌心向下，目視乙兩手；乙右腳向外旋轉，兩手擠住甲右臂，向前滾肘探身，雙手合十，目視前方。（圖186）

圖 185

圖186　　　　　　　　　圖187

32.甲仆地遊龍　乙力拉雙牛

甲左腳碾地外轉，屈膝全蹲成右仆步，右臂被乙抓住，左掌按地後又彈起經腋下穿擊乙手；乙右腳內旋，成左弓步，右手抓甲右手腕，左手抓甲左手梢，用力拉牽，互相目視。（圖187）。

圖188

33.甲單刀切瓜　乙單手撥雲

甲起身右腳向後滑半步，右掌抽回後由下向上，再向右輪劈乙頭部；乙右腳外旋，變成左弓步，左掌由下向上，再向左撥打甲右掌，甲左掌和乙右掌都展於身體後方，掌心向前，掌指斜向下，互相目視。（圖188）

34.甲單臂橫掃　乙雙手托印

甲兩腳不動，用右臂壓下乙左臂，用力橫掃，欲將乙掃倒；乙兩腳寬馬步站穩，用兩手向上擠住甲單臂，兩手心向

圖 189

圖 190

內，扣住甲右臂不放；甲左臂擺於身體左側，掌心向前，目視乙雙手，乙目視甲右臂。（圖189）

35.甲左手前穿　乙左手封閉

甲兩腳不動，用左掌向右穿擊乙左小臂，乙用左手抓住甲左手腕，向左推開，右手仍抓甲右手腕向左推；甲兩手順勢翻腕抓住乙手腕不放，互相目視。（圖190）

圖 191

36.甲海底撈月　乙豹子抬爪

甲左腳碾地外旋，乙右腳碾地內旋，甲用力拉乙兩手腕，乙身體向左傾，二人互相目視（圖191）。上動不停，甲突然伸左手抓乙左腳，乙左腳被甲提起離地，乙左掌擋甲右肘，掌心向下，倆人右手抓在一起不放，互相目視。（圖192）

37.甲順手牽羊　乙順水推舟

甲右腳碾地內轉，抬左手抓乙左手向左側猛拉，右手也

圖192　　　　　　　　　　圖193

收回，兩手用力向左側拉
乙；乙左腳落地，屈膝成左
弓步，右手置於身體右側，
掌心向內，掌指斜向下，互
相目視。（圖193）

38.雙方劉海推磨

甲右手和乙右手交合相
抓，甲左手和乙左手互相抓
握，乙以左腳為軸，甲以右

圖194

腳為軸，乙右腳向左上一步，甲左腳抬起向左退一大步，雙
方向左轉體180度，兩腳落地，乙右腿屈膝成右弓步，甲變
成左弓步，互相目視。（圖194）

39.雙方跨虎登山

甲右腳碾地內轉，左腿屈膝成左弓步，乙右腳離地向前
移半步，左腳抬起向後退一步，兩腳碾地，向右轉體180
度，左腿屈膝成左弓步，雙方右掌護於左肋外側，掌心向
內，掌指斜向上，左掌上架於頭上前方，掌心向前，掌指向

143

右,目視右側方。(圖
195)

40.雙方羅漢擔柴

甲乙兩腳碾地,
重心移向右腿,都變
成右弓步,雙方右掌
向右側推出成正立
掌,掌心向前,掌指
向上,左掌變勾手,
勾於身後左側,目視
右前方。(圖196)

圖195

41.雙方單手摘月

甲乙兩腳碾地向
右轉體180度,抬左
腳與右腳併步站立,
身體挺直,左勾手變
掌收回置於肋下,屈
肘平端,掌心向上,
掌指向右,右掌向上
穿於頭上右側方,掌
心向前,掌指向上,
雙方目視前方。(圖
197)

圖196

42.收 勢

甲乙兩手落於兩
髖外側,掌心向內,

圖197

掌指向下，目視正前方。

第三節　散手攻防法

一、拳譜歌訣

少林散手攻防法，二人散打分上下。
起勢對面互謙讓，南北兩邊站立下。
我使獨立沖招勢，你使單手撥雲法。
我使大鵬斜飛勢，金雕展翅你用它。
我用怪鳥來縮身，你用白鶴展翅法。
我用馬步下劈掌，你用鷂子鑽天法。
我用鷂子穿松林，你用鴿子翻身法。
我用金雞去彈爪，你用猛虎推山法。
我用馬步單鞭勢，白鶴亮翅你用它。
我用孤雁來縮頭，你用單鳳抖膊法。
我用野鳥來縮身，你用大鵬斜飛法。
我用猛虎把頭抱，金雕單展你用它。
我用大蟒穿林勢，你用白猴縮身法。
我使白鶴單展翅，你用豹子坐山法。
我用懷中抱月勢，你使懷中出捶法。
我用仙人來洗澡，你用獨立攀枝法。
我使回頭斬妖蛇，你用喜雀觀天法。
我用羅漢來觀景，你用金剛揮臂法。
我用黑虎搜山計，你使蝴蝶拜鳳法。
我用獨立寒湘架，你用野兔回首法。

我用黃鷹來抓嗉，你用烏龍鑽穴法。

我用馬步拔刀勢，你用馬步擊鼓法。

我用獨立貼臂法，單鳳展翅你用它。

我用金蛇鑽竹林，恨夫來遲你快拿。

我用惡虎來撲食，豹子縮身你用它。

我用宿鳥投林住，你用迎面頂禮法。

我使金蛇脫皮勢，羅漢抱斗是你拿。

我用進步抓雞勢，你用野雞展翅法。

我用老虎大坐身，你使羅漢坐樁下。

我用進步肘靠法，你用收腹含胸法。

你我雙方來收勢，收勢歸原無上下。

少林古剎千年藝，歷代子弟研練它。

146

二、動作圖解

1.起　勢

甲面北，乙面南，雙方對面立正站立，身胸挺直，兩臂自然下垂，兩掌心向內，掌指向下，貼於髖兩側；甲抬右腳向乙左腳外側半步落地，兩腳碾地，體左轉90度，再抬左腳，落於右腳後一步，屈右膝變成右弓步，同時兩掌屈肘上提，右掌向乙胸前靠劈，掌心向前，掌指向上，左掌護於胸前，掌心斜向右，掌指向前，目視乙全身；乙兩腳碾地，向左轉體90度，抬右腳向後退半步，屈膝半蹲，右腳尖點地，成右虛步，同時速抬右掌由左向右，撥甲右臂肘外側，掌心向前，掌指斜向上，左掌屈肘護於左肋外下側，掌心向前，掌指向上，目視甲兩掌和面部。（圖198）

圖198

圖199

2.甲獨立沖招　乙單手撥雲

甲右腳向後滑半步，左腿提起成獨立式，左掌變拳衝擊乙面門，拳心向右，右掌屈肘收回護於右耳外側，掌心向前，掌指向上；乙用右掌向外撥擊，左掌護於左肋下側，掌心向前，互相目視。（圖199）

圖200

3.甲大鵬斜飛　乙金雕展翅

甲左腳落於左前方一步，右腳碾地外旋，屈膝下蹲成右弓步，左拳變掌，向左側展開，掌心斜向右，掌指斜向前，右掌展向側上方，掌心向上，掌指斜向右，目視乙頭面；乙右腳離地，後退半步，再抬左腳向左前方落地，腳尖點地，右腿屈膝成左虛步，兩掌向左右上方展開，兩掌心向前，掌指斜向上，目視甲面部。（圖200）

圖201

圖202

4.甲怪鳥縮身　乙白鶴展翅

甲左腳滑地向內收半步，右腳碾地內旋，兩腿屈膝成馬步，兩掌內收，右掌護於右肋外側，掌心向前，掌指斜向上，左掌翻腕護於左肋前側，掌心向外，掌指向下，目視乙面部和右臂；乙右腳碾地內旋，左腳抬起向後退一步，落於右腳後方，兩腿屈膝成馬步，右掌向甲頭左邊穿來，掌心向下，左掌展於左側上方，掌心向下，掌指斜向上，目視甲面部。（圖201）

5.甲馬步劈掌　乙鷂子鑽天

乙左腳碾地內旋，右腳向右前伸，滑步成右虛步，右掌收回胸前，掌心向左，掌指斜向上，左掌由後向前穿擊甲面部；甲右腳離地向前半步落地，左腳向後滑半步，變成馬步，閃開乙左掌的穿擊，右掌砍劈乙左臂外側，掌心斜向上，掌指斜向後，左掌護於胸前，掌心向內，掌指斜向前，互相目視。（圖202）

6.甲鷂子穿林　乙鷂子翻身

甲左腳跟碾地外旋，腿蹬直，右腿屈膝變成弓步，右掌

圖 203　　　　　　　　　圖 204

149

向乙頭上滑劈，左掌下按護於襠前，掌心向下，掌指向前；
乙兩腳離地，向後移多半步，變成右弓步，左掌翻腕向外抓
甲腕部，右掌按甲右肘彎，閃開劈頭之危，互相目視。（圖
203）

7.甲金雞彈爪　乙猛虎推山

甲抬左腳蹬彈乙右膝蓋，右掌變拳，由前上方，旋腕向
下衝擊乙腹部，拳心向下，左掌護於左肋外側，掌心向下，
掌指斜向前；乙兩腳碾地右旋，成右弓步，兩掌收回胸前，
向前封推甲右臂和肘部，避開甲拳打腳踢，互相目視。（圖
204）

8.甲馬步單鞭　乙白鶴亮翅

甲左腳落地，左腳抬起前上一步，落地後兩腳碾地，向
左轉 90 度，兩腿屈膝成馬步，右拳變掌，與左掌同時外
展，兩掌心向前，掌指向外，右臂橫擊乙胸部，右腿絆住乙
的左腿；乙提右腿，身體向後仰，成獨立勢，右掌在甲右臂
下穿出，左掌展於甲背後左側，兩掌心向前，掌指向上，互
相目視。（圖 205）

圖 205　　　　　　　　　　　　　　圖 206

9. 甲孤雁縮頭　乙單鳳抖膊

乙右腳在身後落地，兩腳碾地，向右轉體 90 度，兩腿屈膝變成馬步，右掌向甲右胸肋推擊，掌心向左，掌指向上，左掌收回護於左肋外側，掌心向上，掌指向前；甲兩腳碾地向右轉體 90 度，右腳向後滑步收回半步，兩腿屈膝變成半馬步，左掌由後向前穿擊，掌心向下，掌指向前，穿於乙右掌上部，右掌向後護於右耳外側，掌心向內，掌指斜向後，互相目視。（圖 206）

10. 甲野鳥縮身　乙大鵬斜飛

乙兩腳碾地，向左轉體 90 度，左腿屈膝，右腿伸直，變成左弓步，右掌向甲面門推來，左掌屈肘護於左肋前側，掌心向前，掌指斜向上，目視甲頭部；甲兩腳原地不動，身體向下縮，頭向左略偏，閃開乙右掌，迅速出左掌穿擊乙右肋部，掌心向下，掌指斜向上，左掌護於胸前，掌心向右，掌指向上，目視乙右掌。（圖 207）

11. 甲猛虎抱頭　乙金雕單展

甲兩腳離地向後移半步，右腿屈膝成右弓步，右掌收回

圖 207

圖 208

護於胸前，掌心向內，掌指向
上，左掌上架於頭上，掌心向
下，掌指向前，目視乙；乙右
腳向前滑步略收，兩腳碾地，
向右轉 90 度，兩腿屈膝變馬
步，左掌由後向前猛推與甲左
掌相接，掌心向前，掌指向
上，右掌向後擺於右側下方，
掌心向內，掌指向下，目視甲
頭面。（圖 208）

圖 209

151

12.甲大蟒穿林　乙白猴縮身

甲用右掌翻腕擊乙面門，左掌下落於胸前護胸，兩掌心
斜向下，掌指斜向上，目視乙頭面；乙兩腳碾地，體左轉
90 度，抬右腳與左腳併步震腳，落地屈膝成蹲步，同時左
掌收回後向左上方撥擊甲左掌，右掌反手用掌背擊打甲膝
蓋，目視甲左掌。（圖 209）

圖 210　　　　　　　　　　圖 211

13.甲白鶴單展　乙豹子坐山

甲左腳碾地內旋站立，右足迅速抬起內收，防乙右掌擊打，成獨立勢，右掌由外向下向內畫弧，猛力向乙面門穿擊，掌心向下，左掌護胸，掌心向內，兩掌指斜向前方，目視乙面部和兩掌；乙右腳離地向前移步變成右虛步，右掌由下向上擊甲右腕，掌心向上，掌指斜向前，左掌收回，護於左外側，掌心向下，掌指向前，目視甲頭部。（圖 210）

14.甲懷中抱月　乙懷中出捶

甲左腳向外碾地並旋轉變成馬步，兩掌收向胸前防守，掌心斜向下，右掌指斜向上，左掌指斜向前，目視乙拳；乙兩腳原地不動，右掌變拳，向甲前胸衝來，甲含胸閃過，右掌向上架開乙來拳，乙左掌護於左肋外側，掌心向下，掌指向前，目視甲雙掌。（圖 211）

15.甲鷂子縮身　乙大鵬展翅

乙兩腳碾地向左轉，兩腿屈膝變成馬步，右拳變掌向甲面部推來，掌心向前，掌指向上，左掌展於左側上方，掌心向左，掌指斜向上，目視甲面部和右掌；甲兩腳離地前後換

圖212　　　　　　　　　　圖213

步，兩腿屈膝成左虛步，左掌由下向上穿擊，掌心斜向後，掌指斜向上，右掌托住乙右臂，掌心向上，目視乙頭面。（圖212）

16.甲仙人洗澡　乙獨立攀枝

甲右腳碾地內旋，身體向上變成高虛步，右掌反腕向乙右肋插去，掌心向下，掌指向前下方，左掌護於右肩前，掌心向外，掌指斜向上，目視乙兩手；乙左腳碾地向內旋轉，提右腿成獨立勢，兩掌收回，按於甲右手臂和肘外側，用力向前推，封住甲攻勢，目視甲左掌和頭面。（圖213）

17.甲回頭斬蛇　乙喜雀觀天

甲右腳碾地左旋，向左轉體180度，抬左腳向後退一步，落地屈膝成右弓步，右掌變拳，砸擊乙右髖，左掌變拳向外擺於前上方，兩拳心向左，目視乙右胯；乙左腳向外碾地左轉，右腿抬起向前踢擊，腳尖向上，兩掌向上左右展開，掌心向左，掌指斜向上，目視兩掌。（圖214）

18.甲羅漢觀景　乙金剛揮臂

甲抬左腳上一步，落地後兩腳碾地，體右轉90度，右

圖214   圖215

腿屈膝，成右橫弓步，右拳變掌收於右胯外側護住右胯，掌
心向內，掌指向下，左拳變掌，收於胸前，掌指斜向右，掌
心向下，目視乙頭面和兩手；乙左腳碾地內旋，右腳向後落
於身後一步，左腿屈膝成弓步，右掌向前推擊乙右臂，掌心
向下，掌指向前，左拳變掌收回護於胸前，掌心向下，掌指
向前，身體向前探，目視甲右手。（圖215）

19.甲大鵬展翅　乙金雕飛翔

甲右腳碾地，向右轉體90度，抬左腳上一步落地，屈
膝變成馬步，左掌推向乙胸肋部，抓乙胸口，右掌外展置於
頭右上方，掌心斜向上，掌指斜向後，目視乙頭面和兩掌；
乙左腳離地後移半步落地，右足提起，兩掌向上展開，掌心
斜向上，掌指斜向後，避開甲左掌，目視甲面部。（圖
216）

20.甲黑虎搜山　乙蝴蝶拜鳳

甲左腳碾地外旋，抬右腿向前踢擊乙左腿，腳尖上挑，
右掌抓乙左掌，左掌抓乙右掌，向右後側猛拉；乙右腳在左
腳內側落地，左腳提起向後抬，避開甲右腳踢擊，兩掌前撲

圖216

圖217

被甲兩掌抓住，伸向前方，目視甲兩掌。（圖217）

21.甲獨立寒湘　乙野兔回首

甲右腳尖落地外旋，提左
腳身體向右轉180度，變成獨
立勢，兩掌甩開乙，右掌直臂
伸於前上方，掌心向下，掌指
向前，左掌收於左肋前護肋，
掌心向前，掌指向上，目視乙
全身；乙兩腳向前躥跳一步，
落地後屈左膝成左弓步，兩掌
護於胸前，左掌在前，右掌在

圖218

後，兩掌心向下，掌指向前，回頭目視甲兩掌。（圖218）

22.甲黃鷹抓嗉　乙烏龍鑽穴

甲左腳落地，右腳尖離地向前移半步，左腿屈膝，右腳
尖點地，變成右虛步，右掌由上向下抓乙咽喉，左掌護於胸
前，掌心向右，掌指斜向前，目視乙面部；乙兩腳碾地，向
右轉體180度，兩腿成大馬步，右掌直臂穿向甲右肋，掌心

圖 219　　　　　　　　　　　　圖 220

向左，掌指向前，左掌護胸，掌心向內，掌指向右，目視甲面部。（圖 219）

23.甲金雞昂立　乙金雞抬爪

甲右腳離地向內收，腳尖點地成小虛步，左掌直臂上穿，掌心向右，掌指向上，右掌由上收回向下封拍乙右腿外側，掌心向右，掌指斜向下，目視乙兩掌；乙左腳向內碾轉，抬右腳踢甲小腿外側，被甲右掌封住，右掌收回護右肋

圖 221

外側，掌心向下，掌指向前，左掌向前推出，掌心向前，目視甲。（圖 220）

24.甲馬步拔刀　乙馬步擊鼓

乙右腳在前方落步，左腳向外碾轉成馬步，右掌由後向甲胸前擊打，掌心向左，掌指向前，左掌護於胸部，掌心向前，掌指向上，目視甲面部；甲左腳抬起上半步落地，右腳

圖 222　　　　　　　　　圖 223

離地後退一步，落地變成馬步，右掌收回，護於右肋外側，掌心斜向前，掌指斜向下，左掌推乙後腰，掌心向前，掌指向上，目視乙兩掌和面部。（圖 221）

25.甲獨立貼臂　乙單鳳展翅

甲左腿提起，左掌上翻勾住乙右肘彎不放，壓在左大腿內，將乙手擠住，右掌護於右肋前，掌心向前，掌指斜向上，目視乙；乙左腳向外碾轉，右腿屈膝成右弓步，右掌被甲擠住，左掌外展置於頭上左後側，掌心向上，掌指斜向後，目視甲左膝和右掌。（圖 222）

26.甲金蛇鑽林　乙恨夫來遲

甲右腳碾地內旋，左腳在前一步，落地屈膝變左弓步，右掌由後向前推出，掌心向前，掌指向上，左掌收於左肋外側，掌心向前，掌指向上，左掌收於左肋外側，掌心向前，掌指向上，目視甲頭面；乙右腳抬起向後退一步，收左腳落於右腳內側，腳尖點地成丁步，身向前傾，左掌由後上方向前上方插擊，掌心向下，掌指向前，右掌收回護於右肋外側，掌心向上，掌指向前，目視甲右掌。（圖 223）

圖 224　　　　　　　　　　　　圖 225

27.甲惡虎撲食　乙豹子縮身

甲左弓步不變，右掌抓住乙左肩外側，乙左手抓甲右肩內側，甲用左掌向前下方穿擊乙肘，乙左腳落地，右腳抬起上前一步落地，屈膝成玉環步，右手抓甲左手外側，相持不放，頭向前低，互相目視。（圖 224）

28.甲宿鳥投林　乙迎面頂禮

甲兩腳離地前後換步，屈右膝成右弓步，雙掌抓向乙雙肩；乙兩腳離地前後換步，雙掌搭肩相抱，用力向上架住甲雙掌；接著，甲右手抓乙左肩，左手抓乙右肩，乙左弓步猛力撐住，相持不讓，倆人互相目視。（圖 225）

29.甲金蛇脫皮　乙羅漢抱斗

甲兩腳原地不動，左弓步不變，右掌收回護於左肩前上側，掌心向前，掌指向上，右肘盡力內屈，貼近身前，左掌直臂抓乙右臂；乙兩腿也不動，兩掌內收於胸前，兩掌心向下，掌指斜相對，如抱斗狀，互相目視。（圖 226）

30.甲進步抓雞　乙野雞展翅

甲抬右腳上前一步，右掌變拳衝向乙前胸，左手又抓乙

圖226　　　　　　　　　　　圖227

右肋外側向後拉，使乙欲退不能，目視乙兩掌和面部；乙提右膝，右掌抓向甲頭面，掌心向前，掌指向上，左掌護在胸腹前，掌心向前，掌指斜向下，目視甲頭面。（圖227）

31.甲老虎坐身　乙羅漢坐椿

甲兩腳不動，右拳變掌收回，在身前向外撥乙右掌，掌心向下，掌指向前，左掌收回護於左肋，掌心向前，掌指斜向上，目視乙頭面和前胸；乙右腳在前方落地，左腳抬起向後一步落地，成高馬步，右掌向前砍擊甲右肋外側，掌心斜向下，掌指向前，左掌護於左肋前，掌心向下，掌指向前，目視甲頭面和右掌。（圖228）

32.甲進步靠肘　乙收腹含胸

甲右腳不動，抬左腳向前一步，落地屈膝變成左弓步，左掌變拳，向前用肘靠乙前胸，拳心向右抵乙面門，右掌向上翻肘變拳，屈肘護於胸前，拳心向內，拳眼向

圖228

上，目視乙頭面和胸部；乙
左腳碾地內旋，抬右腳後退
一步，屈膝半蹲成左虛步，
右掌屈肘上托甲肘尖，左掌
收回胸前，防禦甲右拳攻
擊，掌心斜向上，掌指向
前，目視甲左拳肘和頭面。
（圖 229）

圖 229

33. 收　勢

　　甲抬右腳上前方與左腳併步落地，兩腳碾地，體左轉
90 度，兩足立正八字步站立；乙抬右腳向前上步與左腳併
步，兩腳碾地向右轉體 90 度，兩腳立正站立。甲乙兩臂都
下垂，貼在兩大腿外側，五指併攏，掌心向內，掌指向下，
目視正前方，雙方同時收勢。

第四節　拿把對拆法

一、拳譜歌訣

　　　　少林拿把對拆拳，二人對拆各爭先。
　　　　雙方比試上戰場，你我東西站對面。
　　　　開頭起勢真功比，各顯身手力無邊。
　　　　我使大鵬來展翅，你使黃鶯抓嗉法。
　　　　我使餓狼來抓心，你使當頭一炮端。
　　　　我用纏手壓肘勢，你用黃忠射金錢。
　　　　我用老君關門戶，你用猿猴把果獻。

我用雙手來請客，你用同赴行程關。

我用白鶴亮翅變，你用紫燕雙飛天。

我用仙人坐古洞，你用老猿坐仙山。

我用獅子來爭球，你用餓虎來登山。

我用大力拉老牛，你用野馬被伏拴。

我用蘇秦來背劍，你用插步千斤擔。

我用金雞雙展翅，你用工師來拉鑽。

我用喜雀去登枝，你用金絲把腕纏。

我用懷中出鐵拳，你用袖內擊掌先。

我用弓步來切掌，你用餓虎撲食餐。

我用坐馬廠門勢，你用金雞展翅翻。

我用大鵬落高山，你用金蛇入洞天。

我用單風來貫耳，你用老猿看桃園。

我用靈貓來閃身，你用獨龍出洞天。

我用韓信來點兵，你用羅漢把水擔。

我用老仙來指路，你用老虎回頭式。

我用老猿來搬枝，你用白猿摘桃顯。

我用老仙來請客，你用千斤墜地關。

我用猴子去偷桃，你用豹子搶食先。

我用單臂來摘月，你用頂門一炮煙。

我用青龍攪海水，你用單刀赴會前。

我用太師舉金鞭，你用羅漢坐鐘盤。

我用豹子來彈爪，你用惡虎奔山川。

我用五花坐山架，你用躍勢拉單鞭。

雙方收勢歸原路，難分誰勝與誰先。

少林古寺學絕技，子午晨昏苦研練。

圖230　　　　圖231

二、動作圖解

1.起　勢

甲站東頭，乙站西頭，甲面向西，乙面向東，倆人相距兩步。雙方八字步站立，身軀挺直，兩臂自然下垂，五指併攏，貼近兩髖，兩掌心向內，掌指向下，目視正前方；乙抬右腳上前一步，屈膝成右弓步，右掌變拳向前方衝擊甲頭面，左掌護於右胯上方，掌心向左，掌指向下，目視甲頭面；甲抬右腳上步，落地屈膝成右弓步，左掌向前向外撥乙右拳，右掌護於右肋外側，掌心斜向上，目視乙頭面。（圖230）

2.甲大鵬展翅　乙黃鶯抓嗉

甲雙足離地向前踮跳半步，落地屈膝變成右虛步，右掌向乙頭上劈擊，左掌展於左側上方，兩掌心向左，掌指斜向上；乙左腳內旋，收右腳變成右虛步，右拳變掌抓甲咽喉處，掌心向下，掌指斜向上，左掌護於左肋下側，掌心向下，掌指向前，互相目視。（圖231）

圖 232　　　　　　　　圖 233

3.甲餓狼抓心　乙當頭一炮

甲兩腳原地不動，右虛步不變，右掌護於胸前，掌心向上，掌指向前，左掌由後向前穿擊乙頭面，掌心向上，掌指向前，目視乙頭面；乙右腳外旋，右虛步不變，偏頭閃過甲穿擊，左掌護於左肋外側，掌心向下，掌指向前，目視甲頭面。（圖 232）

4.甲纏手壓肘　乙黃忠射箭

甲兩腳原地不動，左掌收回，掌心向右，掌指斜向上，右掌由下向上穿，掌心向前，掌指斜向上，目視兩掌；乙右腳踏實，右拳略收，目視右拳。（圖 233）

上動不停，甲右腳尖內旋，虛步不變，左手抓乙右腕，向身前左胸內側擰抓，抬右肘壓擊乙肘部，右臂屈肘在前方，右掌心向內，掌指向上，目視乙右拳；乙右拳被拿住，左掌護於左肋外側，掌心向下，掌指向前，目視甲頭面。（圖 234）

5.甲老君關門　乙猿猴獻果

乙右腳略收變成馬步，左掌變拳，由後向甲右肩上衝

圖234　　　　　　　　　　圖235

164

來，右拳收回護於左臂內側，左拳心向右，拳眼向上，右拳心向左，拳眼向後，目視甲兩掌；甲右腳內收少半步，右拳收回，再用右小臂撥擊乙左臂，掌心向內，掌指向上，左掌收回，護於左肋前上方，掌心斜向前，掌指向上，目視乙雙拳。（圖235）

上動不停，甲兩腳原地不動，左掌向前抓乙右肘尖，右掌抓乙右上臂，雙手用力前推；乙右臂被推，屈肘將拳護於胸前，拳心向內，拳眼向上，左拳變掌，架於頭上左前側，掌心向左，掌指向前，互相目視。（圖236）

6.甲雙手請客　乙同赴行程

甲兩腳原地不動，乙兩腳向後移步，雙方都站成右虛步，乙左手下落抓住甲右手腕，同時右手翻腕抓甲左腕，倆人相持不讓，互相目視。（圖237）

7.甲白鶴亮翅　乙紫燕雙飛

甲右足抬起，用力拉乙，使乙身體前傾，右掌向乙面門推擊，掌心向前，掌指向上，左掌護於胸前，掌心斜向前，掌指向上，目視乙頭面；乙右腿獨立，左腿提起，右掌上舉

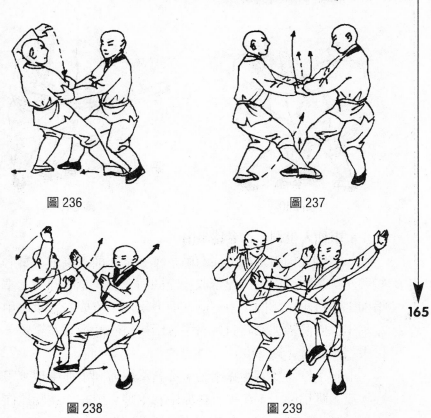

圖 236　　　　　　　　　　　圖 237

圖 238　　　　　　　　　　　圖 239

置於頭右側，掌心向前，掌指向上，左掌護於左肋前側，掌
心向右，掌指向上，目視甲兩掌和頭面。（圖 238）

　　上動不停，乙左腳落地，右腳抬起向甲腹左側扣踢；甲
右腿不落地，向左側挑踢，撩乙右腿，同時右掌伸向乙右肋
前側，向右橫擊，掌心向左，掌指向前，左掌向外展於左後
上側，掌心向左，掌指向後上方，目視乙前胸和右腿；乙右
腿被甲撩起後，兩掌向兩側外展，掌心斜向前，掌指斜向
上，目視甲頭面和右掌。（圖 239）

圖 240　　　　　　　　　　　圖 241

8.甲仙人坐洞　乙老猿坐山

　　乙右腳在前方落地，變右虛步，右掌向前方推擊，掌心斜向左，掌指斜向上，左掌收於左肋前上方，掌心向前，掌指向上，目視甲頭面；甲右腳在前方落地，變成右虛步，甲左掌由後向前推抓乙右肘，右手收回後再向前推乙左小臂，目視乙頭面。（圖 240）

　　上動不停，雙方兩腳不動，乙右掌用力向下抓甲襠，掌心向左，掌指向下，左手下按抓甲右手腕；甲左手翻腕抓住乙右手腕，相持不讓，互相目視（圖 241）。上動不停，乙抬右腳後退一大步，落於左腳後屈膝成左虛步，甲左腳離地向前一步，落地屈膝變成左虛步。甲左掌鬆開乙右手腕，向乙咽喉穿擊，掌心向右，掌指向前，右掌收回護於右肩前方，掌心向左，掌指向上，掌指向前，目視乙頭面；乙左掌反手抓甲左手梢，屈肘抓緊，右手抓托甲左肘尖，不放鬆，目視甲頭面。（圖 242）

9.甲獅子爭球　乙餓虎登山

　　乙右腳跟外旋，右腿蹬直，左腿屈膝成弓步，同時右掌

圖 242

圖 243

變拳衝向甲面部，拳心向左，拳眼向上，左掌收抱於左肋外側，掌心向前，掌指向上，目視甲頭部；甲兩腳原地不動，右手屈肘向上拿乙右手腕，向頭後上方拉，避開乙拳鋒，速出左拳擊打乙右肋骨，掌心向右，掌指向前，目視乙肋下。（圖 243）

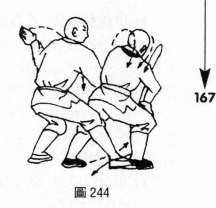

圖 244

167

10. 甲力拉老牛　乙野馬被伏

甲兩腳碾地，向右轉體 90 度，右腿屈膝成右弓步，右手抓住乙右手腕邊向下按，邊向右側拉帶，左手收回抓乙肘彎向後牽拉，掌心向下，掌指向前，然後右掌護於右膝前方，掌心向下，掌指向左，目視乙右手臂；乙抬兩腳前後換步，左腿屈膝下蹲，右腳在前方蹬地踏實，身體向後坐，成右虛步，右手被拿，左手外展於身後左側上方，掌心向左，掌指斜向上，目視甲頭面和兩掌。（圖 244）

圖 245　　　　　　　　　圖 246

11.甲蘇秦背劍　乙插步千斤

甲抬右腳向內移步，兩腳碾地，向右轉體 90 度，再抬右腳向後退一步，屈膝成右跪步，左手抓乙右小臂，上抬經頭上移向右肩，右手抓乙手梢向下按，左手按住乙右小臂，如背劍式，用力上提；乙右手被扛，兩腳用力下墜，右腳蹬住甲左腳外側，身體向後拉，左掌在肋前推甲左肋後部，目視甲頭。（圖 245）

12.甲金雞展翅　乙工師拉鑽

甲起身抬右腳向前落地，兩腳碾地，向左轉體 90 度，變成左虛步，兩掌向兩側斜穿，左掌穿擊乙腹部，掌心向上，掌指斜向下，右掌向右斜穿，掌心向上，掌指斜向上，目視乙面部；乙身體向後坐，變成右虛步，右掌收回向下壓甲左掌，掌心向內，掌指向前，左掌向前推擊甲胸部，掌心向前，掌指向上，目視甲胸部。（圖 246）

13.甲喜雀登枝　乙工師拉鑽

乙左腳外旋變成馬步，左掌收回由下向上抄起甲左臂，右手再纏住甲手腕，向左猛擰轉，纏於胸前，接著左掌在上

圖 247

圖 248

169

按住甲手,右掌在下用肘抵甲左上臂,目視甲頭面;甲左腳
離地移步,兩腳碾地,身體右轉90度,抬右腳向後踢乙膝
蓋,左手被擒,右掌前穿,掌心向上,掌指向前,目視乙頭
面和左手臂。(圖247)

14.甲懷中出拳　乙袖內出掌

甲右腳落於身後一步,兩腳碾地,身體向右轉180度,
左腿屈膝,右腳尖點地,成右虛步,同時左掌變拳,由後向
前屈肘向上衝擊乙頭面,右掌護肋,目視乙頭面;乙右手抓
甲左手腕,左手托甲左肘尖,目視甲左拳和頭面。(圖
248)

15.甲弓步切掌　乙弓步沖拳

乙右腿屈膝變成右弓步,左掌變拳向甲胸部衝擊,拳心
斜向下,拳眼向右,右掌護於左臂,掌心向左,掌指向上,
目視甲頭面;甲右腳內旋,向左轉體90度,屈右膝成右弓
步,右掌向前切擊乙左肘彎,掌心斜向左,掌指向上,左掌
收回護於左肋外側,掌心向內,掌指向上,目視乙左臂。
(圖249)

圖249　　　　　　　　　圖250

16. 甲敗回誘敵　乙餓虎撲食

乙兩腳離地前後換步變成左弓步，左拳變掌抓甲頭頂，右掌向前伸抓甲項部，兩掌心向下，掌指向前；甲兩腳碾地，向左轉體90度，屈右膝成右弓步，右掌向前伸直，掌心向上，掌指向前，左掌護於左肋前，掌心向前，掌指斜向上，目視前方。（圖250）

17. 甲指斜向上　乙金雞展翅

甲抬左腳向右腳後外側移步，兩腳碾地，向左轉體180度，兩腿屈膝變成馬步，兩掌收回向乙兩臂內穿入，再向兩側撥開，兩掌心向外，掌指斜向上，目視乙頭面；乙左腳內旋，抬右腳向甲左膝蓋內側點踢，兩掌左右展開，掌心斜向下，掌指斜向前，目視甲頭面。（圖251）

18. 甲大鵬落山　乙金蛇入洞

乙右腳在前落成右虛步，右掌向甲腹部穿擊，掌心向下，掌指向前下方，左掌向上架於左側上方，掌心向前，掌指斜向上，目視甲胸部；甲右腳滑地向後移步變成大虛步，右手收回，翻腕向外纏乙右肘大臂，左掌護於左肋前側，掌

圖 251

圖 252

心向下，掌指向前方，目視乙左掌。（圖252）

19.甲單風貫耳　乙老猿看桃

甲右手抓乙右肘向下猛拉，左掌變拳，衝擊乙右耳部，拳心向後，拳眼向左，目視乙頭面；乙兩腳不變，右拳被拉向前方，身體前傾，掌心向下，掌指向前，左掌變拳下落於肋前左側，拳心向右，拳眼斜向上，目視甲頭面。（圖253）

20.甲靈貓閃身　乙獨龍出洞

甲兩腳離地向後踮跳，收腹含胸，後退一步落地，右腿屈膝，左腳尖翹起，身體向後閃避，重心移於右腳後，左拳變掌，屈肘收回護於左肩外側，掌心向左，掌指向後，右掌收回護於身體前下方，掌心向下，掌指向前，目視乙兩掌；乙右腳內旋屈膝變成右弓

圖 253

圖 254　　　　　　　　　　圖 255

步，左拳變掌，兩掌同時由後向前穿出，右掌直臂向前，左掌在左肋前，兩掌指向前，掌心向下，目視甲面、胸部。（圖 254）

21.甲韓信點兵　乙羅漢擔水

甲左腳在前足尖落地，抬右腳向前一步，落地成高弓步，左掌由後向前推乙頭上方，掌心向前，掌指向上，右掌護於右臗後側方，掌心向左，掌指斜向下，目視乙頭部；乙抬右腳後退一步，落於左腳後方，兩腳碾地，身體向右轉180度，屈膝成右弓步，兩掌收回向前後展開，左掌在後，掌心向下，掌指向後穿擊甲腹部，右掌在前，掌心向左，掌指向前，目視甲腹部。（圖 255）

22.甲老仙指路　乙老虎回頭

乙兩腳碾地向左轉體180度，抬左腳向前移步，落地屈膝成高弓步，右掌由後向前推擊甲頭面，掌心向前，掌指向上，左掌收回護於左肋外側，掌心向下，掌指向前，目視甲面部；甲兩腳不動，右掌由後向前穿擊乙右肋下，掌指向前，掌心向下，左掌由前向後收回護於左肋下，掌心向下，

圖256

圖257

掌指向前，目視乙右肋。（圖256）

23.甲老猿搬枝　乙白猿摘桃

甲右腳尖內旋，虛步不變，抬左手向上抓住乙右手，再用右拳背向前打擊乙肋骨，目視乙頭面；乙右手被拿後，兩腳離地前後踮跳換步，右腳在前左腳在後，屈膝變成右虛步，左掌由下向上舉於頭上左前側，掌心向前，掌指斜向上，目視甲頭面和左手臂。（圖257）

圖258

24.甲老仙請客　乙千斤墜地

甲右腳在前略向內碾旋，左手反腕抓乙右手向下壓擊，按於身前；乙兩腳不動，右手被擒，出左掌來解救；甲右手反腕抓住乙左臂肘尖向前推，乙左掌被迫護左肋下，掌心向內，掌指向後，互相目視兩手。（圖258）

25.甲猴子偷桃　乙豹子搶食

乙兩腳不動，收回右手，左掌變拳，衝擊甲胸部；甲右

圖259　　　　　　　　圖260

足提起成左獨立勢，順勢出左掌抓住乙左手腕，屈肘提於胸前，右掌變拳壓乙左肘彎，右拳擊乙下頜，拳心向左，拳眼向上，目視乙面門；乙右掌變拳收回，護於右肋前側，拳心向內，拳眼向上，目視甲面部。（圖259）

26.甲單臂摘月　乙頂門一炮

甲抬右腳向前一步落地，屈膝成右弓步；乙抬右腳向後一步，落地屈膝成左弓步，左拳收回，再向甲頭上橫擊，右拳護肋，拳心向內，拳眼向上，目視甲頭面；甲右拳迅速變掌，撥擊乙左拳，掌心向前，掌指斜向上，左掌護胸，掌心向下，掌指向前，目視乙面部。（圖260）

27.甲青龍攪水　乙單刀赴會

甲兩腳不動，左手由後向前壓下乙左肘，翻腕纏住乙左臂，右掌護於右肋外側，掌心向下，掌指向前，目視乙頭面和左臂；乙左腳滑地向後移半步，腳尖點地成左虛步，左拳變掌下沉，掌心向下，掌指向前，右拳變掌，護於右肩上側，掌心向前，掌指向上，目視甲左臂和頭面。（圖261）

174

圖261　　　　　　　　　圖262

28.甲太師舉鞭　乙羅漢坐鐘

甲兩腳不動，左掌收回護於胸前，掌心向下，掌指向前，右掌向前穿擊乙頭面，掌心向下，掌指斜向前，目視乙頭部；乙兩腳碾地向右轉體90度，兩腿屈膝變成馬步，兩掌由外向內收回護於胸前，掌心向前，掌指向上，目視前方。（圖262）

圖263

29.甲豹子彈爪　乙惡虎奔山

乙雙足離地彈跳，身體向左旋轉270度，落地後右腿在前，屈膝成右弓步，右掌變拳，用反背拳向上向右撥甲右拳腕，拳心向左，拳眼斜向上，左掌護於左肋前，掌心向下，掌指向前；甲左腳內旋，抬右腳踢乙右膝蓋，兩掌不變，互相目視。（圖263）

圖 264　　　　　　　　　　圖 265

30.甲五花坐山　乙躍勢單鞭

甲右腳落地，兩腳碾地，向左轉體 90 度，兩腿屈膝成馬步，右掌向下抓按右膝上，左掌護於頭左側，掌心向右，目視乙頭面；乙兩腳碾地，向左轉體 180 度，變成左弓步，同時，右拳變掌，兩掌分別向前後穿擊，右掌在前，掌心向右，掌指斜向上，左掌在後，掌心向左，掌指向後，目視甲。（圖 264）

上動不停，甲兩腳碾地，身體向右轉 90 度，變成右弓步，右掌內收護於胸前，掌心向內，掌指斜向前，左掌向乙穿擊，掌心向右，掌指向上，目視乙頭面；乙左腳抬起向右旋轉落地，並以左腳為軸向右轉體 180 度，右腿屈膝成右弓步，右掌由左向右上方撥擊甲左掌腕部，掌心向左，掌指向前，左掌收回護於胸前下側，掌心向左，掌指向下，目視甲面部。（圖 265）

31.收　勢

雙方右腳離地向後拉步，與左腳併步站立，兩掌收回，貼於兩腳外側，掌心向內，掌指向下，目視正前方。

第五節　飛虎摔打法

一、拳譜歌訣

少林飛虎摔打法，擂臺比武膽量大。
無論高士和弱手，比武摔打不怕他。
起勢東西兩方站，雙方舉旗把勢拉。
二郎擔山雙開手，決出雌雄分上下。
我使童子送書技，你用羅漢擔柴法。
我用金剛劈樹叉，你用羅漢門戶把。
雙獻鐵拳我急使，雙拳迎敵你用它。
走馬活擒我拿敵，你使白猴把樹爬。
拋開死屍我仆地，跪地求饒你裝瞎。
倒捲黑風我掃腿，獨立舉燈你照它。
我使力士推碑藝，登山接寶你來拿。
順勢單鞭我拉開，退步擔柴你有法。
走馬擒敵我抓起，你使白猴把樹爬。
我用拋屍彈腿技，你用馬步下封它。
飛身放剪我夾你，你使豹子抖身法。
行步撩袍我急使，你使雙手邀客法。
我用回身撥風打，一炮沖天你使下。
挑包捶法我制敵，雙手抱腕你妙拿。
我用頭上開花手，你使退步觀風法。
我用閃身含胸功，你用換步旋捶法。
我使撥打進攻緊，你使上下翻封法。

我用單劍劈盤石，雙角開天變奇法。

我用拿雲捉月手，單臂舉鼎你力大。

我用泰山來壓頂，馬步蹲椿你撐它。

我用獨立倒提瓶，猿猴縮身你蹲下。

我用將軍倒托鞭，你來近身壓肘法。

我用撤步拉開弓，你用退步托鞭法。

我用轉身跨虎式，你用單手把牛拉。

你我豹子雙張口，雙方收勢擂臺下。

苦戰回合六十個，難分勝敗和上下。

你是少林親傳授，我是少室把山下。

飛虎摔打各獻技，我倆藝業是一家。

二、動作圖解

178

1.起　勢

甲乙站在一條直線上，甲站西邊，乙站東邊，甲面南，乙面北，八字步站立，身軀挺直，兩臂自然下垂，五指併攏，緊貼兩胯外側，掌心向內，掌指向下，目視正前方。（圖266）

2.甲乙單手舉旗

甲乙同時左手上舉置於頭上左側，掌心向前，掌指向上，右掌護於左肋前側，掌心向下，掌指向左，目視前方。（圖267）

3.甲乙二郎擔山

甲乙雙方同時將右腳向右胯一步，左腳碾地右轉，右腿屈膝

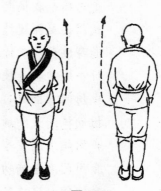

圖266

圖267　　　　　　　　圖268

成右弓步，右掌由左向右推出成正立掌，掌心向右，掌指向上，左掌變成勾手甩向身後置於左側方，目視右掌。（圖268）

4.甲童子送書　乙羅漢擔柴

乙兩腳碾地，向左轉體90度，左腿屈膝成左弓步，右掌變拳甩於身後右側，拳心向上，左手變拳，向前上方衝出，直擊甲頭；甲也兩腳碾地，向左轉體90度，左腿屈膝成左弓步，兩手向前上方舉，撥乙左拳，雙方互相目視。（圖269）

5.甲金剛劈叉
乙羅漢把門

甲左腳碾地外旋，抬右腳向前上一步，落地屈膝成右弓步，左手變掌，抓住乙右手腕向下按，接著急用右手由上向下

圖269

179

圖 270

圖 271

180

穿向乙右臂外側，再穿乙右腋內側，擒住乙劈來的掌；乙抬右腳向前上半步，落地後又抬左腿後退一步，屈膝成右弓步，右拳變掌由後向前劈打甲頭，被乙左手拿住，右拳由前向後甩擊，拳心向外，拳眼向內，互相目視。（圖 270）

圖 272

6.甲雙獻鐵拳　乙雙拳迎敵

甲兩腳不動，右手由乙腋下抽出，連用反背拳捶擊乙胸部，左手與右手抓握在一起；乙迅速抬兩腳起跳前後換步，右拳變掌，屈肘收回抓甲左掌，雙手用力推甲雙手，雙方相持不讓，互相目視。（圖 271）

7.甲走馬活擒　乙白猴上樹

甲右腳抬起向前滑步，伸左手從乙胸前向左外摟，抱住乙前腰，向下伸右手托抓乙右腿向上提，將乙拿在左肋下，目視前方；乙被甲拿起，兩腿屈膝，右手搬住甲右肩，左手護住左胯，掌心向內，目視甲後背。（圖 272）

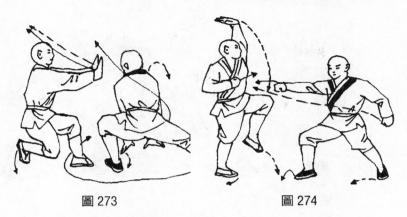

圖 273　　　　　　　　　圖 274

8.甲拋屍仆地　乙跪地求饒

甲右腳上前一大步，將乙拋向身後，接著兩腳碾地，身體向左轉 90 度，左腿屈膝全蹲成右仆步，雙掌仆地，目視乙頭面和雙掌；乙雙足落地向左轉體 180 度，兩腿屈膝成跪步，雙掌直臂向前推出，成立掌，掌心向前，掌指向上，防止甲攻擊，目視甲全身。（圖 273）

9.甲倒捲黑風　乙獨立舉燈

甲以左腳為軸，兩腳碾地向右轉，用右腿後掃趟半圈，體右轉 180 度，然後起身變成右弓步，兩手離地變拳，向左右兩側展開，兩拳高與腰平，拳心向下，拳眼向前，目視乙全身；乙右腳跟落地，抬起左腿成獨立式，右掌變拳收於腰間前側，拳心向內，拳眼向上，左掌由下向上直臂舉於側上方，掌心向上，掌指斜向後，目視甲全身。（圖 274）

10.甲力士推碑　乙登山接寶

甲兩腳離地向前踮跳半步，落地屈膝成右弓步，雙拳向前直臂衝擊，拳心向下，兩拳眼相對，擊乙胸膛，目視乙胸部和雙手；乙左腳在前方落於甲右腳外側後方，體右轉 90

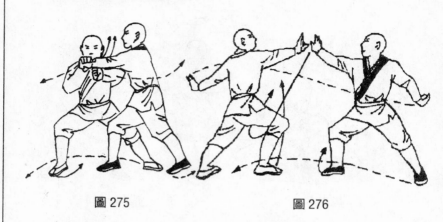

圖275　　　　　　　　　　　圖276

度，右腿屈膝成右橫弓步，左掌變拳，屈肘上架甲兩拳，右拳變掌，屈肘上蓋擠住甲雙拳，目視甲兩拳。（圖275）

11.甲順勢單鞭　乙退步擔柴

甲左腳碾地外轉，雙拳向後抽出，右拳變掌向乙猛推，成正立掌，掌心向前，掌指向上，左拳變勾手甩擊於身後左側，兩臂伸直成一條線，目視乙頭面；乙兩腳碾地，向左轉體90度，抬左腳後撤一步，落於右腳後方蹬直，右腿屈膝成右弓步，右掌直臂向前推出，成正立掌，掌心向前，掌指向上，左掌展於左側後方，掌心向後，掌指向上，兩臂成一條直線，互相目視。（圖276）

12.甲走馬擒敵　乙白猴上樹

甲右腳碾地外旋，左腳上前一大步，成左大弓步，左勾手變掌，由後向前，穿進乙胸前抱住乙前腰，右掌快速向下抓托乙右腿後側向上猛提，將乙夾在左肋下托平，目視前下方；乙被甲拿住，雙足離地，屈膝內收兩腳，右掌抓住甲右肩，左掌護於左肘前側，掌心向內，掌指向右，目視甲左肩和頭部。（圖277）

圖 277　　　　　　　　　　　圖 278

13.甲抛屍彈腿　乙馬步下封

甲以左腳為軸向左轉體，右腳離地抬起，落左腳前半步，身體向左猛抖，將乙摔倒身後，以左腳為軸，向左轉體180度，速抬左腳向乙踢擊，兩掌變拳，右拳上架於頭上前方，拳心向左，拳眼向後，左拳護於襠前部，拳心向右，拳眼向前，目視乙左手和頭面；乙被摔後，向左轉體180度，兩腳落地屈膝成馬步，右掌護於右肘前側，掌心向左，掌指斜向上，左掌封拍甲左腳面，目視甲頭面和兩手。（圖278）

14.甲飛身放剪　乙刀下插鼠

甲雙腳離地，向乙左腿夾擊，右腳在下放於左腳前，用腳勾住乙左腳後跟，左腳在上蹬擊乙左膝下外側，欲將乙蹬擊倒地或夾倒在地，兩拳變掌，扶於右側地上，目視乙全身；乙兩腿變成左弓步，左掌向甲左胯插來，掌心向右，掌指斜向下，右掌甩於身後右側，掌心向右，掌指向下，目視甲全身。（圖279）

圖 279　　　　　　　　　　　圖 280

184

15.甲反手擒敵　乙豹子抖身

甲右腿屈膝收回，左腳向前蹬起，變成右高弓步，左手迅速抓乙左手腕，向左側拉，右掌按壓乙肩，目視乙頭和臂；乙右腳碾地外轉屈膝成右弓步，左臂被擒住，右掌護於右膝蓋上，目視甲前腳。（圖 280）

圖 281

16.甲行步撩袍　乙雙手邀客

甲左腳碾地內轉，腳跟離地，右手向前衝擊乙頭部，被乙左手勾住，左掌後撩置於身後左側，掌心向上，掌指斜向後；乙兩腳碾地，身體向右傾，變成右弓步，兩手同時用力，合力抓甲右手，用力向右側猛拉，互相目視。（圖 281）

17.甲仙人轉影　乙猿仙觀日

甲兩腳碾地向左轉體 180 度，右掌變拳掙脫護於身後右側，拳心向內，拳眼向外，左掌護於胸前，掌心向下，掌指向右，目向後視；乙兩腳碾地左轉屈右膝成虛步，兩掌變拳

圖282　　　　　　　　圖283

護胸前，拳心向上，目視前上方。（圖282）

18.甲回身撥風　乙一炮沖天

乙在甲身後，收左腳成高弓步，右拳直接上沖，擊甲後腦，左拳護於襠前，兩拳心向左，目視甲頭面；甲右腳抬起向前半步，兩腳快速碾地向左轉體180度，左腿屈膝，變成左弓步，右拳隨轉身向上向左撥擊乙左拳，左掌變拳甩於身後左側，拳心斜向下，目視乙面部和右拳。（圖283）

19.甲挑包捶敵　乙雙手抱腕

甲雙足向前踏跳半步，左拳由後向前上方猛力排擊乙下巴，屈肘向上，拳心向後，右拳變掌向後擺於身體右側下方，掌心向左，掌指向下，目視乙頭面和雙手；乙兩腳不動，兩拳收回胸前，抱住甲左拳，用力夾擠，目視甲拳。（圖284）

圖284

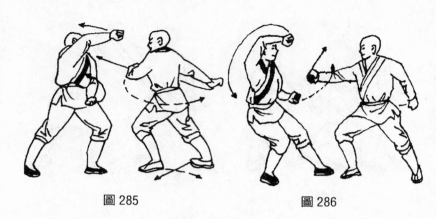

圖 285　　　　　　　　圖 286

20.甲頭上開花　乙退步觀風

甲右腳滑步前移，右拳由後向前上方衝擊乙頭部，左拳收回向下護於襠前部，拳心向內，右拳心向下，目視乙頭部；乙雙足向後滑步，左拳變掌護於左肋側，掌心向內，右掌變拳後甩於右側後方，拳心向下，目視甲頭和右拳。（圖285）

21.甲閃身含胸　乙換步旋捶

乙兩腳前後滑步，換步屈膝成右弓步，右拳由後向前旋擊出，直打甲頭面，左拳向後甩於身後左側，拳心向後，右拳心向左，目視甲頭面；甲右腿屈膝，身體向後仰閃開乙右拳的衝擊，右拳向上收護於頭上前方，拳心向下，左拳也後收，拳心向右，目視乙右拳和頭面。（圖286）

22.甲撥打進攻　乙上下翻封

甲左腿屈膝成左弓步，左拳向前擊打甲右肘彎，右拳由上向後甩擊，左拳心向下，右拳心向上，目視乙全身；乙右拳略上舉，拳心向前，左拳在身後左側不變，目視甲右拳和頭面。（圖287）

圖 287　　　　　　　　　　　圖 288

187

　　上動不停，甲右腳向
前一步，落於左腳前，然
後左腳碾地外轉，右腿屈
膝成右弓步，右拳由後向
前擊乙頭部，左拳後擺於
左側方，拳心向左，目視
乙頭部，乙兩腳離地換
步，前後落地屈膝成馬
步，閃開甲上扳捶，用左

圖 289

拳變掌向甲右肋側下方推來，掌心向前，掌指斜向上，右拳
變掌收回護於肋下側，目視甲右拳。（圖 288）

23.甲單劍劈石　乙雙角開天

　　甲用拳打乙頭部，乙馬步兩腳碾地，向左轉體 90 度，
左腿屈膝變成左弓步，雙掌向上架甲拳，甲目視乙頭面和雙
手。（圖 289）

24.甲拿雲捉月　乙單臂舉鼎

　　甲左腳抬起向前上一步落地，屈膝成左高弓步，左拳變

圖290　　　　　　　　　　圖291

掌由後向前上方向外切擊乙手腕，目視乙頭面和雙手；乙右腳離地向前移半步落地，左腳抬起後退一步，落地屈膝成右弓步，右掌反手向上架，拿住甲手腕，左掌變拳擺於身後左下方，護於胯後左側，拳心向右，拳眼向內，目視甲雙手和頭面。（圖290）

25.甲泰山壓頂　乙馬步蹲椿

甲用右手抓住乙右手腕，用力向身前猛拉，用左掌向乙頭上猛力按壓，在按壓的時候左腳再向前滑步加力，使乙身體下坐，目視乙頭部；乙兩腳碾地，向左轉體90度，成馬步下蹲椿，右手被甲捉住，左手拳心向外，護於左胯後，目視前方。（圖291）

26.甲獨立提瓶　乙猿猴縮身

甲右手向乙右臂下穿進去，向上抬乙右臂，左手抓乙頭向上提，同時抬右腿抵乙後背，目視乙頭部；乙被甲抓住難脫，兩腳碾地，向左轉體90度，提左腿後退一步，落於右腳內側方半步，屈膝成馬步，右臂被抬抓在身後，左拳在左側下方，拳心向後，護於左肋外下側，目視前上方。（圖

圖 292   圖 293

292）

27.甲將軍托鞭　乙近身壓肘

乙兩腳抬起向左轉體落地，體左轉 180 度，用右手抓甲右手梢，用左肘壓甲臂和左肋，用左拳擊甲面門，身向前傾靠，目視甲左臂；甲左腳落地，右手變拳向右後方甩擊，拳心向後，目視乙左拳。（圖 293）

圖 294

189

28.甲撤步開弓　乙退步托鞭

甲抬左腳後退一步落地，兩腳碾地向左轉體 90 度，兩腿屈膝半蹲成馬步，右拳由後向右側衝擊乙胸腹，左手收回，屈肘護於胸前，掌心向右，掌指斜向前，目視乙全身；乙右腳向後滑，屈膝成左弓步，左拳變掌由上向下封拍甲右拳，屈肘下壓，右手變拳向後擺於身後右側方，拳心向下，目視甲右臂。（圖 294）

圖 295　　　　　　　　　　　圖 296

29.甲轉身跨虎　乙單手牽牛

甲左右腳換步，向右轉體 90 度，左腳在前方屈膝成左弓步，右臂屈肘內收，左手由後向前按住乙左手，目視乙頭面；乙右腳跟離地，腳尖點地，左拳上舉向後拉，相持不放，目視甲頭面和雙手。（圖 295）

30.甲乙豹子張口

甲乙右腳同時碾地向外轉，向右轉體 90 度，抬左腳落於右腳內側前方，腳尖點地，左掌收回護於左肋前外側，掌心向前，掌指向上，右拳變掌上舉於頭上右側，掌心向上，掌指向左，目視左側。（圖 296）

31.收　勢

甲乙雙方右腳後退與左腳併步站立，成八字步，身胸挺直，左右掌由上向下落於兩胯外側，兩臂下垂，兩掌心向內，兩掌指向下，目視正前方。

第六節　飛龍摔拿法

一、拳譜歌訣

飛龍摔拿妙法全，二人比武齊爭先。
起勢你我對面戰，雙方二郎去擔山。
我用猛虎來靠山，你用二郎來擔山。
我使退步去取寶，你用雙刀破陣關。
我使風捲梅花勢，頭上插花你用先。
我用青龍來出水，你用黃龍轉身翻。
舉旗退兵我回營，緊跟追蹤你用全。
雙手托搶我急使，你用脫刀對敵斬。
我用雙手去托塔，你用順手牽牛腱。
我用順水行船勢，順手牽牛你耕田。
我用仙人摘瓜計，你使頭上摸珠盤。
我用獅子大滾球，猿猴轉形你使全。
我用轉身進兵計，回身迎敵你回觀。
我用雙手推窗計，你有退步敞門戶。
我使單手牽白羊，你使童子送書篇。
我使弓步去吞袖，你用雙手把禮獻。
我用單手舉金鞭，你用雙手把枝搬。
我用羅漢來抱柱，上步壓肘你用全。
我用仙人去請客，你用弓步抱球玩。
我用弓步封敵眼，你使閃身護胸前。
我用獅子大張口，你使羅漢把門攔。

我用弓步去沖拳，虛步張口你力添。

我用退步來閃戰，你用彈踢架鐵拳。

我用順勢單一鞭，你用豹子回頭觀。

我用仆地靈龍法，惡虎撲食你要添。

我用豹子撞山計，撲身伏虎你力添。

我用孫臏背蒲團，你用頂門壓泰山。

我用拋屍跨猛虎，你用跨泥把身翻。

我用梅花攬手勢，你用鷂子翻身轉。

我用捉虎降豹力，力墜千斤你來干。

我用抖手把石甩，你用小鬼推磨盤。

我用就地搬石計，你用金龍抱柱邊。

我用轉身打老虎，你用打虎上高山。

我用降龍伏虎計，仆地遊龍你用全。

我用進步去搬攔，你使太空把身翻。

你我單臂雙摘月，同時二郎雙擔山。

你我雙方收招住，不分勝敗難占先。

這一套飛龍摔拿法是元代子安高僧所傳，以後有明代圓勝、悟雷、普便、宗鄉、同替、玄敬，到清代有清倫、靜紹、如量、湛舉、湛可、寂亭、寂聚、寂袍、淳錦、淳念、淳密、淳智、貞恆、貞秋、貞俊、貞緒、妙興、恆林等高僧演習並流傳至今天。

二、動作圖解

1.起　勢

甲、乙站在一條線上，面相對，立正站立，兩掌向內，掌指向下，貼於兩腿外側，互相目視。然後各抬左腳向左跨

一大步，落地屈膝
成左弓步，右腳各
向外旋轉，右掌護
於左肋前外側，掌
心向下，掌指斜向
上，左掌橫架於頭
前方，掌心向前，
掌指向右，目視右
側方。（圖297）

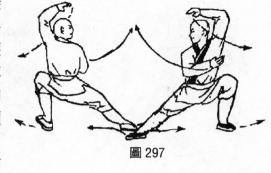

圖297

2. 甲乙二郎擔山

雙方同時躍起
各向左上半步，落
地後兩腳碾地向右
轉體90度，右腿
屈膝，左腿蹬直成
左弓步，右掌向前
推成立掌，掌心向

圖298

前，掌指向上，左掌由上下落，變勾手向後甩擊，置於身後
左側，指尖向上，目視右掌。（圖298）

3. 甲猛虎靠山　乙二郎擔山

甲抬左腳向前上一大步落於乙右腳內側，右腳碾地外
旋，左腿屈膝成左弓步，同時左勾手變拳，由後向前屈肘靠
擊乙右臂，右掌心向下，掌指向後，目視乙右掌；乙兩腳原
地不動，弓步不變，左勾手變掌，掌心向左，掌指向後，右
掌不變，目視甲左臂。（圖299）

圖 299　　　　　　　　　　　圖 300

194

4.甲退步取寶　乙雙刀破陣

甲抬右腳向前上半步落地，再抬左腳後退一步落地，右
腿屈膝，左腿蹬直成右弓步；乙右腳碾地外旋，抬左腳上一
步，落在甲右腳後側，屈膝成左弓步；甲右掌變拳，由後向
前衝擊乙左肋；乙左掌由後向前，插進甲右腋下，壓甲右
肘；甲左拳欲攻乙左手，乙右手收回壓甲左手，互相不讓，
彼此目視。（圖 300）

5.甲風捲梅花　乙頭上插花

甲右腳碾地向左轉，並迅速抬左腳由左向右退半圈，向
左轉體 180 度，右腿屈膝，左腿蹬直成右弓步；乙左腳碾地
向右轉，迅速抬右腳向前一大步，右腿屈膝成右弓步；甲雙
手抓住乙右手臂，擰纏一圈後，左手抓乙右手腕，右手抓乙
右肘，拿在乙頭上不放；乙左掌護於胸前，掌心向內，掌指
向下，互相目視。（圖 301）

6.甲青龍出水　乙黃龍轉身

甲兩腳不動，右手抓住乙右手腕，左手再抓住乙左手
腕，目視乙頭面；乙右腳碾地內旋，左腳後退一步，向左轉

圖 301

圖 302

體 180 度，屈右膝成弓步，右手反抓甲手腕，左反手抓甲左手，互相抓住不放，目視甲頭面。（圖 302）

7. 甲舉旗退兵

乙緊跟追蹤

甲抬右腳後退一步，落地後蹬直，左腿屈膝成左弓步，右手向頭上拉乙右手，左手向下拉擰乙左手；乙兩腳向前踮一步，落地屈膝成左弓步，右手向甲頭上推擁，左手向下欲擰脫，甲抓住不放，相持不讓，互相目視。（圖 303）

圖 303

8. 甲雙手托搶　乙托刀對敵

甲兩腳原地不動，右手由頭上向下擰壓，左手抓乙手腕不放；乙左腳碾地內旋，兩腿成高馬步，右手抓按甲右手，左手欲擰脫，相持在胸前，互相目視。（圖 304）

圖304

圖305

9.甲雙手托塔　乙順手牽牛

甲兩腳原地不動，右手收回，左手抓乙右小臂下壓，同時用力下折；乙兩腳碾地轉成左弓步，左手按於左膝上，右手用力向後拉，互相目視。（圖305）

10.甲順水行舟　乙順手牽牛

甲兩手向前猛力一推，目視乙頭部；乙右腳後收，急用左手接甲雙手，用力後帶，目視甲雙手。（圖306）

11.甲仙人摘瓜　乙頭上摸珠

甲抬左腳落在乙右腳後，弓步不變，右手拉住乙右手不放，左手抓住乙頭下拉，目視乙頭上方；乙兩腳碾地內旋，兩腿成馬步，左手向頭上按壓甲左手，右手推向甲胸前，身體向左轉，目視右側。（圖307）

12.甲獅子滾球　乙猿猴轉形

甲右腳跟碾地內收變成高馬步，右手向上拉乙右手，拉在乙頭上，左手護於胸前，掌心向下，掌指向右，目視乙右手；乙兩腳先後離地向右移一步，向左轉體180度，成小馬步，左掌護於左胯外側，掌心向後，掌指向下，目視前方。

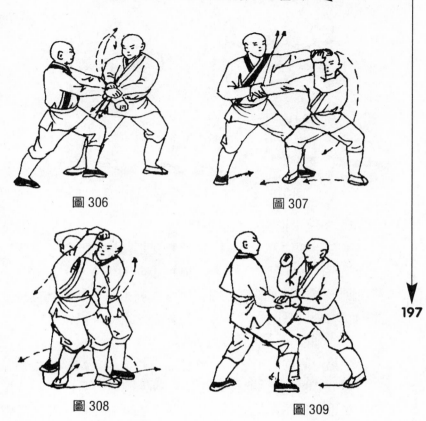

圖306　　　　　　　　圖307

圖308　　　　　　　　圖309

（圖308）

13.甲轉身進兵　乙回身迎敵

　　甲右腳碾地向左轉體180度，左腳後退一步，右腿屈膝
成右弓步，右掌變拳衝擊乙胸部，拳心向上，左掌護於左肋
外側，掌心向前，掌指向上，目視乙胸部；乙左腳向外碾
地，右腳抬起向前上一步，兩腳碾地向左轉體180度，左腿
屈膝成左弓步，左手抓甲右手腕，右掌變拳，屈肘下壓甲右
小臂，拳心向內，目視甲胸部。（圖309）

圖 310　　　　　　　　　　圖 311

14. 甲雙手推窗　乙退步敞門

甲左手抓住乙右手腕，乙翻腕又抓住甲左手腕，甲雙手向前推擊乙，迫乙後退；乙右腳抬起向前移半步，右腳落地後左腳後退一步並蹬直，右腿屈膝成右弓步，雙手向後拉，並向左右外展敞開門戶，互相目視。（圖 310）

15. 甲單手牽羊　乙童子送書

甲抬左腳向前上一步，落於乙右腳外側，兩腳碾地，向右轉體 90 度，右手翻腕又抓住乙右手腕，經身前向右側拉帶，左手按在左大腿上，掌指向下；乙兩腳不動，雙手抓甲右手不放，向前用力推送，互相目視。（圖 311）

16. 甲弓步吞袖　乙雙手獻禮

甲兩腳碾地向左轉體 90 度，屈左膝成弓步，左手向前推擊乙胸部，右掌貼在肘彎處，屈肘舉掌，掌心向左，掌指向上，目視乙面部；乙右腳後退一步變成左弓步，雙臂屈肘，向胸前拱手夾甲左手，目視甲頭面。（圖 312）

17. 甲單手舉鞭　乙雙手搬枝

甲兩腳原地不動，左掌向上猛挑，右掌變拳向後擺擊，

圖 312　　　　　　　　　　圖 313

拳眼向左，拳心向下，目視乙面部；乙右足跟上提，足尖點地，兩掌向上略舉夾住甲左掌，目視甲左掌。（圖 313）

18.甲羅漢抱樁　乙上步壓肘

甲左掌由前向下栽穿，右拳向前衝擊，拳心向內，目視雙手；乙右腳向前上一步落於左腳外側，兩腳碾地左轉，左腿屈膝成弓步，左手抓甲左腕不放，右臂壓擊甲左肘，掌心向內，目視甲兩手。（圖 314）

19.甲仙人請客　乙弓步抱球

甲右腳碾地向右轉體90度，兩腿變成高馬步，左手翻腕抓住乙左手腕，右拳擺在右側方，拳心向內，目視乙左手；乙左腳抬起向右前方落地，兩腳碾地向右轉體90度，抬右腳後退一步落地，左腿屈膝成左弓步，右掌護於胸前，掌心向

圖 314

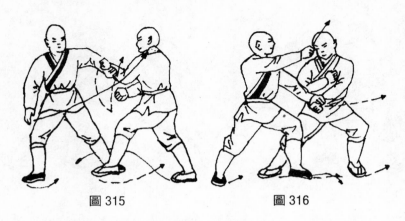

圖 315　　　　　　　　圖 316

左，掌指斜向下，目視甲左臂。（圖 315）

20. 甲弓步封眼　乙閃身護胸

甲右腳碾地向左轉體 90 度，右拳直擊乙面部，拳心向左，左手抓乙左手腕，用力下壓，目視乙面部；乙抬右腳上前落在甲左腳外側，再抬左腳向後一步，同時向左轉體 90度，兩腿成左弓步，右拳護在胸前，拳心向內，目視甲右拳。（圖 316）

21. 甲獅子張口　乙羅漢把門

甲兩腳離地向前略移步，右拳向乙頭上衝擊，左掌變拳擊乙肋部，目視乙兩臂；乙雙腳向左橫跳一步，上體向右略轉，閃開甲雙拳，兩掌變拳，右拳舉於右側，與肩齊平，拳心向右，左拳置於身後左側，拳心向後，目視甲雙拳。（圖317）

22. 甲弓步沖拳　乙虛步張口

甲右腳抬起向前上一步，左腳向外碾轉，屈右膝成右弓步，右拳由上向前擊乙頭部，左拳向後擺於左後側，兩掌心向左，目視乙面部；乙雙腳向後移步，右腳尖點地成右虛

圖317　　　　　　圖318

步，右拳收於腰側，拳心向上，左拳由下向上衝，架於頭上
方，拳心向左，目視乙面部。（圖318）

23.甲退步閃戰　乙彈踢架拳

甲抬左腳向前上半步，落地後再抬右腳後退一步落地，
屈左膝成左弓步，左拳由後向前上方再向下勾，拳心向左，
拳眼向內，右拳由前上方向下劈，置於右後側方，拳心向
後，目視乙面部；乙抬右腳向甲彈踢，成獨立式，兩拳不
動。（圖319）

24.甲順勢單鞭　乙豹子回頭

甲抬右腳向前上一步
落地屈膝，左腳向外碾轉
成右弓步，右拳變掌，由
後向前推變成立掌，掌心
向前，掌指向上，直擊乙
面部，左拳變勾手，向後
勾於身體後左側，勾尖向
上，目視乙頭面；乙右腳

圖319

201

圖 320　　　　　　　　　　　圖 321

後退一步落地，屈左膝成左弓步，右拳由前向後擺擊，拳心向下，左拳由上向下護於胸前，拳心向下，拳眼向內，目視甲右掌。（圖 320）

202

25.甲仆地靈龍　乙惡虎撲食

甲兩腳碾地向左旋轉，屈膝成仆步，右掌下拉被乙拿住，肩上被乙左掌按擊，急用左勾手變掌護於左肋前側，掌心向右，掌指向上，目視乙胸部；乙雙腳向前踮跳，屈左膝成左弓步，右拳變掌抓甲手腕，左掌按甲右肩部，目視甲面部。（圖 321）

26.甲豹子撞山　乙撲身伏虎

甲兩腳碾地向右轉，成左仆步，左掌撲地，右手向前猛力衝擊，目視乙兩腳；乙左腳抬起向後退小半步，落地屈膝成弓步，身體向前傾，右手向左腿內側插擊，掌心向內，左掌壓甲右肘，掌心向內，掌指向上，目視甲後背。（圖322）

27.甲孫臏背蒲團　乙泰山壓頂

甲兩腳不動，伸右手向後下方抓起乙右腿，目視右側；

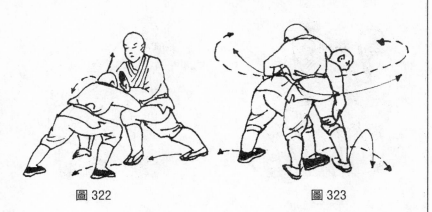

圖 322　　　　　　　　　　圖 323

乙兩腳向左離地移步，落地後左手按住甲後腰，右手抓住甲
右肩，相持不放，目視前方。（圖 323）

28.甲拋屍跨虎　乙翻身跨步

甲兩腳碾地向
左轉體 180 度，屈
左腿成弓步，右掌
護於左肋前側，掌
心向上，掌指向
左，左掌架於頭前
上方，掌心向前，
掌指向右；乙雙足
跳起向左轉體 180

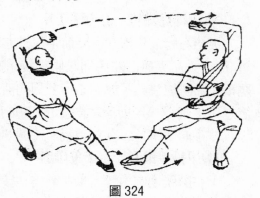

圖 324

度，落地屈膝成左弓步，右掌護於左肋前側，掌心向上，掌
指向左，左掌上架於頭前上方，掌心向前，掌指向右，互相
目視。（圖 324）

29.甲梅花攬手　乙鷂子翻身

甲兩腳碾地向右轉體 180 度，抬左腳向右腳前移半步，

圖 325 圖 326

伸右手抓住乙右手腕向後拉，伸左手抓乙左手腕不放，目視乙頭上部；乙抬右腳向前與左腳併步站立，右手後甩被甲抓住，目視前方。（圖 325）

30.甲捉虎降豹　乙力墜千斤

甲抬右腳上步落在左腳前半步，右腳碾地內旋，向左轉體 90 度，左手抓乙左手向左側猛拉，右手抓乙右手猛向左翻攪下壓，擒住乙不放；乙抬右腳向前半步落地，再抬左腳後退半步落地，兩腳碾地向左轉體 90 度，右腿屈膝成右弓步，雙手向下墜拉，互相目視。（圖 326）

31.甲抖手甩石　乙小鬼推磨

甲右腳碾地向內轉，抬左腳向右後退一步，兩腳碾地向左轉體 180 度，同時雙手抓乙向左甩出，左手變拳甩勾於身後，拳心向後上方，目視乙兩手；乙左腳向後滑半步，抬右腳向前上一步，落地屈膝，向左轉體 180 度，變成右弓步，右手抓甲右手不放，用左臂屈肘向上抬甲右肘，目視甲面部。（圖 327）

32.甲就地搬石　乙金龍抱柱

圖 327

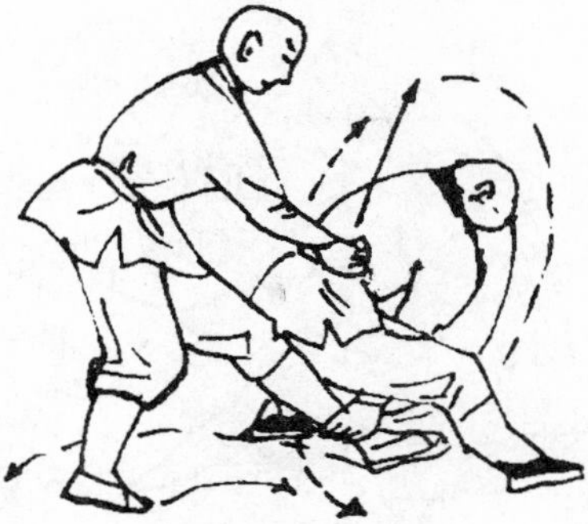

圖 328

甲抬右腳向左後側撤步，向左轉體 90 度，再抬右腳後退一步，變成低馬步，左拳變掌，探身向下用雙手抓住乙左小腿，向前上方提搬，目視乙右腿；乙雙手抱住甲兩肋不放，用膝蓋抵甲襠部，相持不放，目視前下方。（圖 328）

圖 329

33.甲轉身打虎　乙打虎上山

甲左腳抬起向內移步，抬右腳向前上半步，兩腳碾地向左轉體 180 度，左手上架變拳，右掌直穿乙胸腹部，目視乙胸腹；乙抬右腳向前上半步，落地後再抬左腳後退一步，右腿屈膝成右弓步，右掌變拳向上架開甲左拳，拳心向下，左拳壓擊甲右掌，拳心向下，目視甲。（圖 329）

34.甲降龍伏虎　乙仆地遊龍

甲抬右腳向前半步落地，再抬左腳後退一步，屈右膝成

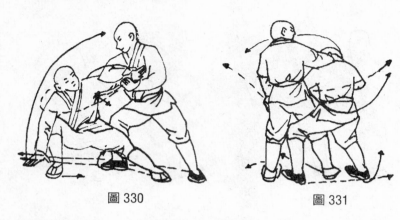

圖 330　　　　　　　　　　圖 331

右弓步，左拳變掌下落，用右掌抓乙左掌，向身前左側猛拉，左掌再扣住乙手腕，兩手用力上抬，再用右肘尖壓乙左肘，迫乙仆地，目視乙面部；乙右腳外旋，左腳抬起向前一步落地，屈右膝成左仆步，左手被甲拿住，右拳變掌仆地按於右腳外側，目視前方。（圖330）

35.甲進步搬攔　乙倒翻太空

甲右腳碾地外旋，抬左腳上一步，落地後兩腳碾地，向左轉體90度，兩手插進乙胸前，用力向外搬，掌心向下，掌指向左；乙右腳碾地起身，抬左腳隨勢向右轉體270度，同時迅速用右掌按甲肩部，左掌收回護於左胯外側，掌心向內，掌指向下，互相目視。（圖331）

36.甲乙單臂摘月

甲兩腳碾地向左轉體180度，抬左腳落於右腳內側半步，落地後速提右腳，左掌向左方穿出，掌心斜向上，掌指向左，右掌護於左肋前側，掌心向內，掌指向左，目視左掌；乙左腳碾地外旋，提右腳成獨立勢，左掌向左方穿出，掌心斜向上，掌指向左，右掌護於左肋前側，掌心向內，掌

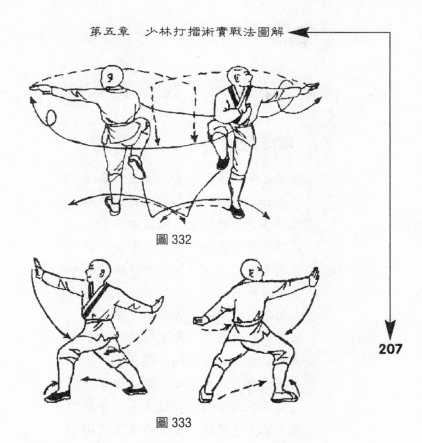

圖 332

圖 333

指向左，目視左掌。（圖 332）

37.甲乙二郎擔山

甲乙右腳同時落於身體右側一步，並迅速向前踮跳一步落地，屈右膝成右弓步，兩臂向左右側展開成擔山勢，掌心向外，掌指向上，目視右掌。（圖 333）

38.收　勢

甲乙右腳碾地內旋，抬左腳向右腳併攏落地，成八字步站立，兩掌同時收回，落於兩胯外側，掌心向內，掌指向下，互相目視，然後轉頭目視前方。

第七節　龍虎交戰法

一、拳譜歌訣

少林龍虎交戰拳，嵩山古刹有真傳。

二人若還想對拆，各站東西面向南。

起勢各自精神抖，拉開架勢各爭先。

我用海底去偷挑，你使單掌把門關。

我用神猴大縮身，你使老虎搖頭看。

我用黃鷹來托嗉，你使懶雞曬胯邊。

我用餓虎來伸爪，你使恨夫來遲緩。

我用白鶴收身勢，你使騎馬沖鐵拳。

我用金雕斜飛勢，你使雙雁展翅翻。

我用青龍去探爪，你使猛虎出架險。

我用黃龍出古洞，你使惡虎去登盤。

我用恨夫來遲緩，你使羅漢把門攔。

我用獅子大張口，你使黑虎來搜山。

我用烏龍來攪水，你使馬步橫雲端。

我用大蟒穿松林，你使黑虎來抱肩。

我用餓虎登山勢，你使單手撥雲煙。

我用白蛇出古洞，你使野馬彈蹄歡。

我用海底去撈月，你使馬失單蹄懸。

我用上步穿肋手，你使野鳥出籠籃。

我用採羅彈踢打，你使紫燕雙飛天。

我用千斤踢一腿，你用獨立斬足邊。

我用生擒惡老虎，你用賴漢臥床邊。

我用鷂子沖天勢，你用大鵬展翅翻。

我用豹子靠山勢，你用黑熊扛臂膊。

我用獅子來張口，你用猿猴摘桃還。

我用怪蟒大翻身，你用紫燕雙飛天。

我用老虎坐古洞，你用豹子挨身邊。

我用背後插一刀，你用孤鳥展翅翻。

我用孫臏背蒲團，你用獨腳登舟船。

我用羅漢架棚樑，你用野馬奔山川。

我以走馬擒敵人，你用金雞蹬爪全。

我用單手擺旗勢，你用單手搖仙幡。

我用惡虎登山勢，你用青龍揚角觀。

你我雙方收招住，難分誰勝誰佔先。

學會龍虎交戰藝，永傳炎黃繼先賢。

二、動作圖解

1.起　勢

甲站西頭，乙站東頭，位於一直線，倆人都面向南相距約一步，取立正姿勢站立，兩臂自然下垂，五指併攏，貼於兩胯外側，掌心向內，掌指各下，目視正前方。甲抬左腳向左跨一步，落在乙右腳後側，屈膝變成左橫弓步，雙掌向左側推，欲拿乙右手；乙左腳向左滑步橫踞，兩腿變成馬步，右掌向右穿擊甲左膝，掌心向下，掌指向右，左掌變拳向上架於頭上左側，拳心向前，拳眼向右，互相目視。（圖334）

圖 334　　　　　　　　　圖 335

2.甲海底偷桃　乙單掌封門

甲右足碾地向內旋轉，向左轉體 90 度，屈左膝成弓步；乙右腳離地向後退半步落地，抬左腳向右移半步落地，兩腳碾地向右轉體 90 度；甲伸左手抓乙襠部要害處，掌心向上，掌指向前，右掌變拳，屈肘護於胸口前側，拳心向內，拳眼向上，目視乙面部；乙左拳變掌，屈肘護於左肋前側，掌心向前，掌指向上，右掌推擊甲左肩，目視甲面部。（圖 335）

3.甲神猴縮身　乙老虎搖頭

甲左腳後退步落地為軸，碾地向左轉體 90 度，抬右腳不落地，左腿屈膝下蹲，左掌收回向上護於右肩上方，掌心向右，掌指向上，防護乙進擊頭部，右拳變掌護於左肋外側下方，掌心向上，掌指向左；乙抬左腳後退一步，落地後兩足碾地，使兩腿向左旋，成右弓步，左掌向甲頭上穿來，掌心向右，掌指向前上方，甲低頭閃過，乙右掌收回護於右肋外側，掌心向下，掌指向前，互相目視。（圖 336）

圖336　　　　　　　　　　　圖337

4.甲黃鷹托嗉　乙懶雞曬膆

甲右腳向右側一步落地，兩腳碾地向右轉體90度，右腿屈膝變成右弓步，右掌向乙下頜托擊，左掌封住乙右肘尖，目視乙面部；乙左腳碾地內旋，膝微彎，抬右腿，腳尖上挑，身體向後仰，右掌由後向前穿擊甲右肋，掌心向下，掌指向前，左掌抓托甲右肘尖，掌心向上，掌指向前，目視甲右手臂和面部。（圖337）

5.甲餓虎伸爪　乙恨夫來遲

甲左腳滑地略向前移步，兩足跟提起，腳尖點地變成虛步，右掌向前穿擊被乙格開，再迅速出左掌抓打乙右耳部，掌心向右，掌指向前，目視乙面部；乙左腳向後滑地移半步，右腳向前方移大半步落地，腳尖點地成為右虛步，右掌收回向外撥甲右掌，掌心向左，掌指向前，左掌收回護於胸前，掌心向右，掌指斜向前，目視甲面部和兩臂。（圖338）

6.甲白鶴收身　乙騎馬沖拳

乙右足跟落地，兩腿屈膝變成馬步，右掌變拳衝擊甲右

圖 338　　　　　　　　　圖 339

212

肋下側，拳心斜向下，左掌變拳護於胸前，拳心向內，拳眼向上，目視甲肋部；甲左腳跟落地站穩，右腿提起，腳尖繃直下垂，左掌收回，推按乙右肩，掌心向下，掌指向前，右掌收回，向下壓乙右小臂，同時防乙左拳進攻，目視乙面部。（圖 339）

7.甲金雕斜飛　乙大雁展翅

甲右腳向前落地在乙右腳內側，兩腳碾地向左轉體 90 度，左腿屈膝變成左弓步，右掌穿擊乙腹部，掌心向前，掌指向右，左掌向外展，置於左上側，掌心向前，掌指向上，目視乙面部和兩掌；乙抬右腳後退半步落地屈膝，再抬左腳向前一步，腳尖點地，變成左虛步，兩拳變掌，左掌向甲肩右側劈擊，劈擊甲穿來的右臂以閃開甲右掌的進攻，掌心向右，掌指斜向前，右掌向外展，置於頭上右後側，掌心向上，掌指斜向後，目視甲面部和左掌。（圖 340）

8.甲青龍探爪　乙猛虎出架

甲右腳跟和左腳尖碾地向右轉 90 度，屈右腿成右弓步，右掌抓乙頭部，掌心向下，掌指向前，左掌護於左肋前

圖 340　　　　　　　　　圖 341

側，掌心向下，掌指向前，目視乙頭部；乙抬左腳後退一步
落地，右腳碾地內旋，屈右腿變成右弓步，右掌由後上方向
前下方穿擊甲右腹部，掌心向左，掌指斜向前，右掌向上
架，置於頭上前側，掌心向前，掌指向右，目視甲腹部。
（圖 341）

213

9.甲黃龍出洞　乙惡虎登盤

　　甲左掌向下撥開乙右掌，掌心向下，掌指向前下方，右
掌向後拉，順勢再抓乙面
部，目視乙面部；乙左腳
跟向外碾旋成右弓步，頭
向後收閃開甲右掌，左掌
由上向下護於胸前，掌心
向下，掌指斜向前，右掌
直臂被甲撥向右前方，掌
心向下，掌指向前，目視
甲兩掌和面部。（圖
342）

圖 342

圖 343　　　　　　　　　　　圖 344

10.甲恨夫來遲　乙羅漢把門

甲抬左腳向前移半步落於右腳後，屈膝下蹲成右虛步，右掌下劈，掌心向左，掌指向前，左掌微向上穿擊，掌心向右，掌指向前，兩掌在胸前防護，目視乙面部；乙兩腳向前踮跳半步，兩腿屈膝成馬步，兩掌變成拳，屈肘護於肋外側，兩拳心向內斜相對，左拳略向內扣護於胸前左側，兩拳眼向上，目視甲雙掌。（圖 343）

11.甲獅子張口　乙黑虎搜山

乙左腳碾地向內旋，屈膝下蹲變成右虛步，兩拳變掌，右掌翻腕抓甲右手腕，左掌抓托甲右肘後側，向身體右側拉，右掌心向下，左掌心向上，目視甲面部；甲兩腳不動，身體向下沉，右手被乙抓拿，掌心向下，掌指向前，左掌向乙頭前抓來，掌心向前，掌指斜向上，目視乙頭面。（圖344）

12.甲烏龍攪水　乙馬步橫雲

甲右腳尖向外旋，右手向回拉，左掌拍擊乙右小臂，解脫右掌，並順勢抓住乙右小臂，右掌向上撩擊，掌心斜向

圖 345　　　　　　　　　　圖 346

後，掌指斜向上，目視乙面部；乙左腳外旋，變成馬步，右掌被甲拉向前方，掌心向下，掌指向前，左掌收回護於胸前，掌心向右，掌指向前，目視甲右掌和面部。（圖345）

13.甲大蟒穿林　乙黑虎抱肩

甲右腳略向外旋，抬左腳向前方一步落地後，屈膝成左弓步，左手向前直臂推擊，迫使乙右掌向後收，右掌護於胸前上側，掌心向左，掌指向上，目視乙面部；乙右腳抬起後退落於左腳後一步，左腳內旋，屈膝成左弓步，右掌屈肘護於右肋前方，掌心向下，掌指斜向前，左掌護於胸前下方，掌心向下，掌指斜向前，目視甲面部。（圖346）

14.甲餓虎登山　乙單手撥雲

甲兩腳原地不動，左弓步不變，右掌由後向前抓擊乙頭部，掌心向下，掌指向前，左掌收回護於左肋外側，掌指向上，目視乙面部（圖347）。上動不停，乙左腳向後移半步，屈膝微蹲，抬右腳向前上一步，腳尖點地成右虛步，左掌由下向上迎擊甲右掌，掌心向下，掌指斜向上，與甲右手相碰，右掌向上護於右肩上部，掌心向內，掌指向後，目視

圖 347　　　　　　　　　　圖 348

216

甲面部。（圖 348）

15.甲白蛇出洞　乙野馬彈蹄

甲左腳碾地內旋，左弓步不變，右掌再向上欲拿乙手梢，掌心向左，掌指斜向上，左掌護於左肋外側，掌心向下，掌指向前，目視乙來腿；乙抬右腿踹甲腹部，向左轉體90 度，右手抓甲右小臂，左掌變拳收護於左肋

圖 349

前上側，掌心向前，目視甲右掌和面部。（圖 349）

16.甲海底撈月　乙馬失前蹄

甲抬右腳向前與左腳併步，屈膝下蹲成馬步，右手抓住乙右踝向內擰轉，左手同時向前猛推，目視乙右腿；乙見勢右腿落地，右掌向前上方撥擊甲左手，掌心向外，掌指斜向下，左拳由左前方下落於左側下方，拳心向後，拳眼向內，

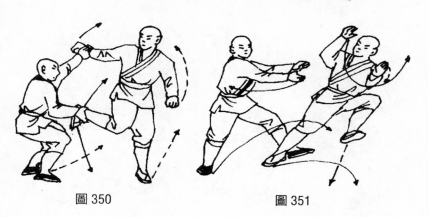

圖 350　　　　　　　　圖 351

217

目視甲面部。（圖 350）

17.甲上步穿肋　乙野鳥出籠

甲抬左腳上前一步，腳尖點地變成左虛步，兩掌向乙右肋下穿擊，掌心向下，掌指向前，目視乙右肋；乙左腳抬起盡力向上提，身體同時向左傾避開甲雙掌的推擊，左拳變掌，兩臂屈肘展開，兩掌護於頭部兩側，掌心向前，掌指斜向右，目視甲面部。（圖 351）

18.甲採羅彈踢　乙紫燕雙飛

甲抬左腳後退半步屈膝，左足抬起向前踢乙腹部左側，左掌伸直向外撥乙左肘部，右掌護於右肋側，掌心向內，掌指向前，目視乙全身；乙抬右足向前躍起，當全身騰空時，向左轉體180度，兩腳落地成馬步，兩掌向兩側展開，掌心向上，掌指斜向後，目視前上方。（圖 352）

19.甲千斤踢腿　乙獨立斬足

甲左掌收回護於左腿上側，掌心向下，掌指向前，右掌翻腕掌心向上，掌指向前；乙右腳內旋，抬左腿成右獨立勢，左掌由上向下封拍甲右腳面，右掌向下落於右肋外側防

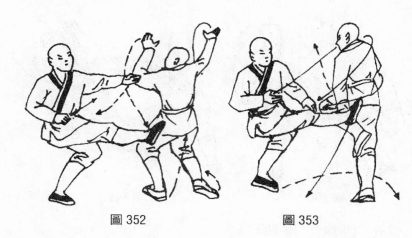

圖 352　　　　　　　　圖 353

護，掌心向下，掌指向前，目視甲右腿。（圖353）

20.甲生擒惡虎　乙懶漢臥床

甲右腿在左前方落地，再抬左腳向前上一步落地，兩足碾地同時向右轉體90度，兩腿變成右橫弓步，伸左掌抱乙腹部，再伸右掌搬乙右下頜，向右側猛搬，將乙拿起，目視乙腹部；乙身體向右翻轉90度，兩腳抬起向左伸直，兩掌外展，右掌心向前，掌指向右，目視甲頭部。（圖354）

圖 354

21.甲鷂子沖天　乙大鵬展翅

乙被甲擒住向後倒翻270度，落地站成馬步，兩掌向兩側展開，掌心向前，掌指斜向上，目視甲面部；甲兩腳跳起

圖 355　　　　　　　　　　　　圖 356

向右轉體 90 度，前後換步變成左虛步，右掌向乙右肘外側
撥架並上穿，掌心向前，掌指向上，左掌護於胸前，掌心向
前，掌指向上，目視乙面部。（圖 355）

22. 甲豹子靠山　乙黑熊扛膊

乙抬右腳向甲右腳前落地，屈膝成右弓步，右掌收回護
於右肋外側，掌心向內，掌指向上，左掌收回護於頭前左
側，掌心向前，掌指向上，用右肩向甲胸部撞擊；甲兩腳不
動，右掌收回抓住乙右手腕，左手抓住乙上臂用力猛推，
同時右肩一抖抵住乙靠擊，倆人相持不讓，互相目視。（圖
356）

23. 甲獅子張口　乙猿猴摘桃

乙右腳向後拉半步，兩腳碾地向右轉，成右虛步，用左
掌穿擊甲頭部，掌心向上，掌指斜向前，右掌收回置於右肋
前側，掌心向上，掌指斜向前；甲左掌向上穿格開乙左掌，
掌心向前，掌指向上，再用右掌推擊乙左肋部，掌心向前，
掌指向上，互相目視。（圖 357）

219

圖 357 　　　　　　　　　　圖 358

220

24.甲怪蟒翻身　乙紫燕雙飛

　　甲兩腳碾地向右轉體 90 度，右腿屈膝成右橫弓步，右掌護於右肋外側，掌心向下，掌指向前，左掌下落橫擊乙左肋，掌心向下，掌指向前；乙兩腳碾地左旋，收腹含胸避開甲左掌，雙掌收回展於頭上兩側，掌心向左，掌指斜向上，互相目視。（圖 358）

25.甲老虎坐洞　乙豹子挨身

　　乙雙足跳起落在甲身後，向左轉體 90 度，屈膝成馬步，雙手抱住甲腹部不放；甲雙手扣住乙雙手不鬆，互相爭持，同時甲右腳內旋，重心前移，變成馬步，雙方目視左前方。（圖 359）

圖 359

圖 360　　　　　　　　　　圖 361

26.甲背後插刀　乙孤鳥展翅

　　甲左腳向內碾地，右腳提起，右肘尖向後猛擊乙右肩，左手抓住乙右手腕向上掀；乙順勢向後滑，同時右腳提起，身體傾斜，左掌向上展於身後左側，掌心向後，掌指斜向上，互相目視。（圖 360）

27.甲孫臏背團　乙獨腳登舟

　　甲右腳落地，兩足碾地向左轉體 90 度，左腿屈膝成左弓步，左手收回向身後抓住乙右腳面，向上搬提，右掌上穿於右側上方，掌心向後，掌指向上，目視左前方；乙右腳碾地向左轉身 90 度，左手由後向下抓住甲左臂，右掌伸向甲頭後上方，掌心向右，掌指斜向上，目視甲左掌。（圖 361）

28.甲羅漢捌樑　乙野馬奔川

　　乙右腳落地，左腳跟外旋，屈右膝成右弓步，左掌速向甲頭上穿擊，掌心向右，掌指斜向上，右掌收回護於右肋前側，掌心向前，掌指向上，目視甲頭部；甲兩足跟離地，足尖碾地向右轉體 180 度，屈左膝，變成右虛步，兩掌隨身體

圖 362　　　　　　　　　　　圖 363

轉的同時，屈肘架於胸前，高與耳平，兩掌心向下，掌指相搭，左手在上，右手在下，迎架乙左肘部，目視乙面部。（圖 362）

29.甲走馬擒敵　乙金雞蹬爪

甲抬左腳向前一步，兩足碾地身體向右轉 90 度，兩腿屈膝成馬步，右掌展於右側，掌心向前，左掌由後向前再向左，抓住乙大腿左側，肘尖用力擊壓乙腹部，目視乙右腿；乙則左腳向內移步，身體向後仰，抬右腿，左掌展向身後，掌心向後，掌指向下，右掌護於右肩前，掌心斜向上，掌指斜向後，目視甲頭部。（圖 363）

30.甲單手擺旗　乙單手舉幡

甲左臂用力，肩部向左側猛抖，將乙向左側擲出，右腳向右側移步，左腳在左側抬起向內側收回，兩腳成高橫弓步，左掌向左側上方撥打乙右掌，掌心向下，掌指向前，右掌屈肘護於頭右側，掌心向前，掌指向上，目視乙頭和右掌；乙被擲出後兩腳前後落地，成左高弓步，右掌向前穿擊，掌心向前，掌指斜向上，左掌護於左胸外側，掌心向

前，掌指向上，目視甲頭和左掌。（圖 364）

31.甲惡虎登山 乙青龍揚角

甲右腳向右移步，兩腳碾地向左轉體 90 度，成左弓步，左掌收回胸前，掌心向下，掌指向前，右掌由後向前抓擊乙右肘彎，掌心向下，掌指向前，目視乙頭面；乙抬右腳踢甲左膝蓋，左腳內旋，右掌心向前，掌指斜向上，向甲頭部抓來，左掌屈肘護於胸前，掌心向下，掌指斜向前，目視甲頭面和兩掌。（圖 365）

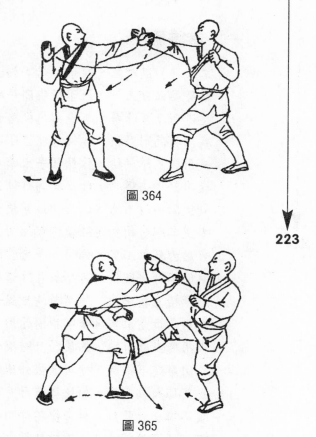

圖 364

223

圖 365

32.收 勢

甲左腳向後抬與右腳併步，向左轉體 90 度，乙右腳收回與左腳併步，兩腳碾地向左轉體 90 度，雙方成立正姿勢，兩掌各自收回，置於兩腿外側，掌心向內，五指併攏，目視正前方。

第八節　摔打四十法

一、拳譜歌訣

二人摔打逞剛強，龍爭虎鬥不相讓。

起勢站立分上下，羅漢擔柴門戶敞。

這邊豹子穿林勢，那邊白虎攔路旁。

我用騎馬射月技，你使惡虎撲小羊。

我用回馬單刺槍，你使順手來牽羊。

我用野馬去彈蹄，你用騎馬拜佛王。

我使開山劈石力，你用老猿攀技上。

我使金剛劈樹岔，羅漢挎籃你用上。

我用力劈華山勢，你用單手撥雲防。

我使閃身掛瓶技，黃忠拉弓你逞強。

踮步橫雲我用出，你用騎馬觀風光。

我用馬步坐木樁，金剛抱樹你用上。

我用飛身放剪腿，你使閃身避險方。

我用羅漢下掃趟，你用金蟾仆地忙。

我用仙人摘瓜果，你使羅漢拜月亮。

我用獅子大張口，轉身撩袍你用強。

我用退步誘敵勢，你用敬德揮鞭忙。

我使踮步托槍勢，你用走馬活肋方。

我仆地遊龍剛使，你羅漢伏虎即出。

湘子挎籃我用巧，你用轉身來卡倉。

我使弓步去進拐，你用肘角來相迎。

　　我用羅漢來打虎，你用斜飛賽大鵬。
　　我用近身靠打勢，你用獅子大搬樁。
　　我用拔營退兵計，你用緊守把門封。
　　我使三次退兵計，你使擔山來進攻。
　　你用羅漢來鑽井，井下投石你使能。
　　我用金剛掛玉瓶，烏龍盤柱你用功。
　　仁貴射箭我剛用，大鵬展翅你用忙。
　　我用翻臂擒猛虎，你用仆地遊龍樁。
　　我用仆地打老虎，金豹回頭你用強。
　　我使泰山來壓頂，你使孫臏背圍法。
　　我用雙手推碑勢，轉身衝營你來忙。
　　我作單手推斜月，單手橫雲你來防。
　　退步送客我急使，你有大雁落山鄉。
　　我用老猿攀枝技，二郎擔山你用上。
　　大虎抱頭我急使，你用猛虎出架忙。
　　我用二郎擔山法，拗步單鞭你再出。
　　二人摔打各獻技，收勢歸原互謙讓。

　　此少室摔打四十法係緊娜羅王所傳，普便，道時、慶志、同隨、玄魁、祖月、清倫、真珠等得其真傳，並傳給後人。湛舉、湛可、淳念、淳錦、貞恆、貞秋、貞喜等眾僧又將這一絕技續傳至今。

二、動作圖解

1.起　勢

　　甲面南站在西側，乙面北站在東側，相距一步，取立正姿勢站在一條線上，身軀挺直，兩臂自然下垂，掌心向內，

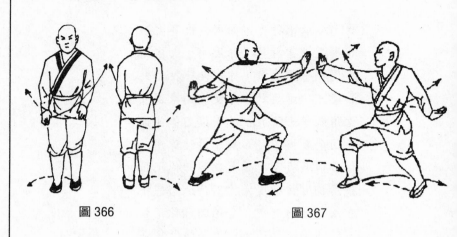

圖 366　　　　　　　　　　圖 367

掌指向下，目視前方。（圖 366）

2.甲乙羅漢擔柴

甲乙雙腳碾地向左轉體 90 度，左腳向後退一步，右腿屈膝，左腿蹬直成右弓步，同時右掌各向前推成立掌，掌心向前，掌指向上，甲乙兩掌相對，相距約 30 公分，左掌變成勾手，向身後左側方甩擊，指尖向上，目視對方右掌。（圖 367）

3.甲豹子穿林　乙白虎攔路

甲抬左腳向前一步落地，右腳碾地外轉，左腿屈膝，右腿蹬直成左弓步，同時左勾手變拳，由後方向前衝擊乙方面門，拳心向下，右掌變拳，由前向後甩擊，置於身後右側，掌心向上，目視乙方；乙抬左腳向前半步落在右腳後內側，然後迅速抬右腳後退落在左腳後一步，左腿屈膝，右腿伸直成左弓步，同時左勾手變拳由後向前上方撥甲左拳，右掌變拳向後甩擊，置於身後右側，拳心向上，目視甲左拳。（圖 368）

4.甲騎馬射月　乙惡虎撲食

甲兩腳碾地向右轉體 90 度，兩腿屈膝成馬步，左拳下落翻腕衝擊乙肋左側，右拳收回置於右膝上方，拳心向下，目視前方；乙抬右腳向前上一步落在甲左腳外側，右腿屈膝，左腿蹬直成右弓步，左拳變掌抓住甲左手，握緊擰轉，右拳也變掌，由後向前抓擊甲頭後側，目視甲頭部。（圖 369）

5.甲回馬單槍　乙順手牽羊

甲兩腳同時躍起在空中向右旋轉 270 度，兩腿

圖 368

圖 369

換位後落地，右腿屈膝成右弓步，在轉體的同時，兩拳迅速變成掌，右掌插向乙胸部，左掌向後撩，置於身後左側，掌心向上，掌指斜向後，目視右掌；乙重心後移，兩腳碾地向左轉體 90 度，左腿屈膝成橫弓步，右掌收回，左掌放開甲左手，迅速收回壓住甲右手腕，右掌也抓住甲右手腕部，兩手用力向後牽拉，目視甲。（圖 370）

圖 370　　　　　　　　　　圖 371

6.甲野馬彈蹄　乙騎馬拜佛

甲抬左腳踢乙襠部，右腿屈膝支撐，左掌變拳，由身後向前下方載擊護襠，拳心向右，右掌由前方抽回變拳，向上架於頭上前方，拳心向左，目視乙；乙兩腳迅速碾地向右轉體90度，提右腳向後落在左腳後一步，兩腿微屈成馬步，兩掌同時鬆開甲手，雙手屈肘上拱於面前，兩掌心相對，掌指向上，目視甲。（圖371）

7.甲開山劈石　乙老猿攀枝

甲左腳上前一步落地屈膝成左弓步，右拳用力砸向乙頭部，左拳護於襠前，拳心向內，右拳心向左，目視乙；乙左腳抬起向後退一步，落在右腳後方，右腿屈膝左腿蹬直成右弓步，右手翻腕向上抓住甲右手腕，用力握緊，左手變拳甩於身後左側，拳心向內，目視甲。（圖372）

8.甲金剛劈樹　乙羅漢挎籃

甲弓步不變迅速用左拳由下向上再向前下方劈掛乙右手腕，同時屈肘下壓，拳心向外，右拳抽回，置於身體右後側，目視乙；乙左腳碾地向外旋轉，順勢向左轉體180度，

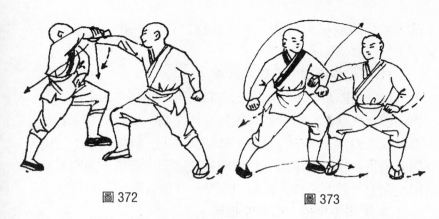

圖 372　　　　　　　　　　圖 373

兩腿屈膝成馬步，右拳屈腕內勾，勾住甲左手腕，左拳內收
護於左肋下側，目視甲。（圖 373）

9.甲力劈華山　乙單手撥雲

　　甲抬右腳向前上一步落在左腳前，屈膝成右弓步，右拳
由後向上再向前下方砸擊
乙頭部，左拳收回置於左
後側，兩拳心斜向左，目
視右拳；乙兩腳離地向左
移步，右腿屈膝成右橫弓
步，同時右拳由右向上撥
架甲右腕部，左拳向左側
甩撩，拳心向後，目視右
拳。（圖 374）

圖 374

10.甲閃身掛瓶　乙黃忠拉弓

　　甲兩腳原地不動，在身體重心後移的同時向後微閃身，
右拳由前方向後勾，拳心向左，左拳微上提置於身後左側，
拳心向左，目視乙；乙兩腿屈膝成馬步，右拳由右上側向下

229

落，並迅速衝擊甲右肋，左拳收抱於左肋下側，兩拳心向下，目視右拳。（圖375）

11. 甲踮步橫雲　乙騎馬觀風

甲向前踮跳一步，兩腿仍成右弓步，同時左拳由後向上再向前上劈擊乙右拳，然後擺於身後左側，拳心向左，右拳直臂向乙頭砸去，拳心向左，拳眼斜向上，目視右拳；乙兩腿成馬步不變，右拳由右側收回抱於腰間，兩拳心向內，拳眼斜向上，頭部略仰，目視甲來拳。（圖376）

12. 甲馬步坐樁　乙金剛抱樹

甲兩腳原地不動，兩腿屈膝下蹲成馬步，兩拳變掌，左掌收於左肋前側，掌心向右，掌指斜向上，右掌由上向下劈擊乙臂部，目視右掌；乙雙足起跳向右側移身並旋轉270度，兩足落於甲方身後，右腿屈成橫弓步，兩拳變掌，屈肘插進甲方兩肋外側，抱住甲，目視甲頭部。（圖377）

13. 甲飛身放剪　乙閃身避險

甲抬左腳向後移半步落地，迅即起右腳向左後側勾並擊打乙右腿，同時兩胯向後側臥地，兩掌同時由前向後仆地，掌心向下，掌指向左，目視乙；乙雙足向前踮跳落地後，左腳迅速碾地帶動身體左轉90度，右腿屈膝成右弓步，閃開甲勾剪腿並向右後撤身，左掌向下撩於左下方，掌心向前，掌

圖375

圖 376　　　　　　　　　　　圖 377

指斜向下，右掌護於右胯後側，掌心向內，掌指向下，目視甲。（圖 378）

14.甲羅漢掃趟　乙金蟾仆地

甲左腿屈膝收回迅速起身，右腳抬起向右向下再向左側掃擊乙左小腿，體左轉 90 度，左腿屈膝全蹲，右腳尖點地，兩掌收回護於兩膝前部，右掌心向內，掌指向下，左掌心向前，掌指斜向上，目視乙；乙兩腳尖向內碾地，左腳跟提起，右腿屈膝全蹲，同時兩掌向前仆地，掌心向下，掌指向前，回頭目視甲。（圖 379）

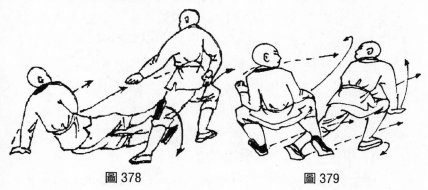

圖 378　　　　　　　　　　　圖 379

圖 380　　　　　　　　　　　　　　圖 381

232

15.甲仙人摘瓜　乙羅漢拜月

甲起身同時向右轉體 90 度，抬左腳踢乙右腿，右腿獨立，同時速出右手抓住乙頭部向右搬攔，左掌按住乙左肩用力後拉，目視乙；乙雙足踮跳，向右轉體 90 度，雙足落地屈膝成馬步，兩掌在胸前，右掌在上，左掌在下，右掌心向左，掌指向上，左掌心向右，掌指斜向下，目視前上方。（圖 380）

16.甲獅子張口　乙轉身撩袍

甲左腳在體前落地，擋住乙左腳後退之路，右腿屈膝成左虛步，身體向後坐，左手向身前下拉，欲拉倒乙，然後屈肘，拳心向右，護於身前，右掌變拳，架於頭上右側前方，拳心向上，目視乙；乙右腳前移，左腳碾地外旋，速向左側轉體 90 度，屈膝成馬步，左掌向身體左側猛力穿擊，直穿甲腹部，右掌向上穿於右側上方，掌心向右，掌指向上，目視甲。（圖 381）

17.甲退步誘敵　乙敬德揮鞭

甲抬左腳後退落於右腳後側一步，右腿屈膝成右弓步，

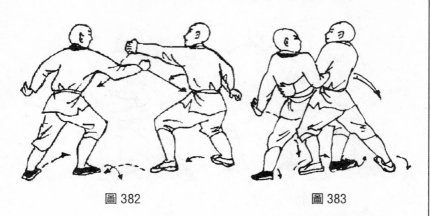

圖 382　　　　　　　　　　圖 383

右拳同時由上向後再向下畫弧，然後再向前上方挑擊，拳心向左，拳眼向上，左拳變勾手由前上再向後甩，勾於身後左側，勾尖向上，目視乙；乙兩腳碾地，向右轉體 90 度，左腿屈膝成左弓步，兩掌變拳，左拳向上用手背擊打甲頭部，拳心向右，拳眼向上，右拳擺於身後右側，拳心向下，目視左拳。（圖 382）

18.甲踮步托槍　乙走馬活肋

甲雙腳向前踮跳半步，落地屈膝成右弓步，右拳直衝乙方左肋部，左勾手變拳收於左胯外側，兩拳心斜向後，目視乙；乙雙足向前踮跳半步，落地屈膝成左弓步，兩拳同時迅速變掌，右掌由後向前抓住甲右手腕，左掌由上向前下方插入甲右腋下向前抱住甲，目視甲頭部。（圖 383）

19.甲仆地遊龍　乙羅漢伏虎

甲兩腳碾地上體向前猛擠，右腿屈膝全蹲成左後仆步，右肘向乙猛揣，左掌向左側仆地，目視前下方；乙兩腳碾地向右轉 90 度，右腿屈膝成右橫弓步，左掌由左向右收回再向下壓甲右臂，右掌抓甲右手腕向右側猛拉，目視甲。（圖

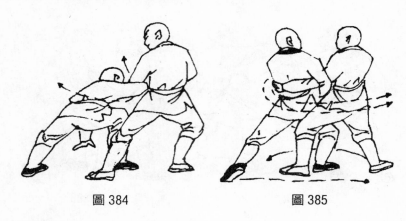

圖 384　　　　　　　　　　圖 385

384）

20.甲湘子挎籃　乙羅漢抱柱

甲左腳外旋起身，屈膝成右弓步，右拳挎挑乙左臂，左掌撐地收回，護於右肋前側，掌心向右，掌指向上，目視乙；乙左腳碾地成左弓步，左掌再穿進甲右腋下抱住甲往左拉，右掌護於左肋前，掌心向左，掌指向上，目視甲。（圖385）

21.甲轉身拋球　乙轉身卡倉

甲兩腳碾地向左轉體180度，左腿向後退置於右腳後一步，落地伸直，右腿屈膝成右弓步，同時在轉體的變化動作中，右掌勾住乙左臂，由右向左旋轉猛拋，左掌後擺於身後左下方，掌心向右，掌指向下，目視乙；乙左腳碾地，右腳抬起，身體隨甲向左轉270度，右腿在體後落地蹬直，左腿屈膝成左弓步，左掌仍抱住甲後腰，右掌向甲右胸側推擊，目視甲。（圖386）

22.甲弓步進拐　乙肘角相迎

甲右腳踏穩，弓步不變，左掌收回胸前推乙右手腕部，

圖 386

圖 387

235

右臂收回用肘頂擊乙左胸側，目視乙；乙左腳略向後移屈膝成左弓步，右掌收回抓住右手腕，左掌收回格開甲左手，並用左肘抵抗甲右肘，目視甲。（圖387）

23.甲羅漢打虎　乙大鵬斜飛

甲兩腳躍起前後換步，左腿屈膝成左弓步，左掌變拳向乙頭部衝擊，拳心向下，右掌翻腕脫出，直推乙胸部，掌心向前，掌指向上，目視乙；乙兩腳踮跳前後換步，右腿屈膝成右弓步，閃開甲右掌，乙右掌直臂向上由右向左撥打甲左腕部，左掌勾手甩於身後左側，指尖向上，目視甲頭面。（圖388）

圖 388

24.甲近身靠打　乙獅子搬樁

甲雙足向前踮跳半步，左腳落在乙右腳後內側絆住乙右腿，同時變成橫弓步，左拳由上向前橫擊乙胸部，右掌向後

撩於身後右側，掌心向外，掌指斜
向下，目視乙；乙兩腳碾地向左轉
體 90 度，左勾手變掌抓甲左手
腕，右掌下落抓住甲右肩迫其後
仰，目視甲。（圖 389）

圖 389

25.甲拔營退兵　乙迎門討戰

甲右腳碾地內旋，左腳離地抬
起向後退步在右腳後一步落地，右
腿屈膝成右弓步，左拳抽回向身後
左側甩成勾手，指尖向上，右掌由後向前推成立掌，掌心向
前，掌指向上，目視乙；乙左腳碾地向右轉體 90 度，右腿
屈膝成右弓步，右掌在前方迎擊甲右掌，掌心向前，掌指向
上，左掌變勾手甩於身後左側，指尖向上，目視甲。（圖
390）

26.甲單槍闖營　乙緊守門封

甲抬右腳原地震腳外轉，再抬左腳落於前方一步，左腿
微屈膝，成左弓步，右手翻腕抓住乙右手腕，握緊下壓，再

圖 390

用左勾手由後向前伸入乙右肋前，
反擊乙肋骨，目視乙；乙兩腳不
動，左勾手收回右肋前撥擊甲左勾
手，目視甲。（圖391）

27.甲三次退兵　乙擔山進攻

甲右腳碾地內轉，抬左腿後退
一步落地，屈右膝成右弓步，右掌
迎擊乙，左勾手收回甩於身後左
側，勾尖向上，右掌心向前，掌指
向上，目視乙；乙右腿屈膝變成右

圖391

弓步，右掌劈擊甲右掌，左勾手變拳擺於身後左側，掌心向
左，目視甲。（圖392）

28.甲羅漢鑽井　乙井下投石

237

甲右腳碾地向外轉，再抬左腳向前上步落在乙右腳內
側，隨勢向後轉體90度成馬步，同時右掌翻腕纏拿乙右手
腕，抓緊下壓，左勾手變拳由右向左栽擊乙襠部，目視乙；
乙右手下落被甲拿住，左拳變掌迅速向下拿抓甲左手腕，目

圖392

圖393　　　　　　　　圖394

視甲左拳。（圖393）

29.甲金剛掛瓶　乙烏龍盤柱

甲兩腳離地向左橫移一步，右膝微屈成橫弓步，同時右掌向身後撩勾起乙右腿放在右膝上，勾緊不放，左拳護在左肋前方，拳心向內，拳眼向上，目視乙腿部；乙右腿被甲勾起，抬左腳向右踮跳半步，右手迅速插至甲方右肋外側扣緊，左手抓住甲左肩不放，目視甲。（圖394）

30.甲甩手丟屍　乙倒豎玉瓶

甲抬左腳向左腳併步，抬右腳向左側擰轉落地，隨勢向左轉體270度甩掉乙，左腳點地成高虛步，右掌變拳，兩臂屈肘，兩拳相對拱於胸前，拳心向內，拳眼向上，目視乙；乙被甲摔出，足先落地，隨即向左轉體180度，右腳在前屈膝成右弓步，右掌由胸前向斜下方穿擊，掌心向左，掌指斜向下，左掌向上護於胸前上側，掌心向右，掌指向上，目視甲。（圖395）

31.甲仁貴射箭　乙大鵬展翅

甲右腳上前一步，兩腳碾地向左轉體90度，兩腿屈膝

238

圖395　　　　　　　　　　　圖396

成馬步，右拳向前直衝乙前胸，
拳心向下，左拳護於左肋外側，
拳心向上，目視乙；乙雙足後
移，右足尖點地成高虛步，兩掌
心向左右兩側展開，掌心向下，
掌指斜向外，閃開甲右拳，目視
甲（圖396）。上動不停，乙抬
右腳略向後移震腳落步，再抬左
腳向前上一步落在甲右腳前方內

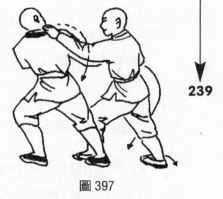

圖397

側，屈膝成左弓步，右掌抓住甲右手腕用力牽住，左掌由後
向前按壓甲右肩，目視甲；甲兩腳碾地重心左移，左腿屈膝
成左弓步，右拳被乙拿住，左拳護於胸前，拳心向內，目視
乙。（圖397）

32.甲翻臂擒虎　乙仆地遊龍

甲兩腳碾地重心向右移，右腿屈膝成右弓步，左拳變掌
抓住乙左手腕向下猛拉，右拳變掌用力壓擊乙左臂，身體向
右側傾，迫乙仆地，目視乙；乙兩腳碾地向右轉體90度，

圖 398　　　　　　　　　　圖 399

240

因左手被甲拿住被迫屈右膝全蹲成仆地，右掌仆地支撐，目視甲。（圖 398）

33. 甲仆地打虎　乙金豹回頭

甲重心向左移，右腳跟離地，左腿屈膝全蹲成跪步，用右膝跪壓乙左小腿，兩手臂用力牽拉下壓，目視乙；乙左腿迅速屈膝收回成蹲步，雙手扣住甲手不放，目視甲。（圖 399）

34. 甲泰山壓頂　乙孫臏背團

甲起身右腳向前略提起移步，左腳向前方右側上步，向右轉體 180 度，右臂用力抓乙手腕，全身用力壓擊乙，欲將乙壓倒，目視乙；乙右腳離地移於左腳後外側，兩腳碾地向右轉體 180 度，在轉體的同時伸左手勾起甲左腿，全身用力站起，同時向上猛提甲腿，右手仍被甲拿住擰於頭後不放，目視前方。（圖 400）

35. 甲雙手推碑　乙轉身衝營

甲右腳碾地向左轉體 90 度，並用單手推乙頭，隨勢左腿擺脫乙控制向後退一步，變成右弓步，雙掌推乙後背，兩

圖 400

圖 401

掌心斜向下，掌指斜向前；乙兩腳向左旋跳 270 度，落地屈膝成左弓步，右掌變拳衝向甲，拳心向左，左掌變拳擺於身後左側，拳心向右，目視甲。（圖 401）

36.甲單手推月　乙單手橫雲

甲向左轉體 90 度，單掌用力推向乙左肩，左掌屈肘護於左側，掌心向前，掌指向上，目視前方；乙右腳離地向前移少半步，身形斜閃避開甲推來的右掌，左腿略屈膝擋絆甲右腿，防甲後退，左拳變掌由後向前穿於甲身前並向左搬，掌心向下，迫甲頭後仰，

圖 402

右掌向上架於頭後側，拳心向右，目視甲；此時，甲隨勢左手抓乙左手腕，另一手抓推乙右肩不放。（圖 402）

37.甲退步送客　乙大雁落山

甲左腳向左橫跨半步，兩腳碾地向右轉體 90 度，屈右

圖 403　　　　　　　　　　圖 404

膝成右弓步，左掌向前推乙左手腕，右掌收回再推按乙左上臂，目視乙；乙抬右腳向後退，落地後外碾，向後轉體 90度，屈右膝成右橫弓步，左手被甲拿住，右拳擺於右下側，拳心向前，目視甲。（圖 403）

38. 甲老猿攀枝　乙二郎擔山

甲兩腳跳起前後換步落成左弓步，兩掌屈肘上舉拿住乙方左手腕，目視乙左手；乙右腳碾地向左轉體 90度，屈膝成左弓步，左手被甲拿住，翻腕又抓甲右手腕，右掌在身後右側略上舉，拳心向下，目視甲。（圖 404）

39. 甲大虎抱頭　乙猛虎出架

甲兩腳原地不動，左掌抓乙左手腕下壓於右肋前外側，右手向頭上迎抓乙右手腕並舉在頭前上方，兩臂相持不放，目視乙頭面；乙兩腳離地向前移半步仍成左弓步，左手被甲拿住手腕，翻手也抓住甲左手腕，同時右拳變掌向甲頭抓去，與甲迎來的手相交，互抓手腕，相持不讓，目視甲。（圖 405）

40.甲二郎擔山　乙拗步單鞭

　　甲右腳碾地向內轉，抬左腳後退於右腳後一步落地，右腿屈膝成右弓步，右掌在前，左掌在後，兩掌前後展開，掌心向外，掌指向上，目視乙；乙兩腳原地不動，左弓步不變，兩掌鬆開甲手，右掌在前，左掌在後，前後展開，兩掌心向外，掌指向上，目視甲。（圖406）

圖405

41.收　勢

　　甲上左腳與右腳併步，兩腳碾地向右轉體90度，兩掌收回，放於兩胯外側，掌心向內，掌指向下。乙向右轉體90度，抬右腳與左腳碾地併攏，兩掌收回，放於兩胯外側，掌心向內，掌指向下。雙方身胸挺直，立正站立，目視正前方。

圖406

第九節　踢打摔拿法

一、拳譜歌訣

踢打擒拿秋月傳，二十四勢如法劍。

鋒繞之處人頭落，把著之處擒殺間。

格臂拿纏第一著，大仙拿臂向外翻。

順風抓箏向後引，鐵肘崩胸取要害。

金雞鎖喉斷氣根，偷手卸筐先翻臉。

以毒攻毒泄陰水，鴛鴦端腳開肚爛。

雙手抛球三丈遠，屠夫拖豬拉過山。

浪子踢球如彈飛，架妖穿針取雙眼。

扭臂拿頂如扯雞，畫眉上架緊逼前。

大聖降妖從天降，仙人背柴扛人肩。

野狼偷腸開肚臍，開腸破肚倉內轉。

狼卡脖子絕脈氣，巧取中泉挖神眼。

小鬼勾魂施暈術，飛蛾撲火抓魔顏。

仙人摘茄取陰珠，回馬殺槍取眼咽。

二十四勢宗風藝，招招妙技少室傳。

百招千招功歸一，勁智合一應奇變。

擂臺之上無敵手，擂臺之下逞英豪。

二十四勢藝非難，但須苦練十三年。

二、動作圖解

1.格臂拿纏

乙上右步出右拳打甲頭部，甲也上右步出左拳向上格擊（圖407）。乙接著偷上左步，迅速出左拳擊甲下腹，甲急退右腿，迅速出右手向上繞，接著下壓將乙手腕擒住。（圖408）

2.大仙拿臂

乙上右步出右拳向甲胸部打來，甲上右步出右手抓住乙小臂（圖409）；然後乘乙不備，甲再出左手拿住乙上臂，兩手使勁向後扭，順勢抬左腳猛勁踹乙右膝後側，制其失力前俯。（圖410）

圖407

圖408

245

圖409

圖410

圖 411

圖 412

3.順風抓箏

乙上左腳出右拳擊甲面部，甲迎上成右虛步出左拳格擋（圖 411）；乙見勢收回右拳再出左拳擊甲面，甲躲閃後出右手抓住乙手腕向下壓，左手抓拿乙肘部往上折，制其臂痛難忍。（圖 412）

圖 413

4.鐵肘崩胸

乙上右步出右拳打甲小腹，甲轉身出左拳格壓（圖 413）；乙見勢急出左拳偷擊，甲迅速向左轉體並用右肘崩擊乙膻中穴，制乙絕氣倒地。（圖 414）

5.金雞鎖喉

乙上右步出右拳擊甲面部，甲上右步出左手格擋（圖 415）；乙接著又出左拳擊甲面部，甲速出右拳向前偷擊乙咽喉，乙左拳被迫收回。（圖 416）

圖 414

圖 415

247

圖 416

圖 417

6.偷手卸筐

乙上右步出右拳擊甲頭頂，甲上右虛步出右拳向上格撥（圖 417）；乙接著又出左拳夾擊甲右拳，甲偷出左拳擊乙右下頜。（圖 418）

7.以毒攻毒

乙抬右腳偷踢甲襠部，甲速

圖 418

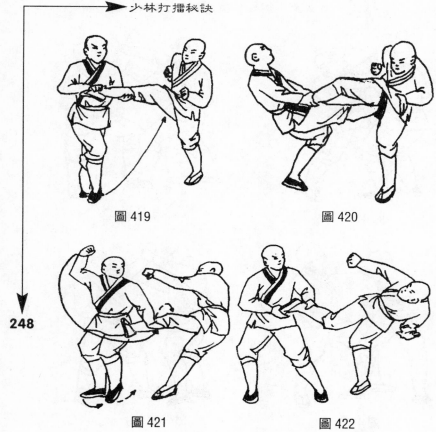

圖 419　　　　　　　　　　　圖 420

圖 421　　　　　　　　　　　圖 422

轉身出兩手抓住乙腳（圖 419）；乘乙不備，甲身體右轉，
急抬右腳猛踢乙襠部，制乙殘痛。（圖 420）

8.雙手抛球

乙抬右腳偷踢甲襠部，甲收腳右轉，出左手搬住乙腳
（圖 421）；乘乙一時失利，甲迅速轉身出兩手抓住乙腳往
前抛起。（圖 422）

9.屠夫拖豬

乙抬右腳踢甲小腹，甲轉身避開（圖 423）；乘乙不

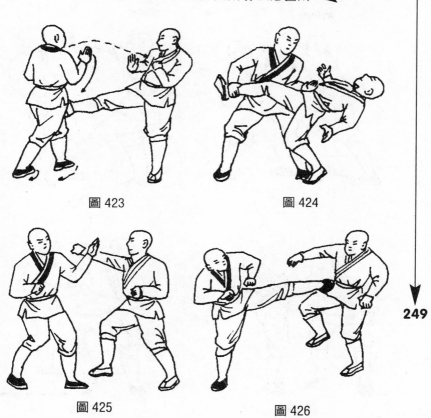

圖 423　　　　　　　　圖 424

圖 425　　　　　　　圖 426

249

備，甲向下出右手抓住乙腳脖，並用左拳猛擊乙心口，制乙
殘痛仰倒。（圖 424）

10. 鴛鴦踹腳

乙上右步出右拳向甲打來，甲身體向左轉並出左手格襠
（圖 425）；乘乙不備，甲抬左腳踹蹬乙肋腹部，制乙殘
痛，迫其站立不穩。（圖 426）

11. 浪子踢球

乙上左步出右拳砸擊甲頭頂，甲上左步出右拳向外格擋

圖 427

圖 428

圖 429

圖 430

（圖 427）；乘乙不備，甲速抬右腳猛踢乙小腿，制乙骨斷後仰。（圖 428）

12. 架妖穿針

乙抬右腳偷踢甲陰部，甲身體右轉避開，並迅速出右手抓住乙小腿（圖 429）；乘乙不備，甲迅速出左掌插乙咽喉，制乙氣絕無力。（圖 430）

13. 扭臂拿頂

乙用馬步橫拳之招崩擊甲肚臍，甲用兩手擒住（圖

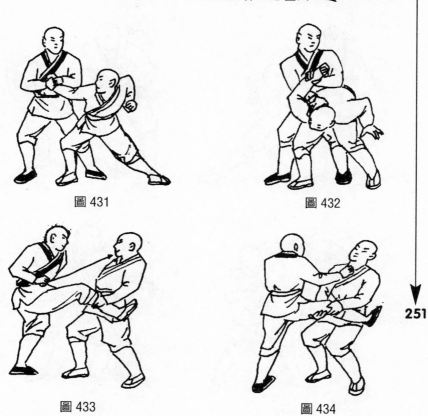

圖431

圖432

251

圖433

圖434

431）；乘乙不備，甲左手猛向外拉，出左手向左後卡推，
制乙凝氣前跌。（圖432）

14.畫眉上架

甲抬右腳踢擊乙肚擠，乙迅速出兩手托住甲腿（圖
433）；甲順勢急出右拳衝擊乙下頜，制乙殘痛後仰。（圖
434）

15.大聖降妖

乙以馬步橫打之法出右拳側擊甲左肋，甲避開其鋒芒，

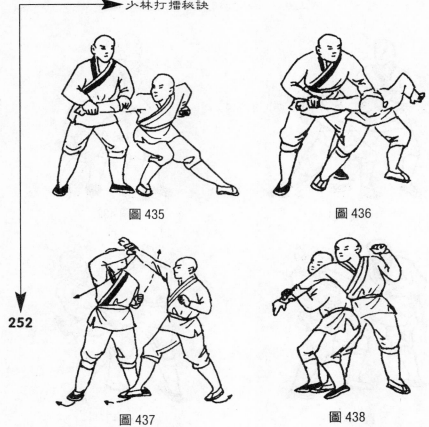

圖 435　　　　　　　　　　　圖 436

252

圖 437　　　　　　　　　　　圖 438

用兩手拿住乙手臂（圖 435）；乘乙不備，甲兩手使勁向下
翻而後往上扭，制乙失勁前俯，甲再用左手點拿乙耳穴。
（圖 436）

16. 仙人背柴

　　乙出右拳打甲前額，甲出右手抓住乙右腕（圖 437）；
乘慚未還招之機，甲向右轉身，抓乙手下沉，並迅速出左手
向外拿住乙前臂，再屈膝聳肩，將乙使勁背起。（圖 438）

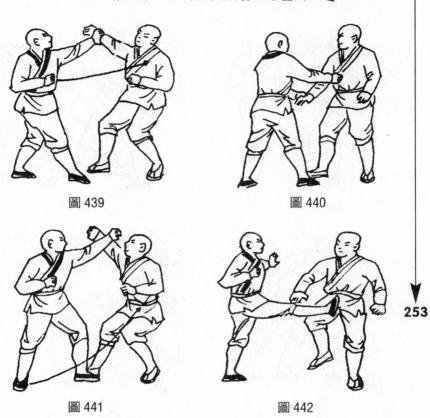

圖 439　　　　　　圖 440

圖 441　　　　　　圖 442

253

17. 野狼偷腸

乙上右步出右拳打甲面部，甲上右步用左拳格擊（圖439）；乘乙不備，甲左拳變掌抓住乙右手腕向下甩，再突然出右拳揣擊乙腹部。（圖440）

18. 開腸破肚

乙上右步出右拳擊甲頭部，甲以左弓步出左拳挑格（圖441）；乘乙不備，甲迅速抬右腳轉身猛踢乙小腹。（圖442）

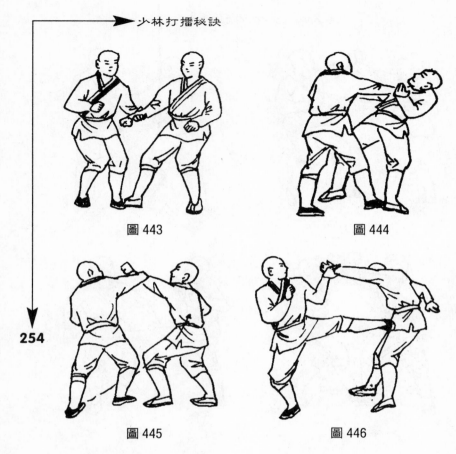

圖 443

圖 444

圖 445

圖 446

19.狼卡脖子

　　乙出右手抓甲陰，甲身體向右轉並出左手拿住乙右前臂（圖443）；甲身體左轉上右步出右剪指插乙咽喉，制乙氣斷欲絕，失力後仰。（圖444）

20.巧取中泉

　　乙上左步出左拳打甲太陽穴，甲迅速上右步架右肘格擋（圖445）；乘乙不備，甲身體向右轉用左腳踢乙肚擠，制乙腹痛難忍。（圖446）

圖447　　　　　　　　　　圖448

圖449　　　　　　　　　　圖450

21. 小鬼勾魂

乙上左步用左手抓擊甲胸，甲飛出右拳格擋（圖447）；甲抬右腳插於乙左腳後絆住乙左腿，用左手抓住乙胸，右拳擊乙太陽穴。（圖448）

22. 飛蛾撲燈

乙上右步出右拳擊甲頭部，甲上右步出右拳向外格擊（圖449）；甲突然抬左腳上步，然後迅速出左拳猛擊乙右眼。（圖450）

圖 451

圖 452

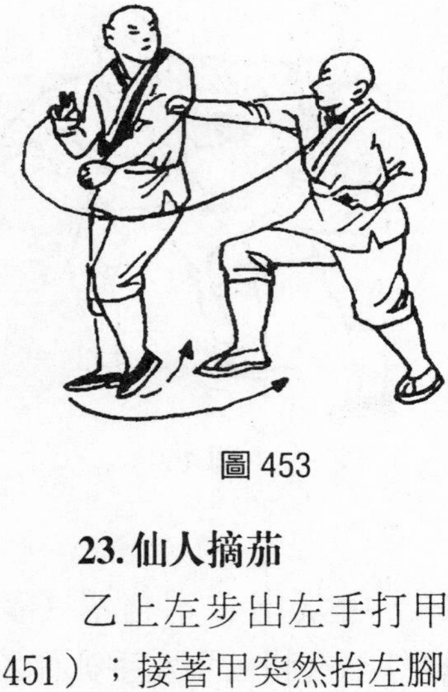

圖 453

圖 454

23.仙人摘茄

乙上左步出左手打甲胸，甲上右步出左肘格擋（圖451）；接著甲突然抬左腳向前上步下蹲成跪步，並迅速出右手架乙左拳，栽左掌抓乙陰部。（圖452）

24.回馬殺槍

乙上右步沖右拳擊甲，甲轉身避開（圖453）；乘乙不備，甲突然轉身上右步，左手順勢抓住乙右手腕，迅速出右剪指刺乙頸部。（圖454）

第十節　擒敵四十五手

一、拳譜歌訣

四十五手出禪林，方知玄妙在佛門。

你我二人要比武，各站東西起勢分。

你單風貫耳打我，我退步斬手耍狠。

你順手牽羊拉我，我順手推舟來臨。

你麒麟亮拳攻我，我虛步亮掌上分。

你鷂子鑽天穿我，我白鶴展翅閃門。

你雙手推窗擊我，我單斧劈枝下拼。

你老猿縮身找我，我行步撩袍逼近。

你退步擊掌打我，我上步撩掌緊跟。

你黃鷹固嘴抓我，我猿仙獻果闖進。

你摘星換月尋我，我鷂子鑽天出門。

你金蛇穿林下走，我鍾離揮扇撥雲。

你步步緊逼攻擊，我退步緊封難進。

你虛步穿掌攻來，我上步出掌迎門。

你弓步挑捶挑我，我弓步推掌封門。

你馬步栽捶砸我，我金雞獨立閃身。

你惡虎撲食壓來，我大鵬展翅敞門。

你獨龍出洞攻擊，我單手推月難進。

你猿猴望仙下攻，我白鶴亮翅上進。

你黑虎搜山攻擊，我拿雲捉月撥雲。

你虛步插掌穿我，我手揮琵琶攔門。

你獨蛇鑽腸進攻，我單刀斬鼠下分。
你上下踢打齊進，我退步撥雲閃身。
你白蛇仰頭望我，我老雕抓雀撲近。
你老鷹撲雀嚇我，我老雕坐窩站穩。
你閃身取寶降我，我靈貓搶食急進。
你老猿轉影閃躲，我鷂子拿雀急跟。
你翻身搖臂迷我，我單鳳朝陽逼近。
你單臂摘果抓我，我攀雲沖天撥門。
你獅子張口拿我，我風掃荷葉擊人。
你蹲身背袋摔我，我鷂子鑽天千斤。
你回頭進兵攻我，我迎面接客來臨。
你仙人坐洞等我，我青龍出水衝進。

258

你張飛扛樑擔我，我鷂子翻身離門。
你舉掌托月穿來，我羅漢踢鐘千斤。
你猿猴獻果擊我，我單鳳展翅封門。
你黑虎登山攻擊，我敬德揮鞭掃人。
你馬上布陣困我，我羅漢觀天登跟。
你白猿獻書攻我，我雲手上翻開門。
你單手托印送來，我蜀道撥雲急分。
你獅子張口攻我，我白猴縮身避門。
你雙換碰掌急進，我雙捧供果迎人。
你魯師拉鑽衝擊，我黃龍攪水纏身。
你金絲纏肘困我，我銀蛇盤旋纏人。
你反背擊拳崩來，我拳打頭面敲人。
你青龍探爪抓我，我烏龍進洞入門。
你虛步封掌開我，我進步獻果敬人。

你我對過武藝後，收勢歸原路法真。

從師苦修幾十年，識透拳法假和真。

少林四十五手，原係緊那羅王所傳，明代有月空、普便、痛禪，清代有清倫、清蓮、清性、靜雲、靜紹、靜修、真珠、真靈、如容、如量、如淨、海參、海梁、湛舉、湛春、寂聚、寂袍、寂亭、淳錦、淳密、淳念、貞秋、貞方、貞喜、貞恆等受此真傳，續傳至今。

二、動作圖解

1.起　勢

乙站西頭面南，甲站東頭面北，倆人同時立正八字步站立，身軀挺直，兩臂自然下垂，五指併攏，貼緊兩胯外側，掌心向內，掌指向下，目視正前方。（圖455）

259

2.乙單風貫耳　甲退步斬手

乙兩腳碾地向左轉體90度，抬右腳向前併步落地成插步，出左掌向前劈甲頭部，右掌護於右肋外側，目視甲頭；甲抬兩腳向右橫跨半步，兩腳碾地向左轉體90度，左腳尖點地落於右腳弓內側成丁步，同時出左掌向前撥乙劈來的左掌，右掌護於右肋外側，掌心向下，掌指向前，目視乙右掌。（圖456）

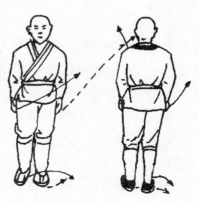

圖 455

圖456　　　　　　　　圖457

3. 乙順手牽羊　甲順手推舟

乙左手抓甲左手向左側猛力牽拉，同時再用右手抓甲小臂下按，目視甲左手；甲抬左腳上一步落地，屈膝成左弓步，上體前傾，左手被乙擒住，右手護於右肋外側，掌心向上，目視乙兩手。（圖457）

4. 乙麒麟亮掌　甲虛步亮掌

乙左腳後退半步屈膝下蹲，右足點地成右虛步，右掌向甲頭面搶擊，掌心向上，掌指向前，左掌護於左肋外側，掌心向前，掌指向上，目視甲頭面；甲抬右腳向前一步，落在乙右腳內側，腳尖點地，左腿屈膝成右虛步，右掌由後向外撥乙右小臂，掌心向前，掌指向上，左掌收回護於左肋前側，掌心向前，掌指向上，目視乙右掌。（圖458）

圖458

圖459

圖460

5.乙鷂子鑽天　甲白鶴展翅

乙兩腳原地不動，左掌向前抓推甲肘彎，右掌收回的同時又轉向甲右掌內側，掌心向上，掌指斜向前，目視甲右掌；甲兩腳原地不動，右掌向上舉，掌心向前，掌指斜向上，左掌由肋前上舉於左側上方，掌心向前，掌指斜向上，目視乙右掌。（圖459）

6.乙雙手推窗　甲單斧劈枝

乙右腿屈膝成右弓步，左手推甲右肘彎，右手托甲下巴向前推擊，右掌心向上，左掌心向前，兩掌指斜向前，目視甲頭面；甲兩腳離地後退落步仍成右虛步不變，右掌被乙推向上方，掌心向前，掌指向上，左掌由左上方向右前方劈擊，壓擠乙雙臂，拳心向右，掌指斜向上，目視乙兩掌。（圖460）

7.乙老猿縮身　甲行步撩袍

乙懼甲擠斷雙臂，迅速抬右腳後退，落於左腳後半步，左腳碾地內轉，兩腿屈膝半蹲，兩掌也隨身體後收，右掌推甲左肘尖，左掌在胸左前方，掌心向下，掌指向前，目視甲

圖 461

圖 462

前胸；甲壓乙手臂，乙見勢後退，甲抬左腳向前上一步，腳尖點地，右腿屈膝成左虛步，左掌上舉，掌心向右，掌指向上，右掌由上向左下方壓乙兩臂後，屈肘護於右肋外側，掌心向前，掌指斜向前，目視乙頭面。（圖 461）

8.乙退步擊掌　甲上步撩掌

乙左腳抬起在右腳後落地屈膝，成右虛步，左掌收回護於左肋外側，掌心向前，掌指向上，右掌向前擊甲胸肋，掌心向前，掌指向上，目視甲前胸；甲抬右腳上步落在右腳內側，腳尖點地，左腿屈膝成右虛步，並迅速用右掌向前穿撩乙擊來的右掌，掌心向前，掌指向上，左掌下落護於左肋前側，掌心向下，掌指斜向前，目視乙右掌。（圖 462）

9.乙黃鷹固嘴　甲猿仙獻果

乙兩腳不動，右掌向甲嘴抓來，左手不變，目視甲嘴；甲兩腳不動，右掌向下外翻腕，單手向乙下巴推去，左手向前上方托乙右肘部，目視乙右手。（圖 463）

10.乙摘星換月　甲鷂子鑽天

乙兩腳不動，重心前移，用左掌向前推擊甲頭面，掌心

圖463

圖464

向前，掌指斜向上，
右掌收回右肋外側，
掌心向前，掌指向
上，目視甲左掌；甲
兩腳原地不動，左腳
略向外碾轉，右虛步
不變，左掌由下向上
向外撥開乙左小臂，
掌心向右，掌指向

圖465

上，右掌收回護於右肋外側，掌心向內，掌指向前，目視乙
左掌。（圖464）

11.乙金蛇穿林　甲鍾離揮鞭

　　乙右腿屈膝成右弓步，右掌變拳護於右肋前側，拳心向
內，左掌向下向前伸直，抓甲頭面，目視甲上身；甲抬右腳
落在左腳後一步，屈左膝成左弓步，左掌伸直向外撥擊乙左
掌，掌心斜向前，掌指斜向上，右掌護於右肋外側，掌心向
內，掌指向前，目視左掌。（圖465）

263

圖466

圖467

12.乙步步緊逼　甲退步緊封

乙雙腳蹍步前跳成右弓步，右掌向甲肘部砍來，掌心向上；甲右腳碾地外轉，右腿屈膝成左虛步，左掌變拳向外撥打乙右掌，拳心向右，拳眼向上；乙左掌收抱於左肋前側，掌心向前，掌指斜向上；甲右掌護於右肋前外側，掌心向前，掌指斜向上。互相目視。（圖466）

13.　乙虛步穿掌　甲上步出掌

乙兩腳變成虛步，右掌收回與左掌同時向胸前穿擊；甲兩腳離地，前後換步變成右虛步，單拳向乙頭上方衝出，然後變掌成上托掌，右掌收回護於右肋外側，掌心向內，掌指向前。互相目視。（圖467）

14.乙弓步挑捶　甲弓步推掌

乙右腿屈膝變成右弓步，右掌變拳向甲頭面衝來，拳心向上，拳眼向外，直挑甲面門；甲左腳迅速向外碾轉變成弓步，左掌屈肘收回推架乙右肘，閃開乙挑擊，並出右掌推擊乙頭面，右掌心向前，掌指斜向上；乙左掌上架甲右手。互相目視。（圖468）

圖 468

圖 469

15.乙馬步栽捶　甲金雞獨立

乙兩腿變馬步，右拳收回向甲右腿栽擊，拳心向後，左掌收回護在肋間，掌心向前，掌指斜向上；甲急抬右腿成獨立勢，閃開乙右拳的栽擊，右掌收回護在膝上方，掌心向後，掌指向上，左掌收回護在左肋外側，掌心向下，掌指向右。互相目視。（圖469）

圖 470

16.乙惡虎撲食　甲大鵬展翅

乙兩腿變成弓步，右掌向甲肩部撲來，左掌向甲右肘按去，兩掌心向下，掌指向前；甲兩腿變成右虛步，右腳落在乙右腳內後方，雙掌直臂向側上展，兩掌心斜向內，掌指向上。互相目視。（圖470）

17.乙獨龍出洞　甲單手推月

乙左腳上步屈膝成左弓步，左掌向甲頭部推來，掌心向

圖471 圖472

前，掌指向上，右掌收回護於胸前，掌心向下，掌指斜向上；甲抬右腳向後落地變成左弓步，閃開乙左掌，急出左掌擊向乙面部，掌心向前，掌指向上，右掌收回置於右胯外側，掌心向下，掌指向前。互相目視。（圖471）

18. 乙猿猴望仙　甲白鶴亮翅

乙左腳抬起後退半步，右腳向內碾地屈膝成左虛步，右掌收回推甲前胸，左掌向上推甲右上臂，兩掌心向前，掌指向上；甲雙足離地踮跳，右足向前半步落地站立，抬左腳踢擊乙左膝，雙掌向頭兩側外展，掌心向上，掌指斜向內。互相目視。（圖472）

19. 乙黑虎搜山　甲拿雲捉月

乙左腳抬起後退半步，右腳抬起向前上一步落在甲右腳外側，屈膝成右弓步，右掌推甲胸部，左掌向甲面部推來，兩掌指向上，掌心向前；甲左腳落在後方一步，屈膝成右弓步，兩掌由右向左撥打乙左掌，兩掌心向上，掌指斜向前，互相目視。（圖473）

20. 乙虛步插掌　甲手揮琵琶

圖 473

圖 474

乙左腳外碾變成右虛步，右掌向下插擊甲襠部，掌心向外，掌指斜向下，左掌收回護在肋外側，掌心向前，掌指向上；甲左腳碾地內轉，抬右腳移在乙右腳內側下落，變成馬步，閃開乙插掌，然後迅速出右掌推乙頭部左側，乙轉頭避開，互相目視。（圖 474）

267

圖 475

21. 乙獨蛇鑽腸　甲單刀斬鼠

乙兩腳不動，右掌收回又向甲右下腹部插來，掌心向左，掌指向下；甲兩腳也不動，迅速收回右掌，由上向下壓乙右掌，接著再砍劈乙右肋，掌心向下，掌指向前。互相目視。（圖 475）

22. 乙上下踢打　甲退步撥雲

乙抬右腳向甲左腿踢來，同時右掌砍向甲頭部，掌心向左，掌指向前，左掌護於左肋外側，掌心向下，掌指向前，

圖 476　　　　　　　　　　　　　　圖 477

目視甲左膝；甲抬右腳後退一步，落地變成左弓步，右掌由前向上向外撥乙右掌，下邊閃開乙右腳，左掌護在左肋上側，掌心向下，掌指向前，目視乙右掌。（圖 476）

23.乙白蛇仰頭　甲老雕抓雀

乙右腳落地變成弓步，右掌收回又向甲肩部插來，掌心向下，掌指向前，左掌護在右肘後下方，掌心向上，掌指向前；甲左腳抬起後退半步，右腳抬起向前一步落地屈膝成馬步，右掌下落托住乙右肘尖，左掌護在左肋前側，掌心向前，掌指向上。互相目視。（圖 477）

24.乙老鷹撲雀　甲老雕坐窩

乙兩腳向前踮跳半步，屈左膝成右虛步，雙掌向甲右胸撲來，掌心向下，掌指斜向前；甲右足尖翹起，左掌封住乙雙手，右掌插乙腹部，掌心向下，掌指向前。互相目視。（圖 478）

25.乙閃身取寶　甲靈貓搶食

乙雙腳碾地，向右轉體180度，成右弓步，雙掌收於左肋下，掌心向內，掌指斜向下；甲右腳抬起後退置於左腳後

圖478　　　　　　　　　　圖479

半步，左腳向內碾轉，變成玉環步，雙掌向前猛推乙，掌心向下，掌指向前。雙方互相目視。（圖479）

26.乙老猿轉影　甲鷂子拿雀

乙右足碾地內轉站立，左足抬起向左轉體180度，右掌向右後上穿，掌心向前，掌指向上，左掌護於左肋外側，掌心向後，掌指向右後，回頭目視甲左臂和頭面；甲右腳向外碾地變成馬步，出左掌砍乙右手腕，掌

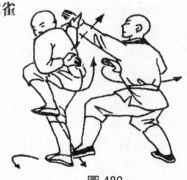

圖480

心向下，掌指斜向上，右掌護在右肋前，掌心向前，掌指向上，目視乙頭部。（圖480）

27.乙翻身搖臂　甲單鳳朝陽

乙左腳向下落在甲左腳外側，右腳向前上一步落地，兩腳碾地向左轉體180度，左掌向外撥甲左臂，右掌護在腹前，兩掌心斜向前，掌指斜向上，目視甲面部；甲左腳屈膝

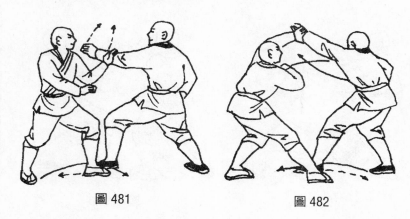

圖 481　　　　　　　　圖 482

成左弓步，左掌翻腕抓拍乙左耳，右掌護住右胯，掌心向下，掌指向前，目視乙面部。（圖 481）

28.乙單臂摘果　甲攀雲沖天

乙左腳後退半步，右腳抬起向前落地在甲左腳外側，左手向後滑抓甲右手腕向上舉起，右掌收於胸前上方，掌心向前，掌指向左，目視甲左臂；甲右腳屈膝成左虛步，左臂上舉，左掌變拳，拳心向右，右掌護於右肋外側，掌心向下，掌指向前，目視乙頭面。（圖 482）

29.乙獅子張口　甲風掃荷葉

乙兩腳原地不動成右虛步，右掌向甲面部穿來，左掌向上舉欲抓甲頭，兩掌心相對，掌指向前，目視乙頭面；甲兩腳踮跳前後換步，成右虛步，兩掌由後向前抓擊，同時向右外側撥乙右掌，兩掌向前，掌指向上，目視乙頭面。（圖 483）

30.乙蹲身背袋　甲鷂子鑽天

乙右腳離地向右側上半步，在甲左腳前落地，左腳離地向前落在甲襠前，兩腿屈膝成跪步，右掌下落置於身後下

圖 483

圖 484

方，抓甲右小腿，左掌屈肘護
於頭左後側，掌心向右，掌指
斜向上，目視前方；甲右腿被
乙抓住，抬左腳離地成獨立
勢，向左轉體 180 度，右掌上
穿，掌心向前，掌指向上，左
掌護於左肋前側，掌心向前，
掌指向上，目視右掌。（圖
484）

圖 485

31. 乙回頭進兵　甲迎面接客

乙左腳離地向前上半步，起身、兩腳碾地，猛然向右轉
體 180 度，左腿屈膝成右虛步，右掌由下向上猛力劈砍甲右
肋部，左掌護於左肋前，兩掌心向下，掌指向前，目視甲右
掌；甲右腿被抓在前方落地，腳尖點地，左腳向後下方落，
左腿屈膝成右虛步，右掌由上向下抓乙臉，右掌心向左，掌
指向前，左掌收回抱於左肋側，掌心向內，掌指向前，目視
乙頭面。（圖 485）

271

圖 486

32.乙仙人坐洞　甲青龍出水

乙兩腳碾地向左轉體 180 度，兩腿屈膝全蹲成跪步，雙掌抓住甲右手腕擔在肩上，並向下按壓，欲折斷甲右小臂，目視前方；甲右肘被扛，右手腕被拿住，雙腳離地向後蹬起，兩腳心向上，兩膝略屈，身體向前傾，如龍出水之勢，目視前方。（圖 486）

33.乙張飛扛樑　甲鷂子翻身

乙起身向前猛扛摔擊，右腳後退半步，左腿屈肘成左弓步，雙手抓甲右手臂向前推擊，目視甲胸前；甲身體由乙身後側翻身過去後，右腳先落地，左腳也在身後一步落地，右腿屈膝成右弓步，右掌向前上方推出，掌心向前，掌指斜向上，左掌在前護於襠前上方，掌心向下，掌指向前，目視乙面部。（圖 487）

34.乙舉掌托月　甲羅漢踢鐘

乙提右腳防甲踢右膝蓋，右掌上穿，掌心向上，掌指斜向前，左掌護於胸前，掌心向右，掌指斜向上，目視甲頭部；甲左腳向前半步落地，右足提起踢乙右腿，右掌收回變

圖 487

圖 488

拳崩擊乙右腋外側，拳心向左，左
掌變拳，屈肘護於胸前，拳心向
內，目視乙右膝。（圖 488）

35.乙猿猴獻果　甲單鳳展翅

乙右腳落地同時提起左腳，右
掌收回變拳架開甲右掌，左掌向下
扭擊甲右膝部，目視甲右腿；甲右
拳變掌上舉，掌心向前，掌指向
上，左拳變掌護於胸前，掌心向

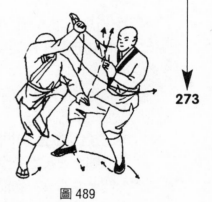

圖 489

前，掌指向上，抬右腿不落地，目視乙頭部。（圖 489）

36.乙黑虎登山　甲敬德揮鞭

乙左腳在前方一步落地，右腳碾地內轉，屈左腿成左弓
步，左掌向甲面前推來，掌心向前，掌指向上，右拳變掌，
護於胸前下方，掌心向下，掌指向前，目視甲前方；甲右腳
向後一步落地，左腳碾地內轉屈膝成左弓步，左掌向前穿架
乙左掌，掌心向前，掌指斜向上，右掌由前上方收回護於右
胯外側，掌心向下，掌指向前，目視乙左掌。（圖 490）

圖 490　　　　　　　圖 491

37. 乙馬上布陣　甲羅漢觀天

乙右腳上步落於左腳前半步，左腳碾地外轉成馬步，右掌向甲腹部橫掃，左掌向左上方外展，兩掌心向上，掌指斜向上方；甲右腳離地向前半步，左腳踢乙襠部，腿伸直，兩掌向後展，掌心向前，掌指向上，目視乙頭部。（圖491）

38. 乙白猿獻書　甲雲手上翻

乙右腳抬起後退一步落地，左腳提起不落地，右掌向上托甲面門，左掌護在胸前，掌心向下，掌指向前下方，目視甲右掌；甲左腳在前落地，右腳向後半步屈膝成左虛步，右掌翻腕向外撥乙右腕，右掌向前穿乙腹部，掌心向右，掌指向前，目視乙右掌。（圖492）

39. 乙單手托印　甲蜀道撥雲

乙左腳落地，右腳抬起向前上半步，右掌向前猛力穿托，掌心向上，掌指向前，左掌護於左肋外上

圖 492

圖 493

圖 494

側，掌心向下，掌指斜向前；甲抬左腳後退一步落地，右腿屈膝成右弓步，右掌向外撥乙右掌，掌心向前，掌指向上，左掌護於胸前，掌心向下，掌指斜向前。互相目視。（圖493）

40.乙獅子張口　甲白猴縮身

乙抬右腳向前上半步，落地後腳尖點地，左腿屈膝成右虛步，右掌向前推擊甲面門，掌心向前，掌指向上，左掌向上架於頭上左前方，掌心向前，掌指向上，目視甲頭面；甲右腳向外碾，屈左腿成右虛步，頭向右側略偏，閃開乙右掌，兩掌收回護於胸前，掌心斜向前，掌指斜向上，目視乙右掌。（圖494）

41.乙雙換碰掌　甲雙捧供果

乙兩腳不動，左掌下落與右掌同時用力向甲頭面推來，掌心向前，掌指向上，目視甲頭面；甲兩腳不動，頭面向左略轉，身體後仰，左掌護胸，右掌將乙雙臂上托，然後直穿乙右肋處，兩掌心向前，掌指斜向上，目視乙雙掌。（圖495）

圖 495　　　　　　　　圖 496

42.乙魯班拉鑽　甲黃龍攪水

乙兩足原地不動，右掌變拳直衝甲咽喉，拳心向下，左掌收回右肘內側，掌心向內，掌指向前，目視甲頭面；甲兩腳不動，收回右掌，再上翻壓乙右肘處，並向乙右肋外側穿去，左掌屈肘頂住乙右拳，掌心向前，掌指斜向上，目視乙右臂。（圖 496）

圖 497

43.乙金絲纏肘　甲銀蛇盤旋

乙兩足不動，右拳變掌收回，掌心向內，掌指斜向下，左掌上翻夾住甲右肘，目視甲頭面；甲兩足不動，右手向上翻直抓乙面部，左掌護於胸前，掌心向前，掌指斜向上，目視乙頭部。（圖 497）

44.乙反臂擊拳　甲拳打頭面

乙右腳碾地向內轉，屈膝成弓步，右掌猛然變拳反擊甲面門，拳心向後，左掌護胸，掌心向前，掌指斜向上，目視

圖 498

圖 499

甲頭面；甲兩足不動，用左掌托住乙右肘，頭向後仰閃開乙右崩拳，右掌變拳，向上翻臂擊乙頭部，拳心向外，目視乙頭面。（圖498）

45.乙青龍探爪　甲烏龍進洞

乙右拳變掌，兩掌用力向甲頭上抓來，掌心向下，掌指斜向前，目視甲頭部；甲兩足向後移半步變成玉環步，低頭探身，同時右拳變掌，兩掌用力向前猛穿搶，直刺乙腹部，目視乙腹部。（圖499）

46.乙虛步封掌　甲進步獻果

乙懼甲擊傷胸腹，身體重心後移變成右虛步，兩掌由前向後下方封擊甲雙臂，兩掌心向下，掌指向前，目視甲左臂；甲左腳離地前移變成高玉環步，左掌直臂穿擊乙咽喉，掌心向下，掌指向前，目視乙頭面。（圖500）

圖 500

47.收　勢

甲乙各抬右腳與左腳併步，立正站立，身胸挺直，雙臂下垂，五指併攏，貼於兩胯外側，拳心向內，掌指向下，目視前方。

第十一節　踩打對手法

一、拳譜歌訣

少林古剎有眞傳，採打對練今尤在。
二人比武上戰場，各使絕藝威風顯。
倆人起勢對面站，東西起手各爭先。
我用大鵬斜飛勢，你使狸貓上樹杆。
我用豹子大翻身，你使惡虎登高山。
我用猿仙來摘果，你用白猿把枝搬。
我用單鳳來展翅，你用老鷹落仙山。
我用白鶴坐山勢，你用老鷹再落山。
我用喜鵲去探穴，你用俊鳥斜飛天。
我用右手拿敵人，你用仙人轉影變。
我用老雕抓小雞，你用金雞踢抓換。
我用方朔摸敵人，你用獨立收身玄。
我用順手牽老牛，你用惡虎來登山。
我用靈猴穿樹枝，你有野馬擺蹄還。
我用獅子大張嘴，你用雙手拿月圓。
我在馬身要擒敵，你用孤雁曬膊寒。
我用豹子奔川計，你用餓狼鑽林間。

我用羅漢去抱斗，你用大雁展翅翻。

我用紫燕來穿林，你用狸貓閃身變。

我用黑熊來扛肩，你用豹子來撞山。

我用鷂子鑽天藝，你用單鳳朝陽變。

我用獅子猛回頭，你用雄猴撲抓面。

我用登山雙拐肘，你用獨立展翅翻。

我用鴻門來射雁，你用單臂劈果變。

我用青龍出海水，你用單刀把路攔。

我用童子彈踢打，你用金雞閃身轉。

我用虛步來吞袖，你用虛步封門栓。

我用魯班去拉鑽，順手牽羊你使全。

我用鷹拿燕雀計，你使燕子展翅翻。

我用餓虎來張口，你用豹子來踢彈。

我用轅門來射戟，你用老母把燈端。

我用靈貓鬥老鼠，你用孤鳥寒啼喧。

你我雙方收招住，難分上下與高低。

嵩山同學玄妙法，定用恆心苦修煉。

二、動作圖解

1.起 勢

甲站東頭面西，乙站西頭面東，雙方立正，八字步站立，身胸挺直，兩臂自然下垂，五指併攏，緊貼兩胯外側，掌心向內，掌指向下，目視前方。甲抬左腳向前略移步，兩腿屈膝成蹲步，左掌向前下方直臂挑穿，掌心向上，掌指向前，右掌護於肋下外側，掌心向上，掌指向前；乙抬右腳向前移步，兩腿屈膝成蹲步，右掌向前下方直臂挑穿，掌心向

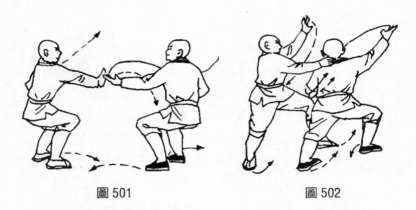

圖 501　　　　　　　　　圖 502

上，掌指向前，左掌護於左肋外側，掌心向上，掌指向前。雙方對視。（圖 501）

2.甲大鵬斜飛　乙狸貓上樹

甲抬左腳向前半步落地，兩腳碾地向右轉體 90 度，屈右膝成右弓步，右掌向右上方穿出，掌心向上，掌指向右，左掌護於胸前，掌心向下，掌指斜向前，乙抬左腳向前一步落地，右腳碾地向外旋，左腿屈膝成左弓步，右掌抓甲項部，左掌向頭上左側穿擊，掌心向前，掌指向上。互相對視。（圖 502）

3.甲豹子翻身　乙惡虎登山

甲右腳跟和左腳尖同時碾地，向左轉體 90 度成左虛步，兩掌同時向左，在胸前成雙抱勢，右掌在上，左掌在下，掌心相對，掌指向前，目視乙頭部和右臂；乙兩腳碾地成左弓步，右掌變拳衝擊甲頸下部，左掌護於左肋外側，掌心向下，掌指向前，目視甲胸部。（圖 503）

4.甲猿仙摘果　乙白猿搬枝

甲左腳碾地內旋，左虛步不變，左掌托住乙右肘尖，右

圖 503

圖 504

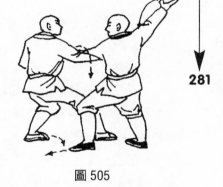

圖 505

掌向上向外擊開乙右小臂，掌心
向後，掌指向上；乙兩腳不動，
左弓步不變，右拳變掌，被甲托
架在身前上方，掌心向下，掌指
向前，左掌護於左肋外側，掌心
向前，掌指向上。互相對視。
（圖504）

5.甲單鳳展翅　乙老鷹落山

　　甲左腳向後略滑步內收，腳
尖點地，右腳碾地外旋變成左虛步，左掌由乙右肘上部穿向
乙胸部，向下壓按乙右手臂，掌心向右，掌指向前，右掌向
後展於右側上方，掌心向上，掌指向右，右掌在前上方向下
落在甲胸前，掌心向左，掌指斜向前，左掌護胸，掌心向
前，掌指斜向上。互相目視。（圖505）

6.甲白鶴坐山　乙老鷹落山

　　甲兩腳碾地向左轉，成左虛步，左掌收回變拳護於左大
腿外側，掌心向外，右掌收護於胸前迎乙右掌，掌心向前，

圖 506 圖 507

掌指斜向上；乙左腳碾地內旋成
右虛步，手法不變。互相目視。
（圖 506）

圖 508

7.甲喜鵲探穴　乙俊鳥斜飛

甲左拳變掌收回胸前抓住乙
右掌，急轉身用右臂壓夾乙右小
臂和手腕，上體向左傾，右掌翻
腕抓向乙面部；乙被甲抓住，左
掌外撩，掌心向外，掌指向下。
互相目視。（圖 507）

8.甲右手拿敵　乙仙人轉影

甲左腳碾地內旋成大弓步，身體向右轉，左手向內擰轉
乙右手，並拉於前下方，右手收回，抓按乙右肘尖，目視乙
後背；乙右腳向後滑半步，左腳向外碾地，身體左轉 90
度，同時上體向右傾斜，左掌收於左側護肋，掌心向下，掌
指向前，目視前方。（圖 508）

282

圖 509

圖 510

283

9.甲老雕抓雞　乙金雞踢抓

甲兩腳不動，屈膝變馬步，左掌向上抬抓乙後背，右掌向右上前方展開，兩掌心向前，掌指斜向上；乙抬左腳向內側移半步，迅速向右轉身落右腳，同時彈踢出左腳，右掌護襠，掌心向內，掌指斜向左下方，左掌向左前側展開，掌心向前，掌指向上。互相目視。（圖509）

10.甲方朔摸敵　乙獨立收身

甲抬左腳向內前方移半步，落地後再抬右腳向前一步落地，兩腿屈膝變馬步，左掌由前收回護於左肋外側，掌心向下，掌指向右，右掌由上向前下方抓擊，掌心向下，掌指向前；乙怕甲抓擊，左腳不落地，右腳單足後退一步，兩掌護於胸前，右掌心向上，掌指斜向右撥開甲右掌，左掌心向前，掌指斜向上護於左胸上側。互相目視。（圖510）

11.甲順手牽牛　乙惡虎登山

甲兩腳碾地向右旋轉，左腿屈膝，右腳尖點地成右虛步，右手翻腕抓住乙右手，向身體後側猛力拉牽，屈肘後抖，再伸左掌抓住乙右大臂下側，加力猛拉；乙左腳落在前

圖 511 圖 512

方一步，屈膝成左弓步，右掌向前猛力穿擊，左掌護於左肋外側，掌心向下，掌指向前。互相目視。（圖 511）

12.甲靈猿穿枝　乙野馬擺蹄

乙抬右腳落在左腳前內側，腳尖輕輕點地，同時迅速踮起左腳向前一步，右腳再抬起向身後擺踢甲右側，在踮跳的同時右掌由前向後展開，左掌變拳護於左肩前側，拳心向右，目視甲身後方；甲右足點地迅速抬左腳向前一大步，右腳隨之前移，兩腿屈膝，右腳跟提起，右掌向後反撩，防乙右腳踢擊，掌心向上，掌指斜向上，左掌變拳護於左前方，拳心向後，拳眼向外，目視右後側。（圖 512）

13.甲獅子張嘴　乙雙手拿月

甲抬右腳向後退一步，兩腳碾地向右轉體 180 度，右腳尖點地，左腿屈膝成右虛步，右掌迅速由後向前上方穿向乙咽喉，掌心向下，掌指向前，左拳變掌橫架於頭上前方，掌心向左，掌指向前，目視乙頭面和兩掌；乙抬右腳在身後落地，兩腳碾地向右轉體 180 度，左腿屈膝，右足點地成右虛步，右掌向下壓甲右小臂，掌心向前，掌指斜向上，左掌心

圖513　　　　　　　　圖514

向上，掌指向頭上前方穿擊，目視甲頭面。（圖513）

14.甲馬上擒敵　乙孤雁曬膊

甲抬右腳後退半步，落地後抬左腳向前上一步屈膝，兩腳碾地向右轉體90度，兩腿屈膝成馬步，右掌收回經乙左腋下穿出擊向右前側，掌指向右前方，掌心向後，左掌由右向左沿乙右頸外側向左穿擊，掌心向上，掌指斜向前，目視乙頭面；乙兩腳蹱跳換步，左腳尖在前點地，右腳在後屈膝下蹲成左虛步，因受甲進攻太猛身體向後仰，右掌護於右胯後，掌心向下，掌指向前，左掌由後向前方穿出，掌心向上，掌指向前，目視前上方。（圖514）

15.甲豹子奔川　乙餓狼鑽林

甲兩腳碾地向左旋成左弓步，左腿屈膝，右腿蹬直，右掌由前向後甩劈，掌心斜向下，掌指斜向後，左掌收回左大腿內上側，掌心向左，掌指向下，擋住乙左手，目視乙頭面；乙被甲撞擊後，身體向後仰，雙足離地後移，屈膝成左弓步，在掌收回向前下方抓甲胯外側，掌心向左，掌指向前，右掌護於右胯外側，掌心向下，掌指向前，目視甲頭

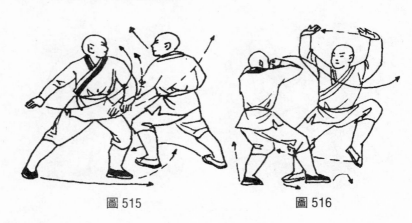

圖 515　　　　　　　　圖 516

面。（圖 515）

16.甲羅漢抱斗　乙大雁展翅

　　甲抬右腳向前一步，腳尖點地，左腳碾地向外旋轉，同時屈膝下蹲成右虛步，右掌由後向前抱在胸前上方，掌心向內，掌指向左，左掌抱在胸前上方，置於右掌內側，掌心向外，掌指斜向上，目視乙全身；乙抬右腳向前上一步落地站立，同時迅速抬左腳向左轉體 90 度成獨立勢，兩掌向左右兩側斜上方展開，掌心向外，掌指斜向上，目視甲雙掌和頭面。（圖 516）

17.甲紫燕穿林　乙狸貓閃身

　　甲抬左腳向前跳步，在落地的同時上體向前探，右掌向前直臂穿出，掌心向上，掌指斜向上，左掌屈腕護在左胯外側，掌心向下，掌指向前，右腿向後抬起，足尖繃直，目視右掌；乙為了避開甲穿擊，向左轉體 90 度，右腳向左碾轉，提左腿成獨立閃身勢，兩掌展於前上方，兩掌心相對，掌指斜向前，右掌略低與肩齊平，左掌高於頭，目視兩掌和甲後背。（圖 517）

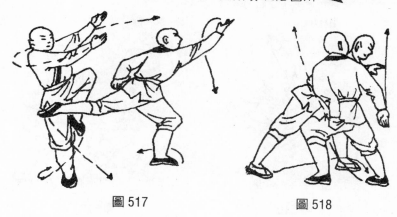

圖 517　　　　　　　　　圖 518

18.甲黑熊扛肩　乙豹子撞山

甲左腳在體後落地，兩腳碾地向左轉體 180 度，左腿屈膝成左弓步，兩掌收回向後撩於身後兩側，掌心向後，右掌指向下，左掌指向後，用右肩扛擊乙右肩，目視乙頭部；乙右腳向外碾地左轉，左腳落地右腳後外側，兩腳碾地向左轉體 360 度，屈左膝成左弓步，兩掌在轉體後，左掌前抓護於胸前方，掌心向下，掌指向前，右掌護在右肋下側，掌心向下，掌指向前，右肩扛擊甲左肩，目視甲右手臂。（圖 518）

19.甲鷂子鑽天　乙單鳳朝陽

甲右腳提起向前成左獨立勢，左掌向上穿於頭上左側方，掌心向後，掌指向上，右掌屈腕收回護於右胯外側，掌心向下，掌指向前，目視乙頭部；乙抬右腳向前上一大步落於左腳前方，屈膝成右弓步，左掌屈肘護於左胸側，掌心向前，掌指向上，右掌向上穿擊，掌心向前，掌指向上，目視甲頭面。（圖 519）

圖 519

圖 520

288

20.甲獅子回頭　乙雄猴撲抓

甲右腳向前一步落地，屈膝成右弓步，右掌護於右肋前側，掌指向上，掌心向前，左掌護於頭上方，掌心向後，掌指斜向上，目視乙頭面和兩手；乙在右腳碾地的同時抬左腳，向右轉體180度，在右腳前一步落地，屈右腿成左虛步，右掌由上向下抓甲背部，掌心向前，掌指向上，

圖 521

左掌護於胸前側，掌心向右，掌指向前，目視甲頭上方。（圖 520）

21.甲蹬山雙拐　乙獨立展翅

甲兩腳碾地向左轉體 90 度，成右弓步，兩掌雙抱胸前，用屈肘抱月勢出肘抵乙右肋間，目視乙肋部；乙抬右腳向前上一步，再抬左腳向左轉體 90 度，雙掌向外展於兩側，掌心向前，掌指斜向上，目視甲拐肘。（圖 521）

圖 522　　　　　　　圖 523

289

22.甲鴻門射雁　乙單掌抓瓜

甲兩腳不動，右掌舉起橫架於頭上右側，掌心向前，掌指斜向上，左掌伸直穿擊乙右肋，掌心向左，掌指向前，目視乙胸部；乙左腳向前落地為軸向右碾地，提右腳，向右轉體90度，在後方落地屈膝成左虛步，左掌向前劈砍甲頭，右掌架於頭上右側，掌心向前，掌指向上，目視甲頭面。（圖522）

23.甲青龍出水　乙單刀攔路

甲提左腳收回半步，兩腳碾地向左轉體90度，屈膝成左弓步，右掌直臂向下按於腹前，掌心向下，掌指斜向前，左掌直臂擺於左前上方，掌心向外，掌指斜向上，目視乙左掌；乙兩腳碾地向右旋成右弓步，左掌向下再抓甲面門，甲偏頭閃過，右掌向下護在右胯外側，掌心向下，掌指向前，目視甲頭部。（圖523）

24.甲童子彈踢　乙金雞閃身

甲提左腳向後移，抬右腳彈踢乙腹部，左掌護在胸前，掌指向右，掌心向下，右掌變拳護於右胯側上方，拳心向

圖 524　　　　　　　　　　　圖 525

左，目視乙頭面；乙左腳抬起向後收成插步，閃過甲右腳踢擊，右掌向前下方穿擊，掌心向下，掌指向前，左掌架於頭上方，掌心向前，掌指向上，目視甲頭面。（圖524）

25.甲虛步吞袖　乙虛步封門

甲右腳向前一步落地，左腿屈膝，右腳尖點地成右虛步，同時左掌變拳向乙頸下衝擊，拳心向右，拳眼向上，目視乙頭面和前胸；乙抬右腳向前一步落地，提左腳向後移半步屈膝下蹲落地成右虛步，同時兩掌收回胸前，向前封推甲左臂，向左側撥打，兩掌心向左，掌指向上；甲右掌護住左臂內側，防乙封推，拳心向後，乙目視甲臂和頭面。（圖525）

26.甲魯班拉鑽　乙順手牽羊

甲兩腳原地不動，右拳衝向乙胸前，左拳收回護於左肋外側，拳心向上，拳眼向外，右拳心向下，拳眼向左，目視乙頭面；乙兩腳不動，上體向右轉動，左手抓住甲右肘尖向右側封拍，避開甲攻勢，接著再用右手抓甲手腕向後拉，托拿甲右臂，目視甲頭面。（圖526）

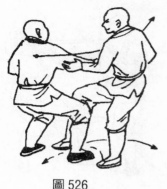

圖526

圖527

27.甲鷹拿燕雀　乙燕子展翅

　　甲左腳向內旋轉，抬右腿成獨立勢，右拳變掌收回護於肋前側，掌心向前，掌指向上，左拳變掌由後向前翻腕拿住乙左手腕外側，目視乙左手臂；乙抬右腳後退一步落地，再抬左腳向前一步落地，腳尖點地，右腿屈膝成左虛步，左掌向前穿出，掌心向右，掌指斜向前，右掌向後，展於頭右後上側，掌心向上，掌指向後上方斜展，目視前方。（圖527）

28.甲餓虎張口　乙豹子彈踢

　　甲右腳向後一步落地，屈左膝成左弓步，右掌向前直臂護胸，掌心向左，掌指向前，左掌向外展於左前上方，掌心向前，掌指向前上方，目視乙頭面；乙抬左腳向後半步落地，再抬右腳向前踢擊甲左膝蓋，右掌向前穿擊甲左小臂，掌指向前，掌心斜向上，左掌護於左肋下，掌心向下，掌指向前，目視甲頭面和兩臂。（圖528）

29.甲轅門射戟　乙老母端燈

　　甲兩腳原地不動，右腳屈膝變左虛步，兩掌變拳，右拳

圖 528　　　　　　　　圖 529

292

收回護於胸前，拳心向內，拳眼向上，左拳直臂衝擊乙胸前，拳心向內，拳眼向上，目視甲前胸；乙右腳向前一步落地，抬左腳向前移半步，左腿屈膝，右腳點地成右虛步，左掌向前抓住甲向下拉按，右手抓住甲左耳不放，向身前牽拉，目視甲頭面。（圖 529）

圖 530

30. 甲靈貓鬥鼠　乙孤鳥寒啼

甲抬右腳向前上半步落地，再抬左腳後退一步落地，右腿屈膝成右弓步，抬右拳變掌，封拍乙右手，左拳變掌，屈肘收回左肋前側，掌心向下，掌指向前，目視乙頭面；乙兩腳原地不動，出左掌拍擊甲右掌並拉回胸前，掌心向下，右掌護在右耳外側，掌心向內，掌指向上，目視甲頭面。（圖530）

31.收 勢

甲抬左腳向前落在乙身後，並以此為軸向右轉體 180
度，右腳收回與左腳併攏，儲備字步站立；乙抬左腳向甲右
腳外後側落地並為軸，向左轉體 180 度，右腳收回與左腳併
攏，八字步站立。雙方兩掌在轉體的同時收回下落於兩胯外
側，掌心向內，掌指向下，身胸挺直，目視正前方。

第十二節　對拆一百手

一、拳譜歌訣

百招對拆妙法玄，二人過手齊爭先。
我使方朔去問路，你用野鹿戲虎歡。
我使豹子靠山勢，你用白猿把果獻。
我使單臂驅敵手，你用蘇秦來背劍。
我使豹子來翻身，你用腳踢北斗天。
我用雙龍來爭珠，你用撤兵回營盤。
我用魁星來抱斗，你用猛虎伸腰展。
我用海底去撈沙，你用馬步開弓圓。
我用扛袋後甩勢，你用天馬行空間。
我用金剛來站椿，你用餓狼撲綿羊。
我用孫臏背蒲團，你用烏龍把柱纏。
我用猛虎奔山下，你用生擒惡虎技。
我用大仙來請客，你也同赴行程關。
我用攪手擒敵勢，你用蚯蚓降龍盤。
我用羅漢來打坐，你用玉兔坐窩邊。
我用豹子下山勢，你用羅漢打虎防。

我用倒打紫金關，你用狸貓把身閃。
我用惡虎回頭看，你用打炮攻營盤。
我用反手擒虎豹，你用猛虎撲地邊。
我用大鵬來啄食，你用烏龍鑽洞天。
我用海底去偷桃，你用仙人坐椅圈。
我用肋下把刀插，你用單手橫雲端。
我用轉身來插刀，你用肘下看抓面。
我用羅漢來抱樹，你用金龍抱柱圓。
我用羅漢把塵臥，你用餓虎撲食全。
我用野馬來打戰，你用燕子雙飛天。
我用羅漢來伸腿，你用玉兔拜月圓。
我用雙龍來纏柱，你用窩心一炮添。

我用丁步雙插刀，你用撤步摘瓜圈。
我用走馬擒敵將，你用孤鳥斜飛天。
我用順手牽老牛，你用金雞抖翅膀。
我用奎星來提筆，你用小鬼敢驚天。
我用將軍把門守，你用鷂子來抓肩。
我用轉身雲手勢，你用雙手擒龍盤。
我用鐵掃帚抓臉，你用千斤腳連踢。
我用白猿望大仙，你用雙手把牛牽。
我用野馬來轉峰，你用單手撥雲間。
我用金龍抱玉柱，你用餓虎奔山川。
我用老僧去撞鐘，你用雙手托月圓。
我用蘇秦來背劍，你用狸貓上樹杆。
我用扛袋來倒糧，你用倒掛金勾天。
我用老鷹來抓雀，你用孤鳥寒啼喧。

我用羅漢觀天勢，你用毒蛇尋穴邊。
我用朝天來蹬腿，你用金蟾跳水邊。
我用虛步七星勢，你用撤步挑捶連。
我用懷中抱月勢，你用開關破敵後。
我用單臂來靠山，你用野雞把翅展。
我用猛虎來回頭，你用單槍衝營盤。
我用羅漢來誘敵，你用雙手擒龍盤。
我用豹子回頭看，你用雙手把牛牽。
我用白鶴來展翅，你用金蛇把柱纏。
我用烏龍來纏柱，你用童子抱頭圓。
我用走馬活擒計，你用鷂子望青天。
我用羅漢來抱柱，你用白猴坐洞天。
我用金雞來伸腿，你用就地把磚搬。
我用天星來落地，你用金蛇蛻皮穿。
我用金剛來觀星，你用獅子搬柱圓。
我用回手來摘月，你用懷中抱月圓。
我用力劈華山勢，你用張飛扛樑邊。
我用野馬來跳澗，你用餓虎奔山川。
我用雙手來搬枝，你用橫步帶馬鞭。
我用腳踹北斗口，你用懷中抱月圓。
我用羅漢站樁勢，你用野馬彈蹄翻。
我用就地搬石功，你用仙人把燈端。
我用攬絆帶勾挑，你用雙手推碑邊。
我用羅漢站堂勢，你用童子踢打全。
我用老猿來摘桃，你用魯班來拉鑽。
我用喜鵲來登枝，你用馬步卡倉技。

295

我用翻身來倒掛，你用天馬行空端。
我用坐地來搬磚，你用跪地拜佛參。
我用大鵬來展翅，你用鷂子蹬腿邊。
我用猛虎來回頭，你用雙手把牛牽。
我用金蝦來纏樹，你用單手摘月圓。
我用順手牽羊勢，你用雙手托抱拴。
我用仙人來甩袖，你用雙手擒敵連。
我用仙人撩衣衫，你用雙手擒龍盤。
我用就地拾金錢，你用老虎坐窩邊。
我用老虎來擺尾，你用雙手解帶衫。
我用烏龍大擺尾，你用捉虎降豹圈。
我用回馬去拾寶，你用孤鳥獨立寒。
我用羅漢來站堂，你用雙龍搶珠圓。
我用順手牽白羊，你用開關破城戰。
我用單手撒法寶，你用單鳳展翅翻。
我用烏龍來進洞，你用雙手捧月圓。
我用回身過橋勢，你用白猿望大山。
我用上步來橫斬，你用弓步把門攔。
我用黑熊來抖膀，你用金豹搖臂肩。
我用猿猴來穿枝，你用野馬來倒轉。
我用老虎來穿枝，你用金蛇把柱纏。
我用弓步折手腕，你用脫身敗勢觀。
我用諸葛來擺扇，你用野雀斜飛天。
我用惡虎來登雲，你用大鵬展翅翻。
我用天神來落地，你用頂門開炮關。
我用虛步後墜力，你用雙手老牛牽。

296

　　我用弓步猛出拳，你用單手來拿腕。

　　我用金雞去回頭，你用雙手抓雞翻。

　　我用回手搬樹枝，你用金雞蹬腿盤。

　　我用羅漢來站樁，你用雙關氣門閂。

　　我用雙手擒龍勢，你用大鵬斜飛天。

　　我用童子千斤腿，你用回身沖捶轉。

　　你我雙方對拆手，難分勝敗誰佔先。

　　少林祖師傳宗寶，二人收勢且歸原。

　　祖先藝業永繼承，誓把武藝傳萬年。

少林高僧如淨法師曰：

　　若想擂臺壓群雄，沒有招法萬不能。

　　學會對拆一百手，各種招勢要記清。

　　再加朝夕須苦練，腳手修煉如鐵硬。

　　身臨戰場不膽怯，擊敗群敵一陣風。

少林高僧貞秋大師曰：

　　少林對拆百招法，祖師密功來傳下。

　　弟子招法學在手，刻苦研練忘寒夏。

　　全身四肢硬如鋼，手腳齊進橫豎打。

　　真功須下十五載，不怕高手和名家。

少林高僧貞緒大師曰：

　　少林散手一百招，前人真傳要記牢。

　　招中有招手套手，擒拿對手如薅草。

　　但願弟子刻苦練，身臨戰場自玄妙。

　　四肢運用靈又巧，技壓群雄稱英豪。

少林高僧貞俊大師曰：

　　少林對拆百招拳，原是歷代祖師傳。

抓打擒拿全都有，劈掛勾踢樣樣全。

軟弱之士心害怕，成名高手也膽寒。

萬馬營中任君走，若黏我身難上難。

二、動作圖解

1.起　勢

甲面向南，乙面向北，倆人在一條線上，立正站立。乙右腳向右側跨一步，出左掌向甲左小臂橫劈，掌心斜向下，掌指向前，右掌護於右腰間，掌心向下，掌指向前，目視甲左臂；甲向右橫跨右腳，落地屈膝成右弓步，右掌護於右髖外側，掌心向內，掌指向下，左掌用力擋住乙左掌，掌心斜向後，掌指向下，目視乙面部。（圖531）

2.甲方朔問路　乙野鹿戲虎

乙兩腳踮跳前後換步，向左轉體90度，右掌向甲左手腕點來，掌心向內，左掌變拳抱於左肋下側，拳心向內，拳眼向上，目視甲頭面；甲提右腳向內移半步，左掌反手抓住乙右手腕，屈肘抓緊，右掌護於右肋前側，掌心向內，掌指向上，目視乙頭部。（圖532）

3.甲豹子靠山　乙白猿獻果

乙兩腳碾地向左轉體90度，左拳變掌，屈肘抓住甲左手腕提拉於胸前，右掌變拳翻腕，由甲左臂下伸來，屈肘上挑甲胸前上側，拳心向後，拳眼向前，目視甲頭面；甲左腳抬起落在乙右腳前內側，左拳被乙抓住，右掌變拳護於右肩外側，拳心向內，拳眼向後，目視乙頭面。（圖533）

4.甲單臂驅敵　乙蘇秦背劍

甲左腳內旋，右腳跟離地，左掌變拳，翻臂橫擊乙頭

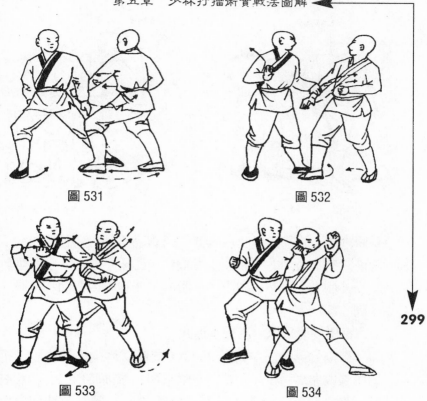

圖 531

圖 532

299

圖 533

圖 534

部，拳心向右，右拳屈肘護於右肋外側，拳心向內，拳眼向
上，目視乙頭部；乙抬右腳落於甲左腳前內側，兩腳碾地向
左轉體 90 度，右拳收回抓住甲左上臂，左手抓甲左手腕，
用右肩扛甲腋下，欲將甲背過去，目視前方和甲左拳。（圖
534）

5.甲豹子翻身　乙腳踢北斗

甲被乙背起雙足離地，向左前側跳步旋轉，順勢向左轉
體 180 度，兩腳相距半步落地，左拳護於胸前左上側，拳心
向內，拳眼斜向左，防乙踢胸，右拳護於胸前，拳心向左，

圖535　　　　　　　　　　　　　　　　圖536

300

拳眼向內，目視乙左腿和胸部；乙右腳不動，左腳抬起向甲胸前踢來，被甲右拳和左小臂擋住，乙兩手變拳，屈肘護於腰間外側方，兩拳心向內，拳眼向上，目視甲頭面和雙拳。（圖535）

6.甲雙龍爭珠　乙撤步退兵

甲兩腳碾地向左轉體90度，雙腳離地向前移半步，落地屈膝成左高弓步，同時左拳變掌與右拳同時擊乙右肋和胸部，拳心和掌心向下，目視乙胸肋；乙左腳跟落地腳尖提起，右腳跟離地，兩腿微屈膝，身體向後仰，兩拳向身體側後方展，拳心向後，拳眼向內，目視前上方。（圖536）

7.甲魁星抱斗　乙猛虎伸腰

甲左腳離地後退半步落地站立，同時迅速抬右膝抵擊乙襠部要害處，右拳變掌，兩掌抱住乙腰兩側，目視乙胸部；乙右腳後退半步落地，左腳尖落地屈膝變成左弓步，身體向後仰，兩拳屈肘展於兩肩外上側，拳心向內，拳眼向後，目視前方。（圖537）

8.甲海底撈沙　乙馬步開弓

圖 537　　　　　　　　　　　　圖 538

甲右腳收回在左腳內側落地，再抬左腳向前上一步落在乙右腳內側，屈膝成左虛步，兩手收回，左手插入乙襠下，右手伸向乙大腿後側，雙手抱乙左大腿，目視乙右手和胸部；乙左腳略向後移，右腳內旋變成馬步，右拳護在胸前上方，拳心向上，拳眼向外，左拳直臂向前衝擊，拳心向下，拳眼向右，目視前方。（圖 538）

9.甲扛袋後甩　乙天馬行空

甲雙手將乙抱起扛在肩上，兩腳碾地猛力向右轉體 180度，兩手抓住乙左大腿目視左前方；乙被甲扛起雙腳離地，身體在空中右旋 180 度，兩拳變掌護於前方，右掌心向後，掌指向下，左掌心斜向上，掌指向前，目視前下方。（圖 539）

10.甲金剛站樁　乙餓狼撲羊

甲抬左腳與右腳併步站立，兩掌屈腕按在兩胯外側，掌心向下，

圖 539

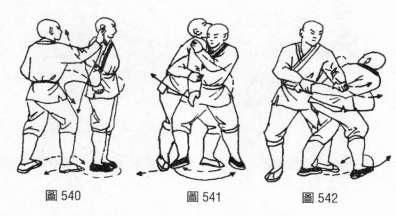

圖 540　　　　　　　圖 541　　　　　　　圖 542

掌指向前，目視前方；乙被甲甩向身後，再轉體180度，兩
腳落地，相距半步站立，右掌變拳衝擊甲右側頸部，拳心向
下，拳眼向左，左拳護於左肋外側，拳心向內，拳眼向上，
目視甲頭後部。（圖540）

11.甲孫臏背團　乙烏龍纏柱

甲抬右腳後退一步落在乙右腳外側後方，兩腳碾地向右
轉體90度，伸左手抓住乙右肩向下按，再伸右手抓住乙右
小臂，兩手向身體右前方猛力擠住，目向前看；乙被甲抓拿
後，抬左腳上前一步落地，左掌用力推擊甲後背，右拳變
掌，目視前方。（圖541）

12.甲猛虎奔山　乙生擒惡虎

乙兩腳離地後退半步，右手翻腕抓住乙右手腕，屈肘用
力向裡撑纏，左手收回按住甲右肘尖，兩手屈肘用力按壓，
目視甲頭部；甲兩腳碾地，向左轉體90度，兩腳踮跳前後
換步，落地屈膝變右弓步，右手臂被乙拿住，左掌屈肘收回
護於左外側，掌心向下，掌指向前，目視乙左肩和頭部。
（圖542）

圖543　　　　　　　　　　　　　圖544

303

13.甲大仙請客　乙同赴行程

甲抬右腳向內移步落在乙左腳前，同時以右腳為軸碾地向左轉體180度，再抬左腳向左跨一步，左手翻腕屈肘抓住乙左手腕，向左側牽拉，右手衝乙左肋，被乙右手抓住，目視乙頭面；乙左腳內旋向右轉體90度，左掌被甲抓住，右手抓住甲右手腕，倆人互不相讓，相待不下，乙目視甲頭面。（圖543）

14.甲攪手擒敵　乙蚯蚓降龍

甲兩腳碾地向右轉體90度，抬右腳擋住乙左腳前移的路線，左手抓住乙左手腕，向左側下方猛拉，右手翻腕抓乙右手腕向上側猛提，目視乙兩手；乙右腿外旋，左腳跟離地，身體傾斜，兩手被甲拿住，目視甲頭面。（圖544）

15.甲羅漢打坐　乙玉兔坐窩

甲右腳向前上步落地，兩腳碾地向左轉體90度，兩腿屈膝全蹲，左手向下伸抓乙左小腿，右手下伸向右側抓乙右膝蓋，目視乙右膝和頭面；乙兩腳左旋，體左轉90度，被甲所迫，屈膝全蹲，身體向後傾斜，兩掌向後展，右掌展於

圖 545

圖 546

右側下方，掌心向內，掌指斜向前，左掌抓甲右肩後側，目
視甲頭面。（圖 545）

16. 甲豹子下山　乙羅漢打虎

雙方起身，乙左腳外旋，右手抓甲右手腕，握緊向前
提，左手按甲右肩後側向前猛力推擊，目視甲頭後部；甲向
左轉體 90 度，右手被抓住，身體向前傾，左手護於左膝前
側，掌心向內，掌指斜向下，目視右前側。（圖 546）

17. 甲倒打金關　乙狸貓閃身

甲左腳原地不動，抬右腳向
後上方倒踢乙襠部，左手置於前
下方，掌心向下，掌指向前，右
手在身後右側，掌心向上，掌指
向後，目視前下方；乙左腳內
收，右腳內旋，身體向後仰，兩
手收回握拳護於兩肋外上側，拳
心斜向下，拳眼斜向內，目視甲
右腿。（圖547）

圖 547

圖548

圖549

18.甲惡虎回頭　乙打炮攻營

甲右腳在前方落地，兩腳碾地向左轉體90度；乙右拳護在右肋前側，拳心向內，拳眼向上，左弓步出左拳向甲衝擊，拳心向下，拳眼向右，目視甲頭面和兩拳；甲兩手向外撥乙左小臂，左拳心向前，拳眼向內，右拳心向左，拳眼向內，目視乙頭面。（圖548）

19.甲反手擒豹　乙猛虎撲地

甲抬左腳向內移，兩腳碾地向左轉體180度，抬右腳向右側跨一步落在乙左腳內側，屈膝變成左弓步，左拳變掌抓住乙左手腕，向外擰纏，右手按壓乙左肘尖，目視乙左臂；乙右腳向外碾，兩腿屈膝下跪於甲身體前方，右小臂撲地，掌心斜向左，掌指向前，左手臂被甲拿住不放，目視左下方。（圖549）

20.甲大鵬啄食　乙烏龍鑽洞

乙兩腳沿地滑步，起身向前移步，落地後向左轉體180度，兩手在移步的同時屈肘抱住甲右腿不放，弓身用肩扛甲大腿，目視前方；甲兩腳碾地向左轉體90度，提左腳後退

圖 550　　　　　　　　　　圖 551

半步，落地屈膝成左虛步，左手抓乙右大腿，右掌前伸於乙身後上方，掌心向下，掌指向前，目視乙後胯。（圖 550）

21.甲海底偷桃　乙仙人坐椅

甲抬右腳移於乙右腳外側，再抬左腳向前移半步，落在乙左腳內側，兩腳碾地向右轉體 90 度，左手向下抓乙陰部向上托，右手屈肘護於右肩外側，掌心向內，掌指斜向下勾，目視左側；乙左腳外旋，向左轉體 90 度，身體向下坐成高馬步，左手收回護於左胯外側，掌心向內，掌指向下，右手抓在甲右小臂外側，目視左前方。（圖 551）

22.甲肋下插刀　乙單手橫雲

乙兩腳踮跳向左橫跨步，左掌變拳，屈肘置於左肋下，拳心向內，拳眼斜向上，右手直臂變拳，拳心向下，被甲拿住手腕，目視甲右手和頭面；甲兩腳向右移步，落地後出右手翻腕抓住乙右手腕，向右側拉帶，左手收回變拳用肘尖抵擊乙右肋，拳心向內，拳眼斜向上，目視乙頭面。（圖 552）

23.甲轉身插刀　乙肘下看抓

圖552

圖553

　　甲抬左腳落在乙右腳後側，向左轉體90度，左拳向上翻變掌抓住乙右手腕，向左前上方托推，右手變拳向乙右肋下衝擊，拳心向下，拳眼向後，目視乙頭面；乙左腳外旋，右拳被甲左手推擊後，屈

圖554

肘上舉於右側前方，拳心向內，拳眼向後，左拳變掌，向右側抓推甲右臂，目視甲頭面。（圖553）

24.甲羅漢抱樹　乙金龍抱柱

　　甲抬左腳後退一步與右腳併步站立，乙身體前探，同時向右轉90度，伸右拳變掌，與左掌同時向前下方抓抱甲腿彎，用肩扛甲腹部，目視甲右腿；甲右拳變掌，與左掌同時向前探身抓抱乙肋部，上身壓乙肩背，目視乙後背和胯部。（圖554）

25.甲羅漢臥塵　乙餓虎撲食

　　甲雙手用力向左猛甩，將乙甩向左後側，並順勢就地傾

圖 555

圖 556

圖 557

倒，右腳離地蹬乙襠部，左腳屈膝落地，身體後仰，同時向左轉體 180 度；乙被甲拉甩後雙足離地，體左轉 180 度，落地屈膝，雙手抓向甲兩肩內側，用力向前下方按擊，甲雙手抓住乙兩手腕，二人相持不讓，互相目視。（圖 555）

26.甲野馬打戰　乙燕子雙飛

甲抬左腳用力蹬乙小腹，兩足用力上蹬，雙臂屈肘按地，兩掌心斜向下，掌指內勾，目視乙腹部和自己的雙腳；乙右足向後抬，兩手向前方展開，護在頭前兩側，掌心斜向下，掌指向前，目視前下方。（圖 556）

27.甲羅漢伸腿　乙玉兔拜月

甲兩腿猛力蹬伸，目視乙兩掌和面門；乙右腳落地，左腳後移兩膝跪地，上身向後仰，雙手向後上方舉起，兩掌心向前，掌指向上，目視兩掌中間。（圖 557）

圖 558　　　　　　　　　　　圖 559

28.甲雙龍纏柱　乙窩心一炮

乙雙足踏地起身變成左虛步，甲雙足蹬地起身變成右虛步，伸雙手抱住乙左腿不放，目視乙右拳；乙兩掌變拳，左臂按壓甲右肩，肘部用力，拳心向下，拳眼向右，右拳衝擊甲面門，拳心向內，拳眼向上，目視甲頭面。（圖 558）

29.甲丁步雙插　乙撤步摘瓜

甲收右腳成丁步，雙手插向乙兩肋下側，掌心向上，掌指向前，目視乙胸腹部；乙左腳離地後退半步，右腳內旋，兩腿變成高馬步，兩拳變掌端向甲頸部，掌心向上，掌指向前，目視甲頭後部和背部。（圖 559）

30.甲走馬擒敵　乙孤鳥斜飛

甲提右腳向前少許，落地後向左轉體 90 度，抬左腳向左橫跨一步，回手用左手抓住乙左手腕，右手變拳插進乙左腋下，向乙肋前衝擊並向外撐，拳心向後，拳眼斜向下，目視乙頭部和右前方；乙左腳前移落步，抬右腳同時向右轉體 90 度，左手被擒，右手護於腹前防甲進攻，掌心向左，掌指向下，身體向甲傾斜，目視右上方。（圖 560）

圖 560   圖 561

31.甲順手牽牛　乙金雞抖膀

甲右腳向內側移半步，收回右手抓住乙左小臂，兩手用力擰轉按壓，目視乙頭部；乙右腳落地，左腳外旋，左手被甲抓住，右手外展於右側外前方，掌心向下，掌指斜向前，因被擰按，上體向前探，目視甲雙手。（圖 561）

32.甲奎星提筆　乙小鬼驚天

甲左腳內旋站立，抬右足勾乙左腿並向上抬，右手橫掃乙面部，掌心向上，掌指斜向上，左掌平端於左肋外側，掌心向上，掌指向前，目視乙頭部；乙左腿被甲撩起，右腳外旋站立，左手收回穿甲右腋下，掌心向前，掌指斜向上，右掌向上護於胸右上側，掌心向前，掌指向上，目視甲右手。（圖 562）

33.甲將軍把門　乙鷂子抓肩

甲右腳落地，兩手向下落在兩胯外上側，屈腕掌心向內下方，掌指向內，目視右肩；乙左腳落地，右腳內旋向左轉體 90 度，右手抓甲肩部，左手護在左肋外側，掌心向前，掌指向上，目視甲右肩。（圖 563）

圖 562　　　　　　　　　　圖 563

34. 甲轉身雲手　乙雙手擒龍

甲右腳離地向內移步，落地後向左轉體 180 度，抬左腳向左橫跨一步，落地乙左腳外側；乙右腳外旋，兩腳站立，右手抓甲右手腕，左手按甲右肘尖部，擰甲右手臂，目視甲右臂；甲右手被擒，用左手反掃，橫擊乙頭部，目視乙左上方。（圖 564）

35. 甲鐵帚掃抓　乙千斤踢腿

甲兩腳向右旋轉，左手收回並迅速翻腕抓乙面門；乙偏頭閃過，抬左腳點踢甲右腿彎，雙手向上掀甲右小臂，互相目視。（圖 565）

圖 564　　　　　　　　　　圖 565

311

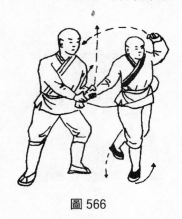
圖 566

圖 567

36.甲白猿望仙　乙雙手牽牛

甲兩腳碾地向右轉體 90 度，左腳在後抬起不落地，右手被乙拿住不放，左手收回護於左耳前側，掌心向下，掌指斜向前，目視前上方；乙左腳向前半步落地，屈膝成左高弓步，兩手抓甲右手腕向下拉帶不放，目視甲右肩。（圖566）

37.甲野馬轉峰　乙單手撥雲

甲以右腳為軸碾地向左轉體 90 度，左腳向左一步落地，左掌變拳向乙面門崩擊，拳心向右，拳眼向後，右掌收回護於右肋外上側，掌心向前，掌指斜向上，目視乙頭面；乙左手屈肘向上撥甲左拳，掌心向前，掌指向上，右手屈肘護於右肋前側，掌心向內，掌指向左，目視甲左拳。（圖567）

38.甲金龍抱柱　乙餓虎奔川

甲兩腳碾地向左轉體 90 度，屈膝變成左虛步，左拳變掌，兩掌同時向乙左腿抓抱，上體向前弓，目視乙左腿；乙右腳跟外旋變成左弓步，右掌屈肘護於胸前，掌心向前，掌

圖 568

圖 569

指向上，左掌變拳，直臂衝向甲頭上，拳心向左，拳眼向上，目視左拳。（圖 568）

39.甲老僧撞鐘　乙雙手托月

甲左腳外旋，抬右腳向前上半步落於左腳前方，屈膝變成右弓步，弓身用頭向後腹部猛撞，雙手屈肘抓向乙兩腰側，目向下看；乙左腳後退半步，右腳跟外旋變成高馬步，右掌屈肘收回，左拳變掌，兩掌卡住甲頭向前推攏，目視前方。（圖 569）

40.甲蘇秦背劍　乙狸貓上樹

甲兩腳跟離地，腳尖碾地向左轉體 180 度變成左弓步，右手將乙左手推向乙右肋下側，迅速抓乙右手腕背在右肩上，弓身上提，左手屈肘向左後側抓乙左大腿向上提，目視前下方；乙被甲背起，雙足離地，左手被擠在右肋外側，掌心向前，掌指向上，目視甲頭部和左前方。（圖 570）

41.甲扛袋倒糧　乙倒掛金勾

甲抬右腳向前上半步落地，全身用力，雙臂猛向前上方抖勁，將乙兩腳騰空向前栽下；乙右手被甲抓住，左手擠於

圖 570　　　　　　圖 571　　　　　　圖 572

右肋側，雙方目視前下方。（圖 571）

42.甲老鷹抓雀　乙孤鳥寒啼

乙被甲甩過去兩腳落地，向左轉體 180 度，上體向後仰；甲左腳向前上半步，落地後向右轉體 180 度，抬右膝低擊乙後腰眼和肛門；乙見勢腳跟提起，身體向甲身前靠擊。甲迅速出左手抓乙頭，再出右手抓乙前胸右側，目視乙頭部；乙用左手屈肘抓甲右手腕，右掌屈肘展於右側方，掌心向外，掌指向上，目視前上方。（圖 572）

43.甲羅漢觀天　乙毒蛇尋穴

乙兩腳向右旋跳 180 度，變左弓步，左手擰甲右手腕推向甲腰間，右手穿向甲咽喉，掌心向下，掌指向前，目視甲頭面；甲右腳在前方落地變成右虛步，上體向後仰閃開乙右手的插擊，右手被甲拿住，左手屈肘護於左胯上側，掌心向下，掌指向前，目視乙頭面。（圖 573）

44.甲朝天蹬腿　乙金蟾跳躍

甲左腳外旋站立，抬右腳踢乙頭面，兩掌變拳，屈肘護於右肋前和左肋前外側，兩拳心斜相對，拳眼向上，目視右

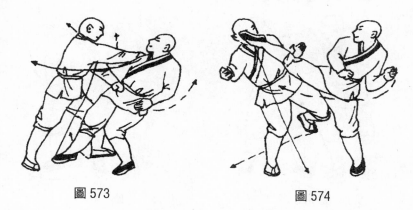

圖 573　　　　　　　　圖 574

腳和乙面部；乙右腳外旋，抬左膝抵擊甲肛門上方，兩掌屈
肘收回，向外展於左右兩側，掌心斜向前，掌指斜向外，目
視甲頭面。（圖 574）

45.甲虛步七星　乙撤步挑捶

甲右腳在前方落
地，左腳內旋屈膝變成
右虛步，右拳屈肘收回
護於右肋外側，拳心向
上，拳眼向外，左拳向
前衝擊乙腹部，拳心向
右，拳眼向上，目視乙
頭面；乙右腳內旋，左
腳向後一步落地，右腿
屈膝變成右弓步，兩掌

圖 575

變拳，左拳屈肘收回護於左肋外側，拳心向上，拳眼向外，
右拳向前衝擊甲左拳背，拳心向左，拳眼向上，目視甲頭
面。（圖 575）

圖 576　　　　　　　　　圖 577

316

46.甲懷中抱月　乙開關破敵

乙兩腳前後換步，右拳屈肘收回護於右胯上側，拳心向下，拳眼向內，左拳向前衝擊甲胸前上側，拳心向下，拳眼向右，目視甲頭面和前胸；甲左腳外旋，用左拳屈肘向右撥擊乙左拳，拳心向右，拳眼向內，右拳屈肘護於右胸側，拳心向內，拳眼向上，目視乙頭面和左臂。（圖 576）

47.甲單臂靠山　乙野雞展翅

甲雙足離地向前上一步，落地後碾地向左轉體 90 度，右拳屈肘用肘尖靠抵乙右肩和頭面部，左拳屈肘收回護於左胯上側，拳心向後，拳眼向內，目視右前方；乙右腳外旋，兩拳變掌向外展於左右兩側，掌心向下，掌指斜向前，目視甲右肘和頭面。（圖 577）

48.甲猛虎回頭　乙單槍衝營

甲抬右腳，落地左腳外前側半步，左腳外旋，向左轉體 90 度，變成右弓步；乙右腳內旋變成左弓步，右掌變拳屈肘護胸，拳心向內，拳眼向上，左掌變拳衝擊甲背上側，拳心向下，拳眼向右，目視甲面部和背部；甲用右拳屈肘向右

圖 578

圖 579

撥開乙左拳，拳心向內，拳眼向外，左拳屈肘護於胸前，掌心向內，拳眼斜向上，目視乙頭面。（圖578）

49.甲羅漢誘敵　乙雙手擒龍

甲兩腳離地向後略退步，右腿屈膝成右弓步；乙右腳外旋，左腳向前滑地略移，右拳變掌，抓住甲右手腕向下按壓擰纏，左拳變掌按擊甲右肘關節，目視甲頭後部；甲右手臂被抓住，左拳屈肘護於左肋下外側，拳心向上，拳眼向外，目視乙頭面左側。（圖579）

50.甲豹子回頭　乙雙手牽牛

甲兩腳碾地向左轉體90度，右拳被乙擒住，左拳反手橫擊乙頭左側，拳心向下，拳眼向前，目視左上側；乙兩腳左旋，兩手抓甲右手腕，向甲身後猛擁，低頭目視甲右手臂。（圖580）

51.甲白鶴展翅　乙金蛇纏柱

甲兩腳碾地向左轉體90度，乙

圖 580

圖 581　　　　　　　　　　　圖 582

318

抬左腳落於甲左腳外後側方，甲抬右腳向前上一步，乙抬右腳，以左腳為軸碾地向左轉體 180 度，右腳在前方一步落地，用右手抱甲頸部，摟擠甲頭，掌心向內，掌指向後，用左手抓甲左手腕；甲右拳屈肘護右腰外側，拳心向內，拳眼向上，左拳變掌，被乙抓住，目視前方。（圖 581）

52.甲烏龍纏柱　乙童子抱頭

甲兩腳踮跳同時向左轉體 180 度，前後換步落地屈膝，右拳變掌，雙手抱住乙腰不放，目視乙腹部；乙兩掌向身體前方伸出，微屈肘似抱斗樣，兩掌心向內，掌指斜相對，目視兩掌。（圖 582）

53.甲走馬活擒　乙鷂子望天

甲右腳尖外旋，左腳向前上多半步落地屈膝，上體向前探，將乙抱起，目視乙頭面；乙被甲抱起，雙腳離地抬起，兩手向上展於兩側，掌心向外，掌指斜向外側，上體向後仰，目視甲頭面。（圖 583）

54.甲羅漢抱柱　乙白猴坐洞

乙兩腳落地，屈膝成左跪步，向左轉體 90 度，右手下

圖 583

圖 584

落抓住甲右大腿外側，左手屈肘護於左胯外側，掌心向內，掌指向前，目視右側；甲向右轉體 90 度成馬步，左手抓抱乙左肋下側，右手抓抱乙右臂，兩手屈肘用力抱住，目視乙頭部。（圖 584）

55.甲金雞伸腿　乙就地搬磚

乙右手抓起甲右大腿，左手抓甲右小腿，兩腳外旋變成橫弓步，將甲右腿搬起，目視右前方；甲右腿被抓住，右手屈肘抓乙右手脈門穴，左手向上屈肘抓乙透風穴，拿乙要害，迫乙當即鬆手，目視乙右肩和頭部。（圖 585）

56.甲天星落地　乙金蛇蛻皮

乙右腳碾地抓住甲右小腿，向左猛力甩扭，甲左足離地旋跳，隨著乙甩勁落地，向左轉體 270 度，出左手抓住乙右手，右小臂挾住乙右手腕和小臂，擒住不放；乙向左

圖 585

319

圖 586

圖 587

轉體90度，放開甲右腿，左手向左後側展開，掌心向下，掌指向左，右手被甲擒住；甲右腿在前落地，目視乙頭面；乙左腳也離地後撤，落在右腳後半步，右手用力向後拉，目視甲頭面。（圖586）

57.甲金剛觀星　乙獅子搬柱

甲兩腳碾地向左轉體90度，兩手變拳，右拳護於右胯外上側，拳心向內，拳眼向前，左拳屈肘護於腰左前側，拳心向內，拳眼向前，目視乙頭面；乙抬左腳向前上半步，落在右腳前，右腳外旋，右手抓甲右肩，左手抓甲左肩，欲向後搬甩，目視甲頭面。（圖587）

58.甲回手摘月　乙懷中抱月

甲兩腳向右旋，兩拳變掌，右手翻腕抓乙左手梢，左手也抓乙右手梢，用力一擰，迫乙鬆手，然後雙手拉向胸右側，抓乙手不放，目視乙頭面；乙兩腳向外碾，右腿屈膝，雙手用力下拉，欲脫手掙開，目視甲頭面。（圖588）

59.甲力劈華山　乙張飛扛樑

乙兩腳踮跳向左轉體180度，兩腳前後換步，左腳在

圖 588　　　　　　　　　　　　圖 589

前，右腳在後，身體站直，雙手抓住甲右小臂擔在右肩上，欲折斷甲肘關節，兩手屈肘向外擰抓緊不放，左手抓甲右腕，右手抓小臂，用力向下按壓，目視甲手臂；甲右臂被拿，左腳內旋，肘臂用力下壓，左手外展於左胯外側，掌心向下，掌指向前下方，目視乙頭後部。（圖 589）

60.甲野馬跳澗　乙餓虎奔川

甲雙足向右側橫跳一大步，右腳先落地，左腳在左側不落地，右掌屈肘護於右肩上外側，掌心向上，掌指向內，左掌屈肘護左肋外側，掌心向下，掌指向前，目視乙頭面；乙左腳抬起後退一步，兩腿變成右弓步，兩掌變拳，右拳向前衝擊，

圖 590

拳心向下，拳眼向左，左拳屈肘護於左側腰間，拳心向內，拳眼向上，目視右拳和甲頭面。（圖 590）

圖 591　　　　　　　　　圖 592

61.甲雙手搬枝　乙橫步帶馬

　　甲收回左腳蹬乙右膝蓋，右手抓乙右手腕，左手抓乙右上臂向下猛力按壓，目視乙右臂；乙兩腳外旋成橫弓步，右手被擒，用力向前挺直，拳心向下，拳眼向左下方，左拳屈肘護於腹左側，拳心向上，拳眼向外，目視甲雙手。（圖591）

62.甲腳踹北斗　乙懷中抱月

　　甲左足收回踹踢乙頭部和臂部，右手屈肘護於胸前上側，掌心向下，掌指左勾，左掌護於左胯外側，掌心向下，掌心斜向左，目視乙頭面；乙右腳後退半步，左腳內旋成右橫弓步，兩拳屈肘收於胸前向上架甲攻來的腿，右拳心向上，拳眼向外，左拳心向內，拳眼向上，目視甲左腿。（圖592）

63.甲羅漢站樁　乙野馬彈蹄

　　甲右腳碾地向左轉體90度，左腿收回併步站立，兩掌變拳護於兩胯外側，拳心向內，拳眼向前，目視乙頭面；乙左腳外旋，右腳抬起，彈踢甲頭面部，左拳屈肘護於胸前，

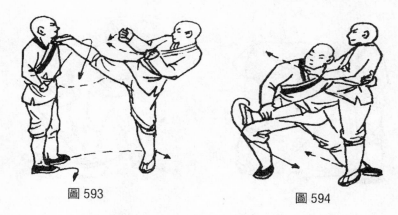

圖 593

圖 594

拳心向內，拳眼向上，右拳向外展於右側方，拳心向前　拳眼向上，目視甲頭面。（圖 593）

64.甲就地搬石　乙仙人端燈

　　甲右腳向前上步落地外旋，左腳抬起上前一大步，向右轉體 90 度，變成右橫弓步，右拳變掌，翻腕抓乙右腳脖往下拉，伸左拳變掌抱住乙後腰，抓抱扣緊，目視右側方；乙右腿被抓，兩拳變掌，端卡甲頸部，兩掌心向上，掌指向前，目視甲頭部。（圖 594）

65.甲攪絆勾挑　乙雙手推碑

　　甲右腳內旋向左轉體 90 度，兩手收回，屈肘抓住乙兩臂內側，再抬左腳挑勾乙右腿，不讓乙右腿落地，目視乙頭面；乙右腳下落被甲挑勾，兩手抓住甲雙肩不放，目視右腿和甲左腳。（圖 595）

66.甲羅漢站堂　乙童子踢打

　　甲左腳收回落在右腳後，再收

圖 595

圖 596　　　　　　　　　　　　　圖 597

右腳與左腳併步站立，兩掌變拳收護於兩胯外側，拳心斜向下，拳眼向內，目視乙頭面；乙抬右腳踢擊甲胸腹部，左掌變拳衝擊甲面門，拳心向下，拳眼向右，右掌變拳，屈肘護於右肋外側，拳心向上，拳眼向外，目視甲頭面和胸腹部。（圖 596）

67.甲老猿摘桃　乙魯班拉鑽

甲右腳向前上一步，左腳外旋，兩拳變掌，右掌抓乙左肩內側；乙右腳落地，左腳離地向前上半步成左虛步，左拳變掌抓甲右肩內側，右拳衝向甲左肋外側；甲左手抓住乙右手腕，二人相持不放。互相目視。（圖 597）

68.甲喜鵲登枝　乙馬步卡倉

乙右腳向前上一步，向左轉 90 度，左手抓抱甲後腰上部，屈肘摟住不放，右拳變掌，推擊甲胸前上側，屈肘猛按壓，掌心向下，掌指向前，目視甲頭面；甲兩腳碾地，向左轉體 180 度，抬右腿，上體向後仰，右手抓乙左肩，左手抓乙右肩，兩手用力抓緊，目視乙頭面。（圖 598）

69.甲翻身倒掛　乙天馬行空

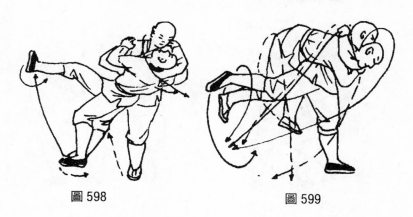

圖598　　　　　　　　　圖599

甲左腳向外旋，右腳內翻同時向外挑，身體向左擰轉180度，右手屈肘抱住乙脖頸不放，向左搬扭，左手抓乙右手腕，扣緊不放，緊貼右胸上側；乙用夾擠在甲右肋下的左手抓甲後背，兩腳離地騰起，體左轉90度，右手被甲擒住，雙方目視前下側。（圖599）

70. 甲坐地搬磚　乙跪地拜佛

甲將乙甩向右側後，右腳在後落地，向右轉體90度，右腿屈膝跪地，伸右手抓乙肋部，伸左手搬乙左腳，目視乙左腳；乙被甩起在空中轉翻270度，雙足落成膝跪地，雙手屈肘抱在腹側，抓住甲右手不放，左腳被甲搬住，目視左前上方。（圖600）

圖600

71. 甲大鵬展翅　乙鴿子蹬腿

甲起身右腳向前站起，左腳內收，同時左手抓住乙左腳

圖 601

圖 602

提起，並拉向左側，右手變拳猛力上挑，將乙挑起，目視乙頭面；乙右手抓住甲右手腕不放，起身後右腳尖點地屈膝下墜，左腳被甲拿住，左掌展於左側上方，掌心向左，掌指向上，目視甲頭面。（圖601）

72.甲猛虎回頭　乙雙手牽牛

乙右腳後退半步，左腳收回落於右腳前半步，屈膝成左高弓步，右手抓甲右手腕內擰上翻，左手抓按甲右肘尖，目視甲頭部；甲右腳內旋，左腿屈膝，上體前傾，左掌護於左大腿內側，掌心向下，掌指向右，右手臂被擒住，目視乙頭面。（圖602）

73.甲金蟒纏樹　乙單手摘月

甲兩腳碾地向右轉體90度，左手變拳，衝擊乙胸右側，乙左腳向前上半步，右腳外旋，向右轉體90度，右手屈肘抓住甲左手腕，左掌穿向甲左腋下，掌心向上，掌指向左，目視甲頭面；甲右手屈肘抓乙後背，目視乙頭面。（圖603）

74.甲順手牽羊　乙雙手托搶

圖 603

圖 604

甲兩腳踮跳後退半步，落地後兩腳內旋，向左轉體90度，左拳屈肘收回護於左肋外側，拳心向內，拳眼向上，右手屈肘抓乙左手腕，向下按壓，目視乙頭面；乙兩腳內旋，左手變拳被甲拿住，右手屈肘變拳，護於右肋前側，拳心向內，

圖 605

拳眼向上，目視左前方。（圖604）

75.甲仙人甩袖　乙雙手擒敵

乙兩腳外旋，兩拳變掌，右掌抓住甲右手腕向下拉，左掌屈肘收回按擊甲右肘尖，目視甲頭面；甲兩腳右旋變成左橫弓步，右手被拿，左拳屈肘護於左肋外側，拳心向下，拳眼向前，目視乙頭面。（圖605）

76.甲仙人撩衣　乙雙手擒龍

乙抬左足落在甲右腳後側，左手向上按壓甲右肘關節，

圖 606　　　　　　　　　圖 607

目視甲頭面；甲右小臂被拿住，左拳屈肘護於左肋前外側，拳心向內，拳眼向上，目視乙頭面。（圖 606）

77. 甲就地拾錢　乙老虎坐窩

甲右腳向右側移步，彎腰探身用左拳變掌，抓住乙左小腿向前猛拉，目視乙左腳；乙左腳被拉向前移，左手按甲脖頸右後方。右手向上掀甲右手腕，身體向甲背後靠壓下墜，目視甲頭後部。（圖 607）

78. 甲老虎擺尾　乙雙手解帶

甲抬左腳向內移步落在乙左腳後內側，兩腳碾地向左轉體 90 度，抬右腳上一步，落地屈膝成右弓步，右手向前猛力拉牽，左掌變拳護左肋，屈肘護緊，拳心向內，拳眼向上，上體向前探，目視前右側；乙左腳內收，右腳內旋，身體直立，左掌收回按壓甲右肘，右手抓甲手不放，目視甲頭後部。（圖 608）

79. 甲烏龍擺尾　乙捉虎降豹

甲兩腳碾地向左轉體 180 度，兩腿屈膝成左弓步，右臂向左旋擺甩於身後，左拳屈肘護於左肋前上側，拳心向內，

圖 608

圖 609

拳眼向外，目視前方；乙左腳碾地，右腳抬起，被甲甩動，身體左轉270度，右腳落地成左弓步，兩手抓住甲右手腕和肘關節不放，目視甲頭後部。（圖609）

80. 甲回馬拾寶　乙孤鳥獨立

甲雙足蹉跳身體猛向右翻轉270度，右手掙脫乙控制，直取下盤，伸手抓起乙左小腿，提在右胯前側，屈左胯成左弓步，左拳變掌迅速反擊乙面部，目視乙左拳；乙左腳被甲抓起，右腳內旋微屈膝，右手屈肘護於右肋外下側，掌心向下，掌指向前，左掌變拳護於頭上，屈肘上架，拳心向下，拳眼向後，目視甲頭部。

圖 610

（圖610）

81. 甲羅漢站堂　乙雙龍搶珠

甲右腳內旋向左轉體90度，抬左腳後退落在右腳內

329

圖 611   圖 612

側，與右腳併步站立，兩掌變拳護於兩胯外側，拳心向內，拳眼斜向上，目視乙頭面；乙左腳在前方半步落地，右腳外旋，左拳衝擊甲胸腹部，拳心向下，拳眼向右，右掌變拳，衝擊甲咽喉，拳心向下，拳眼向左，目視甲頭面。（圖611）

82.甲順手牽羊　乙開關破城

甲右腳向外旋，抬左腳向前上半步，向右轉體90度，右拳變掌翻腕抓住乙右手腕，向右下側猛力拉，左拳屈肘護於左肋外側，拳心向內，拳眼向上，目視前方；乙兩腳踮跳前後換步，屈膝落地成右弓步，左拳屈肘收回護於左肋側，拳心向內，拳眼斜向上，目視甲右手。（圖612）

83.甲單手撒寶　乙單鳳展翅

甲左腳外旋，右手用力抓乙右手腕向外擰轉，目視乙頭面；乙右手被抓用力撐住，單臂用力提起向甲下巴擊去，左拳屈肘護於小腹前方，拳心向內，拳眼斜向上，目視甲右手。（圖613）

84.甲烏龍進洞　乙雙手捧月

圖613

圖614

甲兩腳踮跳向左轉體90度，前後換步落地屈膝成右弓步，右手變拳，直臂向下栽擊乙腹部，拳心斜向後，拳眼向左，左拳屈肘護於左肋外側，拳心向內，拳眼向上，目視乙腹部；乙右腳內旋，屈膝成右弓步，兩拳變掌，右掌抓住甲右手腕，左手抓住甲右拳，用力上托，防甲攻擊，目視甲頭面。（圖614）

圖615

85.甲回身過橋　乙白猿望山

甲抬右腳向後退步，落地後兩腳向右旋轉，同時向右轉體90度，變成右虛步，左拳變掌，抓乙右手腕，右拳屈肘收回護於右肋外側，拳心向內，拳眼斜向上，目視乙頭面；乙左腳外旋，右弓步不變，右手被甲抓住，左手變拳護於左胯外側，拳心向內，拳眼向上，目視甲頭面。（圖615）

<table>
<tr><td>圖 616</td><td>圖 617</td></tr>
</table>

86. 甲上步橫斬　乙弓步攔門

甲右腳外旋，抬左腳落在乙右足左內側，左手放開乙右手腕，向乙胸前左側直臂橫斬，掌心向下，掌指斜向左；乙兩腳不動，左手抓住甲左手腕，右手變拳，橫擊甲右肩前側，拳心斜向左，拳眼向上；甲右拳變掌屈肘抓住乙右手腕，互不相讓，相持不下。互相目視。（圖616）

87. 甲黑熊抖膀　乙金豹搖臂

甲兩腳不動，兩手屈肘收回，抱於兩肋外側變拳，抖膀用勁，拳心向內，拳眼向上，目視乙頭面；乙右腳抬起後退落於左腳後半步，兩腳向右旋轉，右拳收回變掌，兩掌直臂前伸，搖臂用勁，目視甲頭面。（圖617）

88. 甲猿猴穿枝　乙野馬倒轉

甲雙足向左側躥跳一步，落地後左拳屈肘護於左肋外側，拳心向內，拳眼向上，右拳屈腕護於右胯外側，拳心向下，拳眼向內，目視乙頭面；乙先抬左足向前跳步，帶右足抬起隨後向前躍，左足先落地，右足隨之在左足前半步落地，向左轉體90度，迅速出左掌抓甲右肩，右掌護於右胯

圖 618

圖 619

外側，掌心向下，掌指向前下勾，目視甲右肩。（圖 618）

89.甲老虎奔山　乙金蛇纏柱

乙抬左腳落在甲右腳後內側，右腳跟內旋，伸左手抓甲左肩，出右掌推甲腹部；甲見勢左拳變掌，抓住乙右手腕，左腳內旋，右腳抬起向前上半步，屈膝成右弓步，右拳變掌抓乙後背，用力推擊，兩人相持，目視前方。（圖 619）

333

90.甲弓步折腕　乙敗勢脫身

甲收回右手抓乙右手梢，左手抓乙右手腕，用力向上折，目視乙右臂；乙兩腳碾地向左轉體 90 度，左腳向後退步，落在右腳後半步，屈膝成右弓步，右手被抓，左手屈肘收回護於左肋外側，掌心向前，掌指斜向上，目視甲兩手。（圖 620）

圖 620

圖 621　　　　　　　　　　　　　圖 622

91.甲諸葛擺扇　乙野雀斜飛

甲右腳內旋，左手抓乙手腕，右手卡住乙掌，向左外上翻擰乙手掌，目視乙右掌；乙右腳外旋，左腳向前移步與右腳併攏，腳尖點地，上體向右傾斜，右掌被拿，左掌向外展於左側方，掌心向前，掌指斜向上，目視右下方。（圖621）

92.甲惡虎登雲　乙大鵬展翅

甲雙足跳起，右足盡力上抬，蹬踢乙頭面部，左足準備蹬乙腹部，右掌變拳屈肘架於右前方，拳心向內，拳眼斜向外，左掌變拳，護於左胯外側，拳心向下，拳眼向內，目視乙頭面；乙右腳內旋，左腳後退半步，落地後上體向後仰，兩掌向左右外展，掌心向前，掌指斜向外上方，目視甲右腳。（圖622）

93.甲天神落地　乙頂門開炮

甲雙足落地成高馬步，乙兩掌變拳，右拳衝擊甲頭面，拳心向左，拳眼向後，左拳屈肘護於左肋下側，拳心向內，拳眼向上，目視甲頭面；甲左拳變掌屈肘抓乙右小臂，右拳

圖 623　　　　　　　　　　　　圖 624

335

屈肘護於右肋外側，拳心向上，拳眼向外，目視乙頭面和右拳。（圖 623）

94.甲虛步後墜　乙雙手牽牛

乙兩腳踮跳前後換步，右拳變掌，向下抓甲右手腕，左拳變掌抓甲右小臂，目視甲頭面；甲抬右腳向內移半步，變成右虛步，右手臂被抓住，左手屈肘變拳護於左肋外側，拳心向內，拳眼向上，目視乙頭面。（圖 624）

95.甲弓步出拳　乙單手拿腕

乙左手抓甲手腕向下拉牽，右手變拳屈肘抱於腰間前側，拳心向上，拳眼向外，目視甲腹部；甲向右轉體 90 度，兩腳踮跳前後換步成左弓步，右拳被抓住，左拳屈肘護於左腰間，拳心向內，拳眼斜向上，目視乙頭面。（圖 625）

圖 625

圖　　　　　　　　　　圖　　7

336

96.甲金雞回頭　乙雙手抓雞

　　乙兩腳向前移，右拳變掌抓甲擊來的右拳腕部，用力擰纏，左手屈肘按甲後心，目視甲背部；甲兩腳蹍跳前後換步，向左轉體90度，右手被乙拿住，左拳屈肘護於左肋外側，拳心向內，拳眼向上，目視乙頭面。（圖626）

97.甲回手搬枝　乙金雞蹬腿

　　甲右腳向內旋，向左轉體180度，抬左腳向左側跨步，落地後左拳變掌，探身抓起乙左腿向上提於腰間，右手被抓，目視乙頭面；乙左腿被拿，右手抓住甲右手腕不放，上體向後仰，左掌收回左肋外側，掌心向前，掌指向上，目視甲頭部。（圖627）

98.甲羅漢坐椿　乙雙關氣門

　　甲左手放開乙左腿，兩腳碾地向右轉體90度，兩腳沿地前後換步，兩手向下置於兩胯外側，掌心向內，掌指向前，目視右前方；乙右腳內旋，左腳落地，兩掌屈肘卡向甲頸部，目視甲頭後部。（圖628）

99.甲雙手擒龍　乙大鵬斜飛

圖 8   圖629

甲兩足不動，雙手抓乙右手用力向前折腕猛甩，乙雙足
向甲右前方旋跳，當全身離地時向左轉體270度，兩腳落地
成左橫弓步，右掌被抓住，左掌外展於左側方，掌心向前，
掌指斜向左，目視右前方和甲雙手；甲兩手抓住不放，屈肘
握緊，目視乙頭面和右手。（圖629）

337

100.甲千斤踢腿　乙回身沖捶

乙兩腳向左旋碾，體左轉180度，抬右腳落在左腳內側
半步，左掌變拳衝向甲胸部，拳心向下，拳眼向左前方，右
掌收回屈肘展於右側方，掌心
向前，掌指向上，目視甲胸；
甲左腳略向後移，落地站立，
抬右腳踢乙肛門，兩手收回護
於兩胯上側，掌心向下，掌指
向前，目視乙頭部。（圖
630）

101.收　勢

乙左腳向左移，落地後右

圖630

腳抬起向左腳併步立正，左拳變掌；甲右腳收回在前方落地，抬左腳與右腳併步，向右轉體 90 度，兩腳八字步站立。甲乙兩掌收回置於兩胯外側，掌心向內，掌指向下，目視前方。

第十三節　秘傳擒拿法

一、拳譜歌訣

擒拿功志示意總訣

少林擒拿源千秋，時至僧稠功始柔。
揭開少林秘拳譜，武功始於十八手。
三十二合十把捶，十二彈腿虎豹走。
龍飛鳳舞騰空勢，一百妙勢拿惡首。
縱法飛上屋脊峰，十八兵器震宇宙。
夏練蒸籠冒火星，冬練冰霜凝眉頭。
立下慧可斷臂志，誓習曇宗臂懸功。
技習月空戰寇勇，瞻榜小三勛功就。
宏志必生擒虎力，苦恆紅果彎枝頭。
真功不員有志人，白藍青紅映春秋。
英傑可上少林史，惡徒殘屍餵野狗。
即知少林功夫訣，立志苦練三十秋。
擒拿秘法功夫玄，獻給後生練武藝。

擒拿指要訣

短兵相接面對面，擒拿全憑兩隻眼。
對方地勢身姿顏，站樁欲起須詳辯。

審清敵勢量自力，靈活機變施硬軟。

敵虛虎勁推他去，敵實我虛借力源。

將遇良才虎對虎，擒拿妙術施當面。

防身兩臂護胸前，關閉陰門防下患。

上虛下實破陰泉，下虛上實卸敵肩。

他變我變緊跟蹤，連環扣打莫等閒。

見縫插針取要害，破開缺口撲向前。

若遇惡撲先拿把，然後施擒一具拿。

順拿先抓節眼位，再拿破把外搬攔。

抓拿搬拉向外撐，肉手可卸鐵人胛。

擒拿秘訣

單擒隨手轉，雙擒捏帶抓。

單拿手腕肘，雙拿肩腿胯。

扣指輕拿把敵傷，腕力一推我武揚。

鎖住敵人筋和骨，閉住穴門踢當場。

左手擒住右手拿，左右並用武力場。

手法靈敏敵難躲，指勁精巧無人擋。

二、動作圖解

1.巧拿後頸

甲用右腳踢乙左脛骨
為虛勢，誘乙出左手擊甲
右腳（圖631）；甲乘乙
上體前俯時右腳落地，左
腳向前上一步，迅速出雙
手拿住乙頸後部，用力向

圖631

339

圖 632

圖 633

圖 634

圖 635

下一按。（圖 632）

2.金肘破心

乙右腳向前上步，同時出右拳擊甲頭部。甲左腳向前一步，出右手抓住乙右手腕部（圖 633）；甲突然鬆開右手，右腳向前一步，用右肘端衝乙心窩，使乙仰身倒下。（圖634）

3.空城放箭

乙右腳向前上一步，雙手向甲撲去。甲假意用左手擋

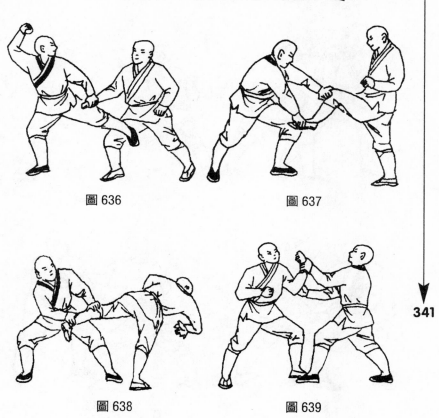

圖 636　　　　　　　　圖 637

圖 638　　　　　　　　圖 639

（圖 635）；乘乙不備，甲抬左腳踢乙襠部。（圖 636）

4. 拿卸大腿

乙抬左腳踢甲膝部，甲用右手抓乙腳脖，用左拳砸乙膝蓋（圖 637）；上動不停，甲左拳變掌兩手同時向左猛擰，迫乙倒地。（圖 638）

5. 奪臂拿耳

乙左腳向前上步，出左拳擊甲頭部。甲出左手抓住乙右手腕，右手拿住甲左肘部（圖 639）；甲用勁向左下擰乙的

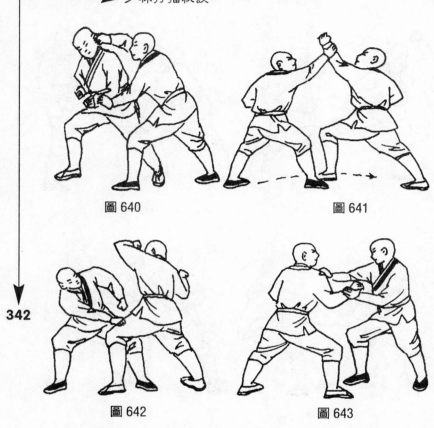

圖 640

圖 641

圖 642

圖 643

左臂，並用左手壓住乙手臂，同時出右拳猛擊乙耳根。（圖
640）

6.巧拿髖胯

乙右腳向前上一步，出左拳打甲。甲右腳向前上步，用
右手抓住乙左手腕（圖 641）；上動不停，甲用勁將乙右臂
向自己的左邊甩，然後鬆手，同時側身進左腿，絆住乙左
腿，出雙拳猛擊乙髖胯部。（圖 642）

7.文王拉纖

圖 644　　　　　　　　　　圖 645

343

乙右腳向前上一步，用右拳打出。甲速出左手抓住乙右腕，右手抓住乙右肩（圖643）；上動不停甲疾速向下猛拉，使乙前俯，隨即用左手拿住乙後腰，用右掌猛按乙頭。（圖644）

8.上托腕

乙出右手擒住甲的左手肘（圖645）；甲左手速成八字掌向上崩挑，同時左肘關節彎曲，托擒乙的右手腕（圖646）；甲左腳向前一步，插到乙右腳後，左臂屈肘，用肘端頂乙胸部。（圖647）

圖 646

9.撐手沖拳

乙出右手擒住甲左手腕。

圖 647

圖 648　　　　　　　　　　圖 649

甲左手變拳，迅速向回
擰收，同時出右拳，猛
擊乙面部。（圖 648）

344

10. 擒劈手

　　甲用左拳打乙，被
乙右手抓住手腕（圖
649）；甲用右掌由上
向下劈乙右手腕，同時
左手向回收即可脫手。
（圖 650）

圖 650

11. 擒挑手

　　甲出左手被乙右手
擒住，甲用右手由下向
上挑乙的右腕下側，同
時左手向下甩，便可脫
手。（圖 651）

12. 轉身崩拳

圖 651

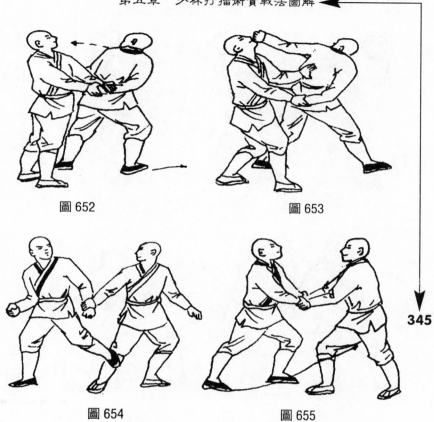

圖 652

圖 653

圖 654

圖 655

345

　　甲右手被乙雙手擒住，乙把甲的手擰轉在背後（圖652）；甲被擰轉時，右腳向前上一大步，乙被甲牽帶向前，甲迅速出左拳崩乙面部。（圖653）

13.低踹腳

　　乙擒甲左手腕。甲突然用左腳踹乙右膝關節外側或膕窩處。（圖654）

14.反擒踢襠

　　乙用雙手擒住甲的雙手（圖655）；乘乙疏防下部之

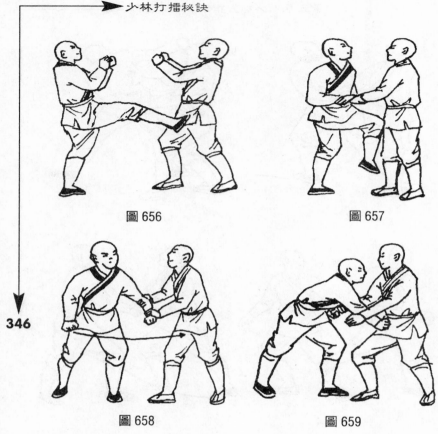

圖 656　　　　　　　　　　圖 657

圖 658　　　　　　　　　　圖 659

際，甲速抬右腳猛踢乙的襠部，乙必鬆手。（圖 656）

15.屈肘頂膝

甲雙手被乙擒住時，甲兩臂肘回拉，並用右膝蓋頂乙襠部。（圖 657）

16.屈肘撩襠

甲左手臂被乙雙手擒住（圖 658）；甲左手握拳屈肘，用力從乙的雙手中抽出，右手順勢向前抓乙襠部或變拳猛擊打乙的襠部。（圖 659）

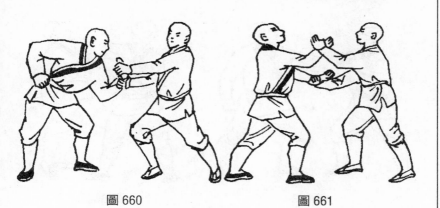

圖 660　　　　　　　　圖 661

17. 挑上劈下

　　乙右手擒住甲的左手腕，左手抓住甲的左手指（圖 660）；甲右腳向前上一步，右手由下向上崩挑乙的左手腕（圖 661）；右手上挑不要太高。上挑後立即向下猛劈乙右手腕，甲左臂配合屈肘向上，便可解脫。（圖 662）

圖 662

18. 劈下挑上

　　乙左手擒住甲的左手腕，右手抓住甲的左手四指時，解脫方法和「挑上劈下」一樣，只是先劈下（劈左手腕）後挑上（挑右手腕），左手配合向後下回拉即可。

19. 插腋手

　　甲右手擒住乙右手時，身體向右轉，左掌乘機插乙的腋窩。（圖 663）

圖 663

圖 664

348

20.上步頂肘

　　乙出右拳打甲胸。甲出右手抓住乙的右手腕,順勢向後帶,同時左腳上步,用肘尖頂乙胸右側(圖 664)。

21.挎托肘

　　乙出右拳打甲胸部。甲右手抓住乙的右手腕,左臂從乙右臂下向上托乙右肘。(圖 665)

圖 665

22.肩擔臂

　　甲兩手同時擒住乙右手,身體向右轉,用左肩與大臂頂托乙右肘。(圖 666)

23.手壓肘法

　　乙右拳打來。甲用右手擒住乙的右手腕,再用左手壓乙的右肘關節。(圖 667)

24.腋壓肘手

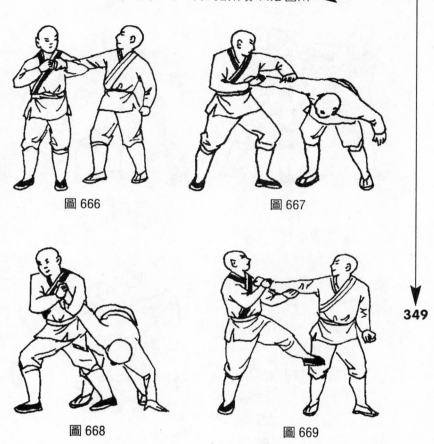

圖 666　　　　　　　　　圖 667

圖 668　　　　　　　　　圖 669

349

乙出右手擊甲腹。甲出右手拿住乙右手腕，左手抓住乙的右前臂，左腳上步向後，用左腋和上臂夾住乙的前臂下壓。（圖668）

25. 托肘踢襠

乙右手向甲胸部打去，甲用右手抓住乙右手固定在胸前不放，左掌由下向上托乙肘關節，並用左腳踢乙襠部。（圖669）

圖 670

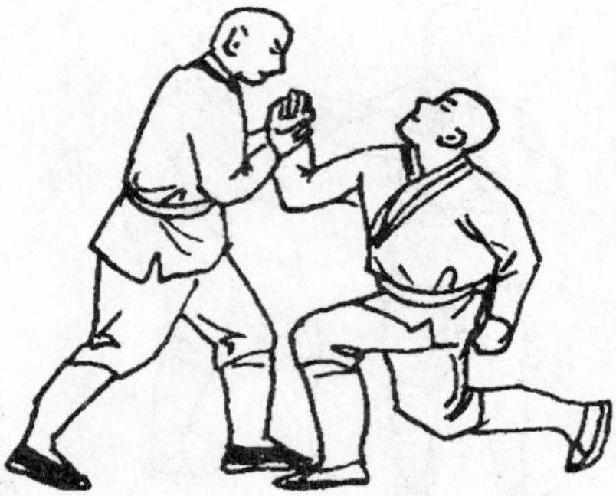

圖 671

圖 672

26. 插眼踢襠

甲右手擒住乙的右手在胸前不放，疾速出左手向前插乙的雙眼，同時抬左腳踢乙的襠部。（圖 670）

27. 雙手扳指

乙右手向甲胸前推來，甲用雙手抓住乙的手指，用力向前下方扳，上身配合前俯，迫乙下跪。（圖 671）

28. 壓肘解胸

甲右手按住乙抓胸的右手，再用左手按住乙的肘關節，屈臂向下按壓，迫乙下跪。（圖 672）

29. 插喉解胸

甲右手按住乙抓甲胸的右手，迅速用左掌從乙右臂上直插乙的咽喉。（圖 673）

30. 外掛踢膝

圖673

圖674

乙出左手抓甲胸。甲速出
右手按住乙左手，再用左手從
乙左臂下穿過，用手或用肘彎
纏住乙的前臂往左掛，同時抬
右腳踢乙左膝部。（圖674）

31.掃腿壓肩

（1）乙右手抓甲胸部。
甲速用右手抓住乙右手，左手
壓乙右肩，左腳往乙右腳前邊
插，接著左腿用力後掃。（圖
675）

（2）乙左手抓甲胸部。
甲速用右手抓住乙左手，左手
壓乙左肩，左腳往乙左腳後邊
插，接著左腿用力後掃。（圖
676）

圖675

圖676

351

圖 677

圖 678

32. 轉身摔手

乙雙手抓住甲前胸（圖677）；甲速出雙手抓住乙的左手，同時上左腳絆住乙左腳，雙手用力向外摔乙左手。（圖678）

33. 左肩被擒解脫法

乙在甲後面，用右手抓甲左肩。

（1）甲向左轉，同時左腳後撤，用左手臂橫掃乙頭或頸部。（圖679）

圖 679

（2）甲向左轉，左腳插到乙右腳後，絆住乙右腳，同時左臂屈肘，用肘尖猛頂乙胸部。（圖680）

（3）甲急速向左轉身，同

圖 680

圖681

圖682

圖683

時用右橫掃掌擊乙頸部，乙仰身避開，甲左掌越過乙頸後，突然向下繞在乙的右臂後面，並向上托乙的右肘（圖681）；接著甲左臂緊纏住乙右肘，右手雙指直插乙雙眼。（圖682）

（4）甲左手立即抓住乙右手，右腳後撤，身體向右轉，右臂屈肘，用肘端撞擊乙胸肋或腋下。（圖683）

34.右肩被擒解脫法

乙在甲後面，用右手抓甲右肩。

（1）甲迅速出右手抓住乙右手，身體向左轉，用左手向上托乙右肘關節。（圖684）

（2）甲迅速出右手擒乙右

圖684

353

圖 685

圖 686

手腕，左手從乙身後抓乙左側腰帶，身體略向下蹲，然後兩腿突然直立，以髖關節為支點，左手向上提，右手向下拉，猛用力將乙抱起來往前摔。（圖 685）

圖 687

（3）甲右手擒住乙右手腕不放，身體向右轉，左腳往乙右腳後面插去，左肘尖用力頂擊乙心窩或肋骨。（圖 686）

（4）乙在甲前面，用右手抓甲右肩，甲迅速出右手抓住乙的右前臂，同時左腳上步到乙右腳後邊，出左拳擊乙腹部（圖 687）

35.雙肩被擒解脫法

甲乙面對面，乙用雙手抓甲雙肩，甲雙手從乙雙臂內側穿過抓乙兩耳，用力向下扯，同時用膝蓋頂乙的面部。（圖 688）

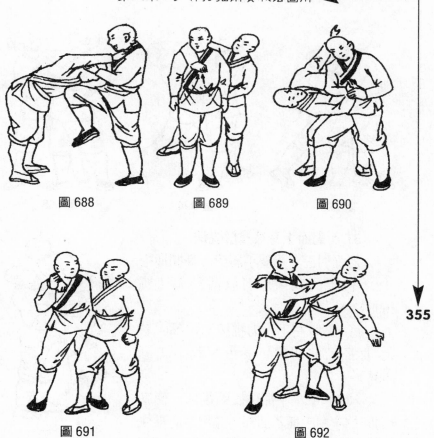

圖 688　　　　　　圖 689　　　　　　圖 690

圖 691　　　　　　　　　圖 692

355

36.胸部被擒解脫法

　　乙在甲後面，用右手經甲右肩上抓甲前胸（圖 689）。

　　（1）甲雙手抓住乙右手向外擰，同時左腳向右跨步，右腳絆住乙右腳，上體左轉。（圖 690）

　　（2）甲右手抓住乙右手，身體向左轉，左腳插到乙右腳後，左手從乙右側將乙的腰部摟住（圖 691）；接著甲右手鬆開成八字掌插乙咽喉，迫乙仰身後跌。（圖 692）

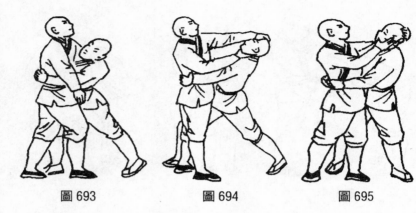

圖 693　　　　　　圖 694　　　　　　圖 695

37.面對面上身被擒解脫法

乙從對面，用雙手將甲上身攔摟抱住，但甲的雙手仍可以活動。（圖693）

（1）甲左手用力推按乙頭部，右手直插乙的咽喉，便可解脫。（圖694）

（2）甲左手抓住乙頭後部，使勁向回拉，右手抓乙面部，並用掌心壓住乙嘴向前推，兩手同時用力擰。（圖695）

圖 696

（3）乙使勁將甲抱起，甲迅速用雙手拇指摳乙咽喉，餘指掐乙頸部。（圖696）

（4）乙從對面把甲上體連同手臂一齊抱住時，甲雙手也抱住乙的腰，並把右腿移到乙左腿後，用頭部側面壓乙面部，同時上體向前壓。（圖697）

（5）甲若被乙推向後倒地，甲雙手迅速插乙腋下向上

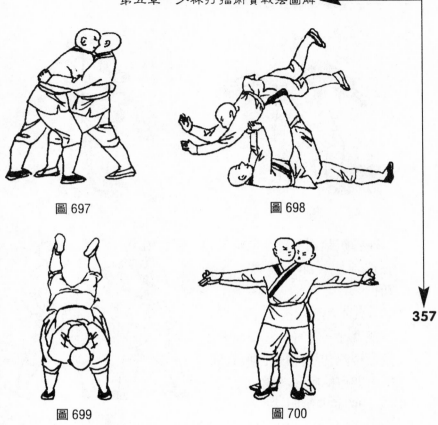

圖 697

圖 698

圖 699

圖 700

托，同時用右腳蹬乙腹部。（圖698）

38.後面被摟的解脫法

乙從後面用雙手摟住甲腰，但甲雙手仍可活動。

（1）甲雙手向後抱住乙的後頸部，上體向前俯，用力向前下方摔乙。（圖699）

（2）甲左手擒乙左拇指，右手擒乙右拇指，雙手用力向左右兩側分，即可解脫。（圖700）

（3）乙從後面用雙手把甲雙臂連同上體一起摟住，甲

圖 701

圖 702

358

用左腳跟踏乙左腳面，雙臂屈
肘往上抬，即可解脫。（圖
701）

（4）乙從後面用雙手把
甲雙臂連同上身一起摟住。甲
用頭後部突然向後使勁撞乙面
部，即可解脫。（圖702）

39.插喉解脫法

乙用右手插甲咽喉。甲左

圖 703

臂屈肘，向外格乙右肘，同時上身後仰。如用右腳彈踢乙襠
部更好。（圖703）

40.雙壓手

乙用右手抓甲頭，甲立即用雙手按住乙的右手，身體向
前俯，頭向前低，迫乙疼痛而鬆手。（圖704）

41.插腋手

乙用右手抓甲頭，甲出右手抓住乙右手不放，身體向左
轉，用左掌插乙腋窩。（圖705）

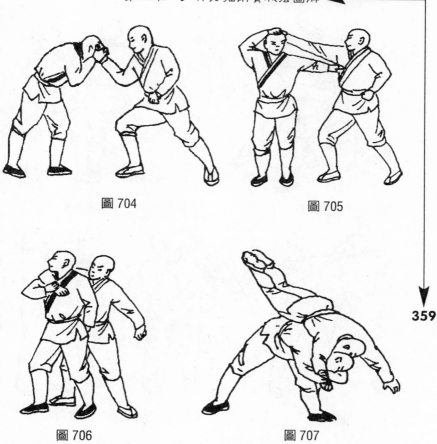

圖704

圖705

圖706

圖707

359

42.頸部被擒解脫法

（1）乙從背後用右手臂摟住甲的頸部鎖喉。甲頭向右轉，將咽喉轉到乙肘內彎處（免被封死），甲出右手擒住乙右手腕，同時，左手迅速向後抓乙襠部。（圖706）

（2）甲頭部立即向右轉，把咽喉轉到乙肘彎處，突然出雙手擒住乙右前臂，使勁往下拉，臂部往後撞，上身前俯，將乙摔過。（圖707）

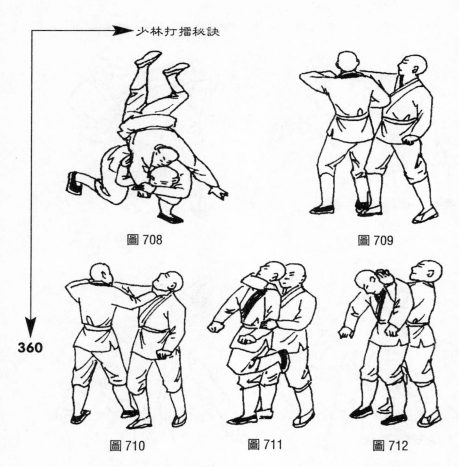

圖 708

圖 709

360

圖 710

圖 711

圖 712

（3）甲迅速屈膝下跪，上身前俯，雙手抓住乙手臂向下拉，可將乙摔過。（圖 708）

（4）甲頭立即向右轉，仍能呼吸。甲左手抓住乙右手，身體向右轉，用右肘尖頂乙肋骨（圖 709）；上動不停，甲用右腳踏乙腳面，右手成八字掌向上插乙咽喉。（圖 710）

（5）甲咽喉被乙鎖住，立即用左腳跟向後踢乙襠部。（圖 711）

圖713　　　　圖714　　　　　　圖715

43.雙手壓頸解脫法

乙從甲後面雙手穿過甲雙臂，往上到甲頸後部交叉握，用力壓往甲頸部，迫使甲低頭（圖712）。甲雙臂向上舉，用背部緊靠乙前胸，頭便可抬起。（圖713）

甲兩臂屈肘往下撞乙雙臂，乙被迫鬆手。（圖714）

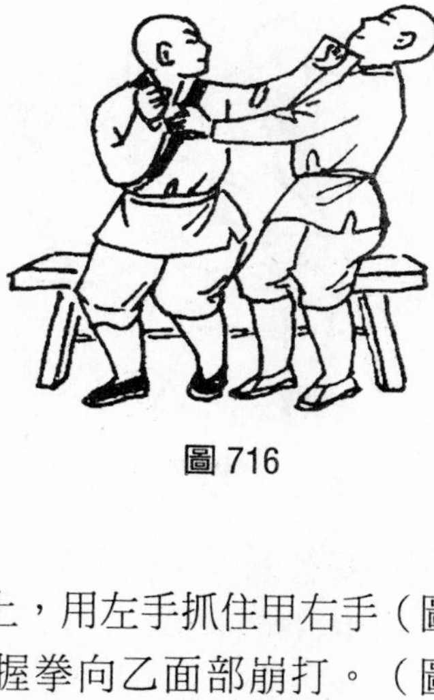

圖716

44.上挑崩拳

坐在凳上，乙右手搭甲右肩上，用左手抓住甲右手（圖715）；甲右臂屈肘上挑，左手握拳向乙面部崩打。（圖716）

45.頂肘後掃

坐在凳子上，乙右手搭甲右肩上，企圖搬倒甲。甲立即出右手擒住乙右手，同時左臂屈肘，用肘尖擊乙心窩處，迫

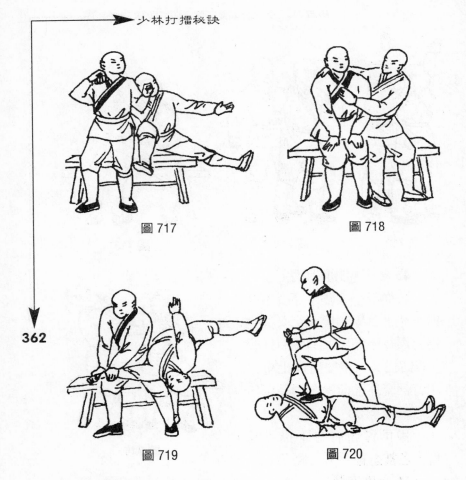

圖 717

圖 718

圖 719

圖 720

乙仰身後跌。（圖 717）

46.擰腕踏胸

坐在凳子上，乙出右手抓甲右肩，並用左手抓甲前胸（圖 718）；乘乙不防，甲突然出雙手擒住乙左手兩側，用力猛擰乙左手腕，迫乙仰身倒地（圖 719）；接著甲擰乙左手腕往上拉，再用左腳踏　　乙胸肋骨。（圖 720）

第十四節　秘傳點穴實戰法

一、拳譜歌訣

　　人體俞穴三百六，須擇要害穴印首。
　　何絡何穴尋血頭，何招何拿機不丟。
　　頭部多為致暈穴，莫忘致命三十六。
　　四肢梢穴俱致殘，腹胸肋穴把命勾。
　　拿穴之法點插鑽，捶背踢踝神鬼愁。
　　還須氣從丹田吐，氣與力合擒功就。

點穴卸骨總訣

　　少林拳法威天下，巧中生妙匯精華。
　　短兵相接憑真藝，將遇良才鬥妙法。
　　點穴要辨對方勢，發勁指點印堂法。
　　點破心門敵必傷，輕易不可施此法。
　　卸骨需悉骨之位，推捏揉拿拉劈把。
　　未從卸他先護己，要害關鍵施絕拿。
　　融合各法並互用，尋機制他倒地下。
　　絕技僅對暴客施，若逢善弱莫出把。
　　少室三技莫輕傳，若失武德非真家。

二、動作圖解

1.點擊枕骨穴

　　餓虎撲食雖勢凶，猿猴束身可避風。
　　轉身點他枕骨穴，能使金爪應手崩。

圖 721   圖 722

乙以餓虎撲食之招向甲猛撲過來，甲向右閃身躲開，使乙撲空，甲迅速向左轉身，出手用手指點中乙頭後的枕骨穴。（圖 721）

2.點取頰車穴

飛掌迎面來，接掌立時刻。

應者為虛勢，偷把頜宮摘。

乙以右弓步出右掌向甲面部劈來，甲以右弓步出右手擋擊做虛勢，乘乙不防，直取乙右側頰車穴。（圖 722）

3.點打承漿穴

陽拳頭上飛，取我面首魁。

左拳擋假招，右點承漿歸。

乙以右弓步出右拳向甲打來，甲上右弓步出左拳向前擋為虛勢（圖 723）；乘乙不防，甲出右拳猛點打乙承漿穴，迫乙慘痛後仰。（圖 724）

4.點擊顫中穴

搨掌迎胸來，疾接掌撩開，

騎上赤兔馬，剎時取他懷，

圖 723

圖 724

圖 725

圖 726

365

點他顫中穴，致他氣絕塞。

乙上左弓步出左掌劈甲面部，甲上左弓步用左手擋擊虛晃（圖 725）；乘乙不防，速出右手點擊乙胸部的膻中穴。（圖 726）

5.點打章門穴

以掌來穿喉，鋼盾頂他收，

疾出金叉錐，點破章門流。

乙以左弓步左掌向甲頭部劈來，甲上右弓步出左手擋擊

圖 727

圖 728

366

圖 729

圖 730

做掩護（圖 727）；乘乙不備，甲出右手點乙左肋側的章門穴。（圖 728）

6.點擊中極穴

偷施陰錘最難防，銳目快手防遭殃，

虛實兼施迷誘他，點破中極亡當場。

乙以右弓步右拳崩甲下腹部，甲上右弓步出右拳格擋（圖 729）。乘乙不備，甲迅速上左腳出左拳偷擊乙下腹部的中極穴。（圖 730）

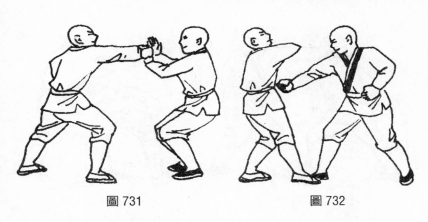

圖 731　　　　　　　　圖 732

7.點擊神厥穴

迎面飛掌來似箭，金鉸剪法速擋前，

乘機換把點神厥，當場開肚血水濺。

乙以右弓步右掌取甲咽喉，甲施猿猴縮身勢，然後變兩手成金鉸剪格乙（圖 731）；乘乙不防，甲右腳向前上一步，同時出右手突然偷點乙腹中的神厥穴。（圖 732）

8.點打尾宮穴

弓椿鐵肘力無比，閃身躲開為妙計。

轉身點他尾宮穴，致他下身癱在地。

乙用右弓步頂肘向甲衝來，甲上左腳閃身躲過，並用右拳擊乙的耳部（圖 733）；致乙疼痛難忍，上體向前俯，這時甲迅速用右手按住乙背部，同時用左拳猛點擊乙尾宮穴。（圖 734）

9.點打印堂穴

弓步標拳似飛箭，巧施撩掌可避關，

換把點他印堂穴，致他頭暈瞎雙眼。

乙以右弓步出右拳擊甲頭部，甲迅速上右弓步出右拳向

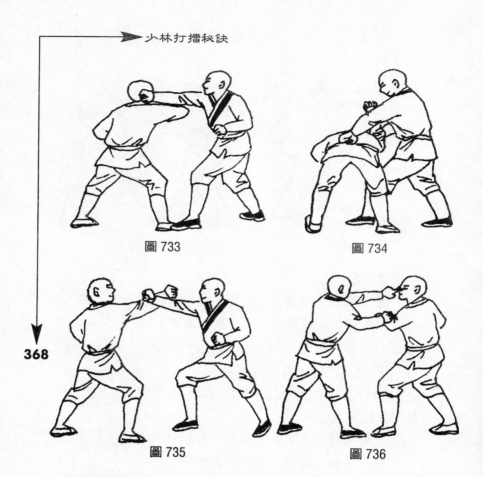

圖 733

圖 734

圖 735

圖 736

前擋擊做虛勢（圖 735）；接著出左指點乙印堂穴。（圖736）

10.點擊下脘穴

　　箭步反臂錘，妄圖制我歸，
　　偷點他下脘，制妖腹濺水。

　　乙出左弓步左拳擊甲頭部，甲上左弓步出左拳格擋做虛勢（圖737）；乘乙不防，甲速用右拳點擊乙下脘穴。（圖738）

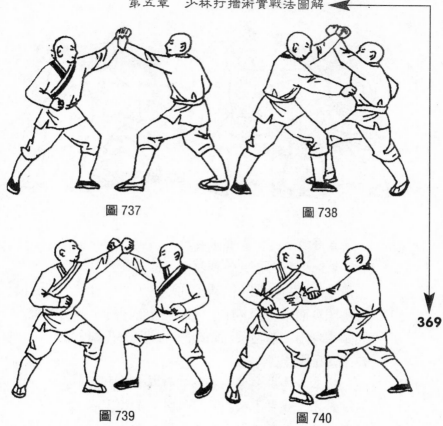

圖737 圖738

圖739 圖740

11. 點擊中脘穴

飛拳來砸頭，雲拳擊對手，

換把取中腹，致他肚澆流。

乙以左弓步出左拳向甲頭部打來，甲上右弓步出右拳向
上擋做虛晃（圖739）；乘乙不備時，甲速上左弓步出左拳
猛點擊乙腹中的中脘穴。（圖740）

12. 點打啞門穴

劈拳善破臂，轉身打架宜，

圖 741　　　　　　　　　　　　圖 742

　　吾轉身溜走，回頭尋良機，

　　　　點他啞門穴，致他枯接梨。

　　乙飛步落成右弓步，同時出右拳向甲頭部打來，甲施橫
馬架打招閃身而過（圖 741）；乘乙撲空身體前俯倒下時，
甲速回頭轉身出右拳點擊乙頸後的啞門穴。（圖 742）

13.點擊巨厥穴

　　　　他上右馬右手劈，我施右馬右手抵，

　　　　對方又施左手疾，我應風雲右手起，

　　　　突然來個夜摸難，左手點他巨厥息。

　　乙出右弓步右拳向甲頭部打來，甲上右弓步出左手擋擊
為假招（圖 743）；乘乙不備，甲甩開左手猛點擊乙胸下部
的巨厥穴。（圖 744）

14.點擊後谿穴

　　　　他上右腳使錘打，我轉橫馬低勢發，

　　　　手疾眼快崩右手，點他後谿慘叫媽。

　　乙上右弓步出左拳打來，甲以低勢馬步身體稍右轉，出
右手點擊乙腕側的後谿穴。（圖 745）

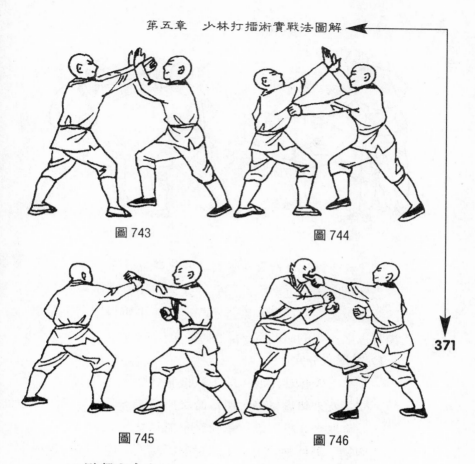

圖743

圖744

圖745

圖746

15.點擊人中穴

　　　　他以猛虎出籠勢，妄取小童飽餐食，

　　　　吾施織女穿梭奇，點他人中倒在地。

　　乙用老虎出籠之勢向甲猛撲過來，甲施織女穿梭之招，

穩準狠地點擊乙鼻下正中的人中穴。（圖746）

16.點擊命門穴

　　　　老虎出洞威力雄，向前撲人快如風，

　　　　勢如一口吞小羊，縮身能代雄為零，

圖 747   圖 748

　　轉身點他命門穴，亦叫打虎又降龍。

　　乙施老虎出洞之勢猛然間向甲撲來，甲立即縮身躲開，使乙撲空而過向前撲倒。乘乙不利之時，甲轉身用右手點擊乙後背下部正中的命門穴。（圖747）

17. 點擊水分穴

　　　　鷂子鑽林猛沖肘，若失戰機實發愁，

　　　　不及來個虛架勢，明防暗攻開泉流，

　　　　偷取水分臍下眼，暴徒腹中開紅口。

　　乙用鷂子鑽林勢沖來，出右肘擊甲胸部，甲左腳向後一步，同時出右拳擊擋做虛勢（圖748）；然後，迅速上左弓步，出左手向下點擊乙臍上的水分穴。（圖749）

18. 點擊乳中穴

　　　　他上右馬衝右拳，我上左馬立擋前，

　　　　誘他開門妙策尋，猛進右手點乳中。

　　乙上右弓步出右拳向甲打來，甲上左弓步出左手挑，同時迅速出右手點擊乙胸上部的乳中。（圖750）

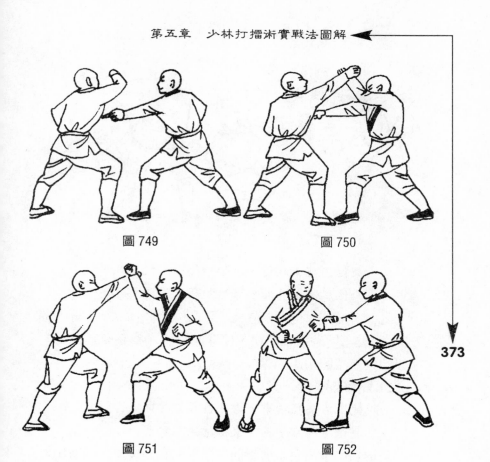

圖749　　　　　　　　　圖750

圖751　　　　　　　　　圖752

373

19.點打乳下穴

　　他衝右拳猛飛來，我出右拳擋一側。

　　誘他舉臂把門開，點他乳下最要害。

乙以左弓步右拳向甲打來，甲以右弓步右拳擋（圖751）；乘乙不備，甲突然上左弓步出左拳點打乙左側乳下穴。（圖752）

20.點擊風池穴

　　豹子出林如猛虎，小猴束身可躲過，

圖753　　　　　　　　圖754

乘他撲空未站穩，甩擊銅錘準而狠，

點他風池大筋外，降龍拿妖送陰門。

乙以豹子出林猛撲過來，甲以猿猴坐氈勢避開（圖753）；乘乙撲過還未站穩，甲速起身出左拳點擊乙項部右側風池穴。（圖754）

21.點擊斷喉穴

他上右馬猛撲來，右手撩舞撥雲開，

我退右腳右手擋，乘機把他咽喉塞。

乙上右弓步出右掌劈甲面部，甲右腳向後退，同時出右手擋擊（圖755）。乘乙不備，甲速出左手向前點切乙咽喉。（圖756）

22.點擊上星穴

暴客若施鐵頭攻，我飛虎腳下取陰，

再施鐵拳破他心，更出銳矛刺星門，

指下打上軟硬兼，點破上星敵亡身。

乙用鐵頭撞甲的面部，甲飛左腳假取乙襠（圖757）；乘乙顧襠防下之際，甲猛出右拳擊乙胸，乙必用左拳擋，甲

圖 755　　　　　　　　　　圖 756

圖 757　　　　　　　圖 758

375

再飛出左手點擊乙前額上部正中上星穴。（圖 758）

23.點擊不容穴

　　　　鐵肘衝人力最雄，需生妙計破空城，

　　　　托肘擋肘施虎法，氣箭穿眼破腹能，

　　　　點中不容吐紅漿，任他鐵人也不行。

　　乙上右弓步以右肘衝甲胸部，甲左腳後退一步，用右拳砸擊乙肘端為虛象。乘乙不備，速出左手點擊乙上腹右側的不容穴。（圖 759）

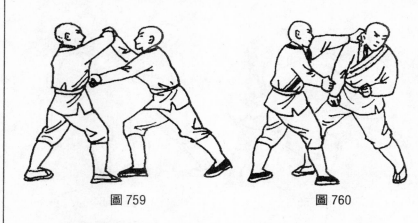

圖 759　　　　　　　　　　圖 760

24.點擊聽會穴

　　　　弓步沖拳快而準，若遇高手需謹慎，

　　　　若遲一分必遭擊，他方轉身破耳門。

　　乙上右弓步出拳擊甲胸部，甲上右弓步出右拳擋回乙右拳。乘乙不備，速飛左拳點打乙右側聽會穴。（圖 760）

25.點擊腋下穴

　　　　實攻必先防，無防必遭殃，

　　　　飛拳擊我頭，或閃或直擋，

　　　　若能眼法靈，乘機取脇鄉，

　　　　點準腋下穴，致他全身僵。

　　乙上左弓步出左拳向甲頭部擊來，甲眼疾手快，上右弓步出右拳點擊乙腋下穴。（圖 761）

圖 761

附錄
擂臺傷殘救治法

>

一、傷科救治概略

打擂損傷、氣血不流行或人事昏沉，往來寒熱或日輕夜重變化多端，病因不詳，妄投猛劑，枉死多人，實在可惜。傷應早治，半月後才醫，瘀血已固，水道不通，醫治就困難了。既表不可復表，要仔細看明，隨病情輕重用藥，青腫轉紅色表明血活將癒。若牙關緊閉不進藥，則難以治理；坐臥避風，忌一切生牛肉，就是瘦豬肉病人也不宜食。

遇有重傷，應解衣看遍身血道形色，脈繩不至者死，沉細者生。陰莖完好，睾丸仍在陰囊內者可以醫治，睾丸已入小腹者無法治癒。頂門已破骨陷者難存，囟門破傷髓即死。心胸緊痛，青色勝裡心，若偏心受傷可治。紅色勝裡，心口受傷不治。上心口青腫一七即死。

傷小腹而不及肚者可治，若陰陽不分，大便失禁，呼吸只呼不吸，說明腹部受傷。食管雖斷，在飽食之後，延二日不死者可治。若鼻孔黑色，舌大神昏則臟腑絕矣。耳後是制命之處，脊骨無續斷之方，男子乳傷不算重症，婦女乳傷卻是危急。正腹受傷笑者多凶，小腹受傷孕婦最忌。以上姑述

377

其大概，在醫者應隨症制宜。

二、暈厥急救方

1.擂臺受傷暈厥昏迷不醒者，醫者可用大拇指按壓受傷者的龍泉穴，用力按壓揉擠，當即可復醒。（龍泉穴－下唇正中處）。

2.用針刺破瓜穴，也可當時復醒。（破瓜穴即人中穴）

3.用針刺人湧泉穴，也可當時救醒。（在武術上叫八角人字穴，即腳心處）

4.用生薑 60 克，胡椒 3 克（研細），水煎服兩碗可治癒。

少林高僧如淨法師曰：

病人暈倒如死人，急按下唇龍泉根。

破瓜湧泉急進針，妙手起死定回春。

姜湯胡椒服飲下，傷者復生可還魂。

方法雖少很簡便，擂臺應用能救人。

三、內外止血方

1.無論內傷出血還是外傷出血，用鮮馬燈草特效。內傷者取鮮馬燈草 30 克煎湯服下，可止血。外傷出血者，取鮮馬草揉碎按壓傷處，可止血。

2.凡外傷出血者，可取旱煙葉烘焦搓成細末，撒於傷處按緊，就可止血。

3.石灰半斤，生大黃 60 克，放鍋內炒成桃花色為度，取出大黃扔掉，把石灰研細末，用瓶裝備用。如遇外傷出血，可以撒上藥末包紮緊，即可止血痊癒。

4.治傷後兩便出血或吐血藥方：參三七 30 克，羊蹄根 1 根，山查炭 30 克，馬燈草 9 克，蒲黃炭 24 克，茅花 10 克，大薊 10 克，共研細末，每服 9～15 克，日服 3 次。

註：貞緒高僧曾用此方治癒患者 50 餘名。此方又稱「裕公散」，為元代少林寺高僧福裕所傳授。

5.鼻傷出血，用鮮蘇葉數片，揉爛迅速塞入鼻孔中即可止血。

6.血餘炭適量研細末，塞入鼻孔中，另用冷水敷前額部，配合使用。

7.用 20 毫升空針管，吸冷水對準鼻孔仰臉沖入，兩管冷水即可止血。

8.治七竅出血：當歸炭、血餘炭、枝子炭、黃柏炭、大黃炭各 9 克，生地 30 克，三七 1.5 克（沖服）。

四、消腫止痛方

1.**方藥：**桃仁 6 克、紅花 9 克、川鬱金 3 克、雲木香 5 克、蘇木 9 克、土鱉蟲 3 克、自然銅（醋淬 7 次）1.5 克、當歸 15 克、川芎 9 克、赤芍 9 克、白芍 9 克、乳香 10 克、沒藥 8 克，以上 13 種藥取冷泉水 3000 毫升，煎取 500 毫升，加上男童便一杯服下即癒。

2.**面部受傷消腫去痛方：**木鱉子 3 個（香油焙灰用）、無名異適量、自然銅（醋淬 7 次）3 克、乳香（去油）9 克、沒藥（去油）9 克、蘇木 9 克，以上諸藥研成細粉，取蜂蜜和丸，每丸如小彈子大，每服 3 丸，白酒送下。（註：無名異為黃泥地中的黑砂粒）

3.**治瘀血紅腫方：**當歸 15 克、川芎 9 克、紅花 9 克、

陳皮6克、木香4.5克、枳殼6克、桃仁9克、木通6克、乳香（醋製）4.5克、沒藥（醋製）4.5克、甘草6克。以上諸藥用水煎，取黃酒30毫升沖服。適用於瘀血內積者。

4.**傷胸部疼痛方**：延胡索6克、紅花15克、青楊樹皮60克、桃枝30克，用水煎服，加童便療效更佳。

5.**腰傷疼痛方**：當歸30克、紅花9克、川芎9克、自然銅（醋淬7次）6克、川牛膝15克、雞血藤30克、蘇木9克、大黃9克、乳香9克，用水煎服。

6.**治傷腫痛方**：杏仁5枚、桃仁10枚、川黃蓮15克、血竭1.5克、川花椒0.9克、乳香3克、生枝子3克，置入鉢中搗爛如泥，敷於患處。

五、整骨接骨方

1.**治傷骨筋折方**：骨整上以後，用藥包紮，可以接骨續筋。生枝子30克、生乳香15克、公雞五尖（即兩爪、兩翅尖、嘴尖）、老麵30克（即發麵引子）。以上藥在一起搗爛，包在傷處，止痛消腫，接骨續筋。素法還俗和尚用此方治癒30餘例，效果良好。

2.**少林壯筋續骨丹**：當歸60克、川芎30克、白芍30克、熟地30克、杜仲30克、五加皮60克、骨碎補90克、桂枝30克、三七30克、虎骨30克、補骨脂60克、菟絲子60克、黨參60克、木瓜30克、劉寄奴60克、土鱉日90克、黃芪30克、川斷60克。

以上藥研細過籮，取適量砂糖水泛粉製成水丸，如豌豆大，曬乾裝瓶備用。

功能：補養氣血，壯筋續骨，祛瘀活絡，溫補腎室，治

骨折和損傷日久不癒，氣血雙虛，頭目眩暈，四肢無力，腰腿疼痛等症。

　　註：凡被卸拿致筋骨受傷者，用洗湯劑無效者，再服此藥方更好。

　　註：卸拿即少林寺武功的一種手法。

　　4.舒筋活絡湯：荊芥 6 克、防風 6 克、透骨草 15 克、羌活 3 克、獨活 7.5 克、桔梗 6 克、祁艾 6 克、川椒 6 克、赤芍 15 克、一枝蒿 15 克，以上藥放水煎成濃汁，熏洗患處，每日 3 次，輕者 3 日即癒，重者 9 日可癒，專治被卸拿致傷或其他原因引起的皮膚青腫，隱隱作痛等症。

　　註：外傷禁用。

六、傷後補養方

　　1.少林大力丸：沙苑蒺藜（鹽水泡炒）、黃魚膠（蛤粉炒）、全當歸（酒炒）、生地（酒泡蒸製）各 500 克。

　　製法：以上 4 味藥共研細粉，取蜂蜜 2000 克煉蜜製丸，大小如小彈子（每丸約重 6 克）。

　　服法：成人每次 2 丸，每天服 2 次。

　　功能：補血益氣，主治跌打損傷引起的惡瘡膿毒，氣血雙虛，面黃肌瘦，四肢無力，氣喘心跳，精神倦怠，頭暈目眩等症。

　　2.少林英雄丸：沙苑蒺藜 250 克、牛板筋 9 公分長一段，虎骨、甜瓜子、龜板、白茯苓、當歸各 60 克，川斷 90 克、杜仲 90 克、破古幣 60 克、自然銅（醋淬 7 次）15 克、土鱉蟲 10 隻、朱砂 21 克、地龍 15 克。

　　製法：以上藥除朱砂單研外，全藥碾成細粉，取蜂蜜製

丸，每丸重 9 克。用朱砂掛衣，然後裝瓶備用，置通風、陰涼乾燥處備用。

服法：每次 1 丸，每日服 2 次。前半月用鹽湯沖藥服下，後半月用黃酒沖服下，連服一個月。

功能：滋補虛弱，補氣健脾，舒筋活血，解痙。主要用於外傷、久病體弱、腎虛眩暈、肢體抽搐、四肢拘攣、步履艱難等。

3.**傷科內補湯**：力參、黨參各 15 克、鹿茸 10 克、黃芪 15 克、熟地 20 克、牛膝 15 克、木瓜 18 克、蒼朮 15 克、遠志 15 克，用水煎服，每日服 3 次，每次服 1 碗，連服半月。（在煎藥時，藥劑一副可煎 3 次，每天換一劑藥）

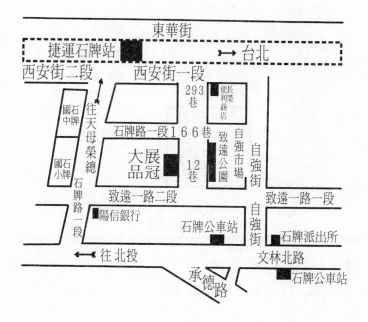

東華街

捷運石牌站　　　　　　↦ 台北

西安街二段　　　　西安街一段

往天母榮總

國石
中牌

國石
小牌

石牌路一段

293
巷

便長
利榮
商店

石牌路一段166巷

致遠
公園

自強市場

自強街

大展
品冠

12
巷

致遠一路二段

致遠一路一段

陽信銀行

石牌公車站

自強街

石牌派出所

← 往 北投

文林北路

承德路

石牌公車站

國家圖書館出版品預行編目資料

少林打擂秘訣／德　虔　素　法　編著
　　——初版，——臺北市，大展，2003〔民 92〕
　　面；21 公分，——（少林功夫；1）
　　ISBN 957-468-177-7（平裝）

1. 少林拳

528.97　　　　　　　　　　　　　　　91020133

少林打擂秘訣

ISBN 957-468-177-7

編 著 者／德虔、素法
責任編輯／董 英 雙
發 行 人／蔡 森 明
出 版 者／大展出版社有限公司
社　　　址／台北市北投區（石牌）致遠一路 2 段 12 巷 1 號
電　　　話／（02）28236031・28236033・28233123
傳　　　眞／（02）28272069
郵政劃撥／01669551
E－mail／dah_jaan@yahoo.com.tw
登 記 證／局版臺業字第 2171 號
承 印 者／高星印刷品行
裝　　　訂／協億印製廠股份有限公司
排 版 者／弘益電腦排版有限公司
初版 1 刷／2003 年（民 92 年）1 月

定　價／300 元